向同仁学习出版

CHUBAN WENHUA
SHIJIAN CUNSI

出版文化实践存思

谭跃 著

图书在版编目(CIP)数据

出版文化实践存思 / 谭跃著. — 北京:北京大学出版社, 2020.11
ISBN 978-7-301-31721-1

Ⅰ.①出… Ⅱ.①谭… Ⅲ.①出版工作—研究—中国 Ⅳ.①G239.2

中国版本图书馆CIP数据核字(2020)第189458号

书　　　名	出版文化实践存思 CHUBAN WENHUA SHIJIAN CUNSI
著作责任者	谭　跃　著
责任编辑	周志刚　王　彤
标准书号	ISBN 978-7-301-31721-1
出版发行	北京大学出版社
地　　　址	北京市海淀区成府路205号　100871
网　　　址	http://www.pup.cn　新浪微博:@北京大学出版社
电子信箱	zyl@pup.pku.edu.cn
电　　　话	邮购部 010-62752015　发行部 010-62750672 编辑部 010-62753056
印　刷　者	天津中印联印务有限公司
经　销　者	新华书店 787毫米×1092毫米　16开本　19.25印张　229千字 2020年11月第1版　2020年11月第1次印刷
定　　　价	58.00元

未经许可,不得以任何方式复制或抄袭本书之部分或全部内容。
版权所有,侵权必究
举报电话:010-62752024 电子信箱:fd@pup.pku.edu.cn
图书如有印装质量问题,请与出版部联系,电话:010-62756370

目 录 Contents

第一篇 **贯彻中央精神,坚持守正创新**

1. 认真学习贯彻十八大精神,探索中版集团特色发展道路 / 2
2. 学习十八大精神,推进六个创新 / 9
3. 加强总部建设,警惕六种危险 / 20
4. 贯彻十八届三中全会精神,全面深化集团改革发展 / 25
5. 认真学习贯彻中央精神,进一步明确集团特色发展道路的原则要求 / 30
6. 明确"三六构想"新的战略重点,深化集团"十三五"时期的发展思路 / 36
7. 抓住"三大要领",带动全局发展 / 42
8. 扣紧职责使命,抓好八项落实 / 49
9. 走好中版特色发展道路,迎接党的十九大胜利召开 / 56
10. 坚持导向为魂、质量为先、创新为要 / 66
11. 坚持"一个统领",打造"三型集团" / 78
12. 牢记"九个坚持",做强做优做大 / 86
13. 把握高质量发展的"三个关键" / 90

14. 最重要的话题是高质量发展 / 102

第二篇　聚焦内容创新，做强主流出版

1. 积极推进内容创新战略，努力实现"两个前列"目标 / 112
2. 百亿集团的内核是一批好书 / 131
3. 努力打造标志性出版工程 / 135
4. 明确出版定位是最核心的问题 / 142
5. 努力出版扛鼎之作 / 148
6. 弘扬正确导向，加强内容创新，为实现出版"中国梦"奋斗再奋斗 / 157
7. 立足中国特色，贡献中国思想 / 173
8. 文化为魂，产业为体 / 183
9. 文以载道，商以传道 / 187
10. 努力争当出版标兵 / 189
11. 关键在人、在思想、在机制 / 192
12. 选题决定着集团的命运 / 201
13. 知天时，懂天命，建事功 / 209
14. 假如我是总编 / 214
15. 坚定文化自信，弘扬商务精神 / 220
16. 认清形势，抓住要害，明晰方向 / 223

第三篇　立足两大话题，做响国际传播

1. 和而不同，一体多元 —— 全球化背景下的华文出版 / 232
2. 积极探索"走出去"新路径，不断提升出版文化国际影响力 / 236

3. 理清战略思考，抓住六个要点，努力打造国际著名出版集团 / 243

4. 梦相通，心同向，情同路 / 260

5. 传统文化的当代阐释和中国道路的学术表达 / 263

6. 加快四大融合，催生新兴出版 / 267

7. 内容为根，编辑为本，努力实现品牌价值最大化 / 270

8. 中国出版在世界上的两大话语权 / 274

9. 努力使出版"走出去"更扎实更有效 / 277

10. 弘扬中华和合精神，促进国际文明互鉴 / 281

附录　媒体采访

1. 中国出版集团：数字背后是一本本好书 / 286

2. 文化如水，出版"有声" / 292

后　记 / 297

第一篇 贯彻中央精神,坚持守正创新

1. 认真学习贯彻十八大精神，探索中版集团特色发展道路*

学习、贯彻好十八大精神，一要全面领会，找准关键点，从而把握宏观、围绕中心、服务大局；二要结合实际，找准结合点，从而明确道路方向、指引企业发展。对于中国出版集团而言，要立足于集团的历史特点和现实情况，努力探索出一条适合集团自身的特色发展道路。

一、研判集团特点，明确发展道路

分析集团的特点是把握发展道路的前提。中国出版集团的特点十分鲜明：一是悠久的光荣历史，二是丰富的优质资源，三是著名的文化品牌，四是持续的出版能力，五是集中的高端人才，六是持久的产品影响。经过一百年左右的发展，可以说在中国大众和专业出版领域，它的内容资源最丰，品牌声誉最响，综合实力最强，规模体量最大，出版人才最多，产品的社会影响也最为深广。国家级的资源、国家级的品牌、国家级的人才、国家级的大奖、国家级的项目、国家级的机构，确定了我们国家级的出版领军地位。这是我们的重要遗产，也是我们的重大现实；这是我们的光荣历史，也是我们的发展优势。但是，放在全国乃至国际出版环境中看，我们的内容生产强，产业基础弱；品牌影响强，市

---

* 这是在中国出版集团公司2013年度工作会议上的工作报告摘编。

场竞争弱；专业和大众出版强，教育出版弱；传统出版强，数字出版弱；积累性出版强，原创性出版弱；出版人才强，人才结构弱；国内市场强，海外影响弱；重点单位强，整体实力弱。其中，透露着体制机制、资源整合、科技融合和产业扩张等重大的创新能力问题。如果没有实招、缺乏硬招，和国内主要集团经济规模的差距，就不是在缩小，而是在扩大；和国际著名企业的市场影响力相争，就不是在增强，而是在减弱；和社会新型数字化出版力量相较，就不是赢得先机，而是可能丧失未来。

忧患是一种"问题意识"，也是一种聚焦危机、明确目标、激发斗志的能力。身处和平年代忧患难，背负光荣历史忧患难，拥有资源优势忧患难，中国出版集团三条皆具，忧患更难。孟子的名言"入则无法家拂士，出则无敌国外患者，国恒亡"，不能不让我们警醒之后坐立不安。我们因为历史悠久，应该忧患更重；因为肩负国家使命，应该忧患更强；因为确定了"三化目标"（现代化、大型化、国际化），应该忧患得更具体、更明确、更具方向性，更具有坚毅、坚忍、坚韧的奋斗精神。集团的重大特点应该激发起我们的光荣感和使命感，应该激励起我们的忧患意识和昂扬斗志，同时也应该引发我们对自身发展道路的深刻思考。

中国出版集团的发展道路，是中国特色社会主义道路在我们这个"国家队"的具体体现，它的本质是中国特色社会主义的出版道路。它必须始终坚持党的核心领导，始终坚持国有控股地位，始终坚持教育人民、引导社会、促进发展的产业方向，始终坚持传承中华优秀文化、吸收外国有益文明的历史责任，始终坚持符合时代潮流、记录时代步伐、发出时代声音的出版使命，始终坚持企业化、集团化、市场化的改革路径，始终坚持兼顾效率与公平的基本原则，始终坚持为了消费者、为了企业员工、为了公司股东的企业宗旨。

中国出版集团的发展道路，是由历史积淀、资源禀赋、国家使命和外部竞争共同决定的。这条道路的基本走向，是内容生产、营销的更加专业化，更加企业化，更加品牌化，从而有效规模化，更快数字化，逐步国际化，进而实现"三化目标"。它的基本追求，是思想的先进性、内容的传播力和文化的影响力。它的产业思想，是看重经济规模，但不会离开文化的航道追求规模经济；是欣赏别人做大，但不会乱了方寸、错了步伐、丢了文化。在发展道路的问题上，最重要的第一是定位，第二是定位，第三还是定位。我们的定位就是建设国际著名出版集团，这是我们坚定不移的道路选择。

但是，我们也要高度警惕专业化的内敛性，学会在专业化基础上的工业加工方式、商业传播方式、数字表达方式，学会在专业化基础上的资源化积聚、资产化运营、资本化运作，学会在专业化基础上的规模化生产、规模化营销、规模化效应。规模不是我们的唯一选择，但有效的规模是企业化的基本取向。有效的规模和规模的适度，是出版产业须臾不能放松的两个维度。失度的规模可能转化成库存规模、报废规模、亏损规模；而有效的规模却能占据市场，规模体量越大，市场份额越多，规模质量越好，越能长期赢得市场。

二、坚持科学发展，推动结构调整

在古代战场，看上去打的是兵马，实际上打的是粮草；在现代国际社会，看上去比的是经济实力，实际上比的是综合国力；在市场竞争中，看上去拼的是经济规模，实际上拼的是企业综合实力。科学发展观的内涵，一是坚持发展是第一要务，二是坚持以人为本这个核心，三是全面建设、协调发展，四是统筹各方、可持续发展。

对于中国出版集团而言，全面建设、统筹协调，就是打造综合实力的基本要求和根本方法。在出版产业，具有激发力和控制力的企业制度，具有创造力和爆发力的科技创新，具有竞争力和扩张力的内容生产，具有凝聚力和影响力的企业文化，是一个集团实现宏观层面全面发展的四大支柱。我们要有大型企业的意识，要十分重视支柱性工作的全面布局；我们要有现代集团的意识，要特别重视制度创新和科技创新；我们要有文化央企的意识，要高度重视思想的引领和文化的贡献。我们要在企业制度、企业经营、企业创新、企业文化的全面建设、协调互动中，形成我们自身的综合实力和综合竞争力。

这就要求我们统筹好集团内产业发展的六个主要方面：一是统筹出版、进出口和艺术品经营；二是统筹出版产业链编印发供的各个重点环节；三是统筹传统出版与数字出版；四是统筹内部整合与外部扩张；五是统筹国内竞争与国际拓展；六是统筹重点企业与一般企业、集团总部与股份公司本部。统筹的目的是既择优扶重，又扬长补短；统筹的重点是统领全局，协调各方；统筹的关键是抓住问题，迎难而上，形成新的发展优势，激发集团整体的竞争合力。

这就要求我们高度注意转变发展方式，积极有效地进行结构调整，把发展的立足点转到提高质量和效益上来，着力于激发各类企业主体的新活力，着力于增强创新驱动的新动力，着力于构建现代出版产业发展的新格局，着力于培育数字化和国际化的新优势，更多依靠内部需求拉动,更多依靠数字出版和大文化贸易带动,更多依靠信息技术、人力资本、管理创新驱动,更多依靠节约资源和集约经营推动,更多依靠国内外两个市场协调互动,正确处理规模与效益、总量与结构、品种与质量、主业和多元、增长与质态的关系。具体而言,要从六个方面调整经济结构:一是调整产业结构,在坚持做强做大出版主业的同时,努力培育新的核心业务,构建适度多元的产业结构。二是调整产品结构,实现出版、进出口、艺术品经营三大业务比翼齐飞,大众、专业、教育三大板块均衡发展,重点书、常销书、畅销书三类产品协调互动,纸质书与电子书、出版产品和其他产品协同增长。三是调整市场结构,创造新产品、新需求,巩固成熟市场,开拓新型市场;重点提升大众阅读市场,主动服务政府采购市场;持续做大国内市场,不断做开海外市场。四是调整人才结构,要继续发挥编辑人才、出版人才、学术人才的领先优势,解决市场营销人才、文化创意人才、企业管理人才、资本运作人才奇缺的问题。五是调整投资结构和资源配置结构,择优扶强,兼并重组,使优质的生产要素、资金资源配置到最优秀、最活跃的生产力上,实现经营成本最小化和市场价值最大化。

三、夯实发展动力,加强"五个建设"

动力机制是集团发展的关键。我们有了自己的发展目标、发展战略、发展道路,迫切需要解决发展的动力问题。

动力的先导,是解放思想转变观念;动力的关键,是推进体制机制改革;动力的要害,是促进内容与科技、内容与资本、内容与产业的融合;动力的重点,是激发内容创新能力、产业发展能力和国际传播能力;而动力的核心,是以人为本,是尊重人、关心人、培养人、激发人、造就人。

企业的领导,要重视经济的发展,更要重视人的发展;要重视效益的提高,更要重视人的素质提高。要看到,经济数字的背后是人的精神、人的观念、人的思路、人的活力;要看到,贯穿内容创新始终的是人的知识创新、编辑创新、营销创新和技术创新。我们的机制创新是要调动人的积极性,我们的管理创新是要激发人的主动性,我们的制度创新是要鼓舞人的创造性。现代企业制度、法人治理结构、决策管控机制、企业用人机制、分配激励举措、培养造就办法、考核评价体系等,都要牢牢把握"开发人力资源、激活人力资本、形成人才优势"这个企业发展的根本、这个科学发展的核心。

考察近代以来的各种政治势力,特别是国共两党的较量,我们得出的基本结论是关键在人、关键在思想、关键在精神。综观企业的市场竞争、制度竞争、资本竞争、技术竞争、产业竞争、品牌竞争等,其实质都是人的竞争,都是人力资源的竞争,都是人才结构的竞争和团队建设的竞争。说到底,企业的竞争力还是取决于我们党一贯倡导的、十八大再次强调的"五个建设",也就是从思想到组织、到作风、到廉政、到制度的全面建设的基本思路。这"五个建设"是我们党克敌制胜、攻坚克难,形成凝聚力、战斗力、领导力的法宝;同样,也是我们集团生发动力、产生活力、形成竞争力的法宝。企业的成功是内容、科技、制度、品牌的成功,更是思路、战略、理想和奋斗精神的成功。中国出版集团的发展动力,来自体制和机制创新,来自内容和科技融合,来自资本力量和品牌影响,更来自思想建设、组织建设、作风建设、廉政建设、制度建设,来自我们的"三化目标"和"出版强国"的文化理想。

在新的历史起点上，中国出版集团要以十八大精神为指导，进一步研究科学发展观指导下的本集团的科学发展，进一步研究中国特色社会主义指引的本集团的特色发展道路，牢固树立出版"国家队"的使命感、责任感，不断增强忧患意识、危机意识，团结奋斗，凝心聚力，攻坚克难，真抓实干，为建设中央领导同志提出的"世界著名出版集团"，在文化强国建设中发挥重要的引领作用，实现集团现代化、大型化、国际化的战略目标而不懈努力！

2. 学习十八大精神，推进六个创新*

听了同志们的发言，我觉得大家比我想象的学得好，也比我学得好。我再次感觉到咱们出版业的"国家队"在政治上很敏感，虽然大家学习十八大会议精神的时间不长，但据我听到的，我感觉大家都讲得很务实，都抓住了会议的主要精神，在思想层面反应确实很敏锐。下面，我和大家一起交流四个基本问题。

第一个问题，我们需要什么样的学习？

在中国，对于重大政治主题会议的学习，往往有这么几种方式：一种是应景式的、表态式的，我觉得对我们企业来讲，表态很重要，但不是最重要的；第二种是生吞活剥式的、机械的、教条的，重复那些结论正确的话，这对我们企业没有必要。我们要的学习方式是：要务虚，更务实；既要领会精神，又要扣住实际、生动深刻、富有实效。这样的学习一定不是外在的、上级对我们的要求——当然它是一种要求，但更多的是我们企业发展的内在要求。只有这样的学习，才会有动力，才能更好地结合实际，也才会在思想和工作上释放出学习的效果。我觉得我们每一个领导班子成员都要经常这样提醒自己：要善于抓经济，更善于看政治；要善于抓文化，更善于懂大局；要善于抓业务工作，更善于抓

---

* 这是在2012年11月20日中国出版集团公司召集的各单位学习贯彻党的十八大精神座谈会上的讲话，根据录音整理。

思想工作。这是我们做企业需要特别注意的。不管我们集团级别多高，它实际还是一个基层企业。基层企业有很多好处，但是最大的威胁就是抓实务、抓具体、抓经济却丢思想、丢精神。在当前，我们抓十八大学习，首先是要抓会议的精神实质。我们都会感觉到，这个会议对我们企业的发展有强烈的指导性，同时也是一个外部的、客观的重大机遇。我们能不能在这个大会之后，借势借力反映出各级领导班子的水平？如果你是主动地在组织这场学习，你就会感觉到，这股势、这股力对你的工作很有帮助。因此，在借势借力当中，组织好学习至关重要，通过借势借力以促进我们的思想活力。其次，它不应仅仅停留在思想层面。我们要问自己：借势借力想干什么呢？回答是：争时争位，促进我们的经济发展，促进我们的文化繁荣。因此，跟同志们交流的第一个想法就是：借势借力，激发思想活力；争时争势，促进繁荣发展。也希望大家都有这个自觉，将这一次的学习变为我们企业发展的内在需要，把它真正地抓好。

第二个问题，学习的要点是什么？

在16日的会议上我们传达了中央领导同志关于会议基本精神的几个方面的表述。17日中央政治局进行第一次集体学习，习近平总书记讲了五个方面的"深刻领会"。他在人民大会堂记者招待会的时候有一个说法，在中央政治局学习的时候有另一个说法，但精神实质是相同的，我觉得讲得都非常好。他在记者招待会面对全世界说话，没有用政治术语。但是他在中央政治局讲，全世界都在看我们怎么开局，我们就从学习上开局。这是一种什么"气"啊？这就是非常务实的"气"，在不同场合，表达的宗旨和内在的东西相同，但是表达方式完全不一样。在中央政治局，他始终扣住这样五条主线在讲。

第一，要深刻领会中国特色社会主义是党和人民通过长期实践取得的根本成就。大家理解一下为什么要这样讲，这样讲的意思就是说，我们过去的成功是因为这一条，我们现在选择这样的战略基点是因为这一条，我们未来取得更加伟大的成功也是因为这一条。它的潜台词是向世界说明，我们的意识形态、精神、地位都源于这一条。

第二，要深刻领会中国特色社会主义是由道路、理论、制度三个方面构成的，这是十八大的一个重要概括。大会非常深入地讲了我们的道路、我们的理论、我们的制度。但同时也讲得非常辩证，指出我们依靠这个制度取得了伟大的成就，但要与时俱进，在这三个方面还要创新发展。

第三，要领会中国特色社会主义总的依据、总的布局、总的任务是什么。这条非常非常关键，我觉得这条跟我们的学习、跟我们集团的学习是可以结合好的。中国特色社会主义是一个总的方向、一个总的指导思想，但是我们提这个东西的根据是什么呢？根据还是我们党当年总结的社会主义初级阶段。为什么它跟我们企业的学习是紧密相关的呢？因为我们只有认识我们这个集团的基本阶段、基本状况是什么，才有理由才有资格说我们的目标是什么，我们的思路是什么，我们的任务是什么。当然，我们每个单位也是这样。当前特别重要的一条国情就是中国还处于社会主义初级阶段。中国还有30年的城市化道路，我们只能非常艰辛地走下去。美国人和欧洲人都完成了这个比较脆弱的社会阶段，因为城市化是一个非常躁动的阶段。中国正处在一个社会多元、思想多元的阶段。所以这次的报告重提社会主义初级阶段，强调一个中心、两个基本点。具体内容我就不再展开了。现在，习近平总书记要求我们学习时着重把握三点，也就是总依据、总布局、总任务。结合我们自身的情况来学习十八大精神，无论是从思想层面来整理，还是从我们企业发展层面来整理，这三点都会有很强的指导性。

第四，要深刻领会夺取新时代中国特色社会主义新胜利的基本要求。这个基本要求实际上涵盖了以下问题：我们未来的目标是什么、思路是什么、任务是什么、要求是什么？这几点讲得都非常清楚。上次我们传达中央领导同志关于领会十八大基本精神的几个方面都曾讲到。

第五，要深刻领会确保党始终是中国特色社会主义事业的坚强领导核心。

大家体会一下这五个方面，有讲依据的，有讲方向的，有讲思想指导的，也有讲领导力量的，都讲得很透彻。我也是初步学，我还没有能力去发挥、谈感想，但是提出这几个要点与大家一起学习。

第三个问题，学习的结合点是什么？

我们学习十八大精神，一方面要原原本本地读十八大报告，但是实事求是地讲，我们不是专家，不是专门研究这方面的工作者。我们学习的核心是领会最基本的会议精神，而要点是掌握好我们企业发展对于会议精神的需求，在这个当中找到结合点。这并不是讲十八大的很多精神与我们无关——实际上都有关，但是有几点对我们特别重要。我们要抓那些跟我们直接相关的，在全面理解会议精神的基础上重点领会。这条非常关键，就是我们怎样找好结合点。我们首先要把基本精神、直接相关的几个重点抓好，但关键还是要转化为跟本职工作相关的思想层面的一些话题。十八大报告里面，我觉得跟我们最相关、最直接的一句话就是："建设社会主义文化强国，关键是增强全民族文化创造活力。"这句话就够我们想很长时间。我们企业做来做去做什么，不就是做的几个活力吗？企业机制的活力是从哪里来的呢？首先是来自思想的活力。思想的活力是从哪里来的呢？是来自人的活力。人的活力体现在哪里呢？体现为产品的活力。产品的活力体现在哪里呢？体现为市场的活力，等等。这样的学习就跟我们企业发展的思想层面和工作层面结合得更加紧密。我觉得，思想解放每年都谈，每一年的内容都是不一样的。从现在开始到明年，有几个话题建议大家学习时重点研究一下。

第一，思想观念的创新。按照十八大的要求，增强全民文化创造活力遇到的第一个问题，就是思想观念的问题。我们的思想观念怎么进一步解放，进一步创新，进一步激发出活力？如果泛泛地讲这些，可以讲很多条，而且在我们之前的人已经讲很多了。但是，如果结合实际，就不太容易讲。所谓结合实际讲，就是这个时期影响我们发展、影响我们思想活力的几个主要的原因是什么？这在我们集团一定是有共性的，而且也是有各个单位个性的。因此要想结合得好，就得下功夫研究思想实际。我们可以用两种方式来解放思想，转变观念，进行思想创新：一种方式就是别人说过的完全正确的话我们再说一遍，那样没错但是不管用；一种方式是结合实际思考，我们这个群体可能有十条思想观念上的问题，但是当前最主要的三条是什么？一个时期事情抓多了，往往就没抓住重点。核心是什么？重点是什么？关键点在哪里？如果抓住了这些，其他问题就迎刃而解，这就是毛泽东的哲学思想。这也是建议同志们学习、贯彻时要结合好的一点。

第二，体制机制创新。其实对我们来说，更多的是机制问题，当然也会涉及一些体制问题。最重要的机制问题是什么呢？我们可以讲营销机制、市场机制等，可以讲七八条甚至十来条，其实里面可能最重要的只有两条。尽管这两条讲了很长时间，但做起来比较难。第一是人事制度改革，第二是分配制度改革。这两条是管总的，这两条抓住了其他的也就抓住了，但具体到我们企业的发展和管理问题，又可以列出怎样的话题呢？其实列出什么样的话题，就是我们领导需要跟大家交代的问题。第一，我找到这个中心话题，就可以解决其他的问题。第二，这个话题我找出来，是这个阶段我可以克服的，而不是唱高调。如果它是下一个阶段才能做的，你现在提就等于没提。这是对我们每一个领导干部的一个考验。

第三，内容创新。从继承和创新这一对关系来讲，我们这个集团一个显著的特征就是继承得很好，创新得弱一些。具体而言，就是在一个时期我们怎么让内容的创新符合时代潮流，并形成一个整体的优势。从某种意义上来讲，以较长时间的历史眼光来看，如果我们在这个时期不抓这样的创新，我们以后在历史上是没有地位的。在这个时期我们身上客观上有这么一个担子，所以在这个阶段我们要突出这个话题。大家来研究：首先，内容创新的内涵是什么；其次，内容创新的方向在哪里；再次，内容创新的着眼点是什么，我们希望干什么；最后，我们当下可以干什么。

第四，发展和管理的创新。我们已经企业化，我们每天都会遇到发展的难题和管理的难题。这两个难题实际上都是要随着时间的推移和不断的创新来努力克服的。在当下特别是在明年，我们究竟在管理和发展上要解决哪几个问题呢？这也是我们每个单位的领导班子要给大家回答的问题，也是要给自己回答的问题，否则明年的工作计划不好做。

第五，业态创新。我们已经处在数字化猛烈冲击的时代，这种冲击会越来越密集，越来越广泛，也越来越深刻。虽然传统出版并没有像有些专家讲的那样，已经面临死亡，已经四面楚歌，即将被颠覆，但是，这种日益逼近、日益深刻的数字化影响是一点都不能回避的。我们这样的一个集团，不应回避它，而是要积极面对它，去抓重点。在我们数字化战略推进会开过后，各单位也做了很多工作，又开了一些会。但是，明年做什么？不能老开会讲认识。明年做什么，涉及的是心态问题：第一要允许失败，第二要启用新人，第三要创新机制。没这三条很难搞。当然还有其他问题，大家要好好研究创新业态的问题。

第六，"走出去"创新。我们集团处在一个国家层级的位置上，绕不开的是"走出去"问题。虽然从现实讲，它可能暂时看不到经济效益，甚至近期一点效益也没有，但是从长远讲，从全局讲，这方面我们必须有所作为。但这里涉及很多问题，企业不是政府，企业怎么能不讲经济效益呢？"走出去"具体怎么做，策略是什么，往外走的路线是什么等一系列问题，都需要研究。

第四个问题，当前学习的着力点是什么？

第一条，就是要认认真真地抓好学习，同时学习重点始终不要偏离企业的发展实际，特别是不要偏离明年的规划安排，要把思想的成果转化为行为的指导。

第二条，岁末年关面临着两个重要的话题：一个是总结好今年的工作，另一个是计划好明年的工作。关于总结，建议首先回顾今年的工作。但是，回顾一定不要只是报喜，一定要抓大事，抓我们主要做的事和取得的主要成果。为什么讲这个呢？是为了讲给我们的干部员工听，让大家感觉到我们这个集团、我们各个单位是有进步的，是有信心的。这是讲工作成绩的一个落脚点。所以，讲成绩不要谦虚，要充分地讲，那是大家的汗水和成果。其次，讲我们为什么会有这样的成绩。我认为，哪怕总结一条关键的都比泛泛地总结十条好。确实有这样的情况，有的人总结了很多，好像都是，好像都不是。我们总结成绩背后的经验,一定不是说给别人听的,一定是说给下一个年度的自己听的。自己相信了,别人就相信了。最后,一定要找问题。我们每一个领导班子的成员都应该有这样一种高度的自觉。找问题,我们是就事论事,跟评价人没关系。大家都要有这样的情怀,我们反对并且要防止那种将讲问题庸俗化为好像对谁有意见的倾向。如果讲问题针对的是某个人,那思想怎么解放,步子怎么迈开?讲问题有方法。第一,你知道问题,才知道你的工作目标是什么;第二,你知道问题,才知道你具体的工作任务是什么;第三,你知道问题,才知道该组织什么样的人去解决。所以找问题非常关键,但是不要一般地找,不要形式主义地找。我们会看到一种情况,有的人讲问题讲了很多,但是你仔细一想就会发现,真正的问题他都没有找到。如果没有找到真正的问题,那还不如不讲。真正的问题是什么?第一带有方向性。第二带有关键性——就是你抓住这个问题可以带动其他问题。第三带有可操作性——如果你提的问题是对的,但是现阶段解决不了,解决不了你提它干什么?从策略上讲,这样提也不主动。当然还有很多,就不展开了。总之,大家一定要认真总结,我们要做领导班子总结、单位总结,主要是说给自己听。只有说得自己口服心服,才能让大家口服心服。所谓口服心服,就是知道来年到底要怎么办。这是其一。其二,就是要抓好调研。我们一定要在内心深处形成这样一个真实的想法:我们关于工作上的思考、目标、任务等的思想来源,是群众,是基层的干部。我们一定要牢牢地树立这个思想。什么时候偏离这个思想,你什么时候就会犯主观主义,犯教条主义的错误。如果我们写明年的计划,只是往十八大文字上去靠,那你一定是教条的。你坐在办公室里想,一定是主观的。过去老子讲,"贵以贱为本,高以下为基",这种思想在毛主席倡导的群众路线上体现得最好。这次习近平总书记重点讲人民的概念，我觉得这里面有深刻的内涵。我们现在一些干部，在形式上讲人民、讲员工，但实际上心里都没有，那你的工作怎么可能搞好？第一，你的信息来源在哪里？真实不真实？员工的局限是什么？局限就是他给出的信息是支离破碎的。但是，员工的优点是什么？优点是真实的。支离破碎不是他的问题，是你的问题。反映到你这儿的那些信息，你要综合提炼。如果到你这儿还是支离破碎的，那就是你的问题了。所以它的第一个价值是真实，让你有思想的源泉。第二，你的决策再好，谁去执行啊？如果员工的思想跟你不一样，他会去执行吗？任何环节、任何时候、任何地方他都会给你打折扣，你做再好的报告又有什么用呢？所以一定要确立"群众是真正的英雄"这样的思想。调研不是做给别人看的，而是从干部、员工的发言中听出一闪一闪的思想火花，听出有价值的东西。

调研是为了明年的工作，明确明年工作主要抓什么。调研要围绕这两个问题：第一，我们以图书出版为主的工作（以及其他工作）的创新点在哪里？这是要重点调研的。第二，就我们产业或经济工作而言，我们的增长点在哪里？如果我们的调研比较好地解决了这两个问题，明年一整套的想法就比较靠谱了。

第三条，考虑明年的工作，现在集团有一个基本的想法，把今年的总结和明年的工作贯穿起来，对此大家可以讨论。其一，工作要有延续性，不搞标新立异，不搞一年一个口号。我们提的"三化目标"，我们提的"六大战略"，不要一年一个样，一年一个调。既然"三化目标""六大战略"是长期的，就没必要每年都换，但是我们要注意下一年度需要我们推进哪几件事。这就是老话要有新内容，也就是延续性。其二，要体现奋斗性。我们每一个领导班子的成员都要有这样一种感觉，就是我坐在这个位置上，一个天然的使命就是带着大家奋斗。如果这个使命感没有，那就要打个问号了，我们坐在这儿不就是在其位而不谋其事吗？所以奋斗性是每一年都要想的问题。当然，怎样脚踏实地地考虑奋斗性，我觉得是要能够"跳起来、够得着"。如果坐着就能够着，或者站着不跳就能够着，那还有什么用？但是跳起来却够不着的事情，咱们也不要做，不要搞虚夸。2012年马上就要结束了，事实大体上会说明我们每年增长一些是完全能够做到的，这就是跳一跳就能够做得到的事情。这背后潜藏着我们集团的一个集体认识，就是我们一定要把经济工作看得很重，把经济工作作为中心工作，但是内心里也要有定力。因为我们知道，任何事情都是有规律的，不能过于着急，要既急又不急。不过话又说回来，如果年初的时候你不急，年底的时候你就急了，所以年初一定要急。因此我觉得，怎样看待奋斗性是思考明年工作的重点。其三，要强化实效性。我们刚刚从事业单位转变为企业，我们的文化工作会面临一个长期的危险，那就是忘掉实效性。大家可以闭着眼睛想一想，我们一年工作当中哪些是有实效的，哪些是带有计划经济、事业体制、惯性作为的？大家想一想，我们不可能短时间内把它们完全杜绝掉，但是一定要经常提醒自己，因为我们是经常处在这个危险当中的。例如，我们在某个地方搞一个活动。不是讲搞活动不好，但得想想：搞这个活动到底能给我这单位到底能带来什么？一定要想这个问题。其实群众心里也在想，你这个干部一会儿这、一会儿那，一会儿那、一会儿这，带了个筐去，却没带萝卜回来。这个实效性是我们始终要想的问题。我们一直讲两个效益的统一，我们一定要从内心去扛文化的旗，但也一定要想，只有经济上有实效，文化的旗才能持久地扛下去，否则就不能持久。正如我们看到的，欧美国家有一股潮流，就是用商业化的形式把文化做得更好。看到这个东西我们才觉悟了，要敢于做市场，要敢于企业化，要敢于商业运作。它不是把文化做小了，而是把文化做大了。潜在的危险是有的，关键是怎么拿捏。我们要经常提醒自己、检讨自己，做有效的事。我们从思想层面上要有一个鲜明的导向，就是要让我们的企业越来越讲经济效益，也越来越讲真正的社会效益。我们过去讲票房问题，如果没有票房，你在演出市场说有社会效益，别人顶多承认你有潜在的社会效益，但是你没有释放出来，没有表现出来，没有被社会接受。其实我们这个行业也是这样，弄不好就会产生大量库存。所以，在考虑我们明年的工作时，一个基本的思想倾向就是要强化效益思想。我们不搞绝对化，不是没有经济效益的事一律不做，但是一定要确定一个思想：没有经济效益的事情一定要少做。能少做的事到底是什么样的呢？那就是它虽然不能直接带来经济效益，但它通过社会影响将会在未来某个时间点上带来经济效益。这是对我们搞文化的人长远眼光的一个考验，通过这种考验也可能给我们带来很大的经济效益。

总之，我们学习十八大的精神一定要是生动的、深刻的、务实的，同时是富有实际效果的学习。这样的学习我们的干部才欢迎，这样的学习我们的群众才接受。

3. 加强总部建设，警惕六种危险*

大家都做了发言，谈得很好，对我有启发，也对我有教育意义。今天的这种会议形式今后要经常化。什么东西经常化呢？就是过去我们党总结的"兵教兵，兵教官，官教兵"的形式。今天这种会议形式，充分体现了民主学习、民主讨论、民主研究的方式，体现了我们的优良传统，也体现了现代企业的一种品格。学习贯彻十八大精神，从全集团层面来讲有一个中心话题，从基层单位来讲各家也有一个中心话题。从总部来说，我们的中心话题是什么？就是要学习贯彻好十八大精神，把中国出版集团推向一个新的阶段，实现新的发展。在这当中，总部建设是一个中心话题。我们要趁着学习十八大精神，抓好这个中心话题。

第一，我们要建设一个什么样的总部？ 这决定了我们这个集团的火车头是不是坚强有力，也决定了我们集团的未来是不是能把大家统合好，跟兄弟集团相比，是不是能走得好一点，快一点。我们应该建立一个什么样的总部呢？我认为第一应该是有领导力的，同时是有管理力的；第二应该是有指导力的，同时是有协调力的；第三应该是有整合力的，同时又是有影响力的。这三个层面综合起来，体现为服务力。所有的力都体现在服务当中，服务意识、服务素质、服务水平决定了这几个力是不是能真正发挥好。

---

* 这是 2012 年 11 月 21 日在中国出版集团公司总部学习贯彻党的十八大精神座谈会上的讲话，根据录音整理。

我们总部的风格应该是什么样的？我的初步认识是务实的、创新的、高效的、团结的。我们讲坚强有力，针对我们总部现阶段的情况而言，就是在四个方面带有针对性。第一是要务实。为什么要务实呢？昨天我讲了，我们有一些从事业体制转换过来的惯性，也是一种危险，会经常做一些没有实际效益的事，所以在这个阶段特别要强调务实。第二是要创新。我们是一个传统的单位，创新特别重要。我们这些人过去在传统体制里时间比较长，自觉不自觉地都会用老观念、老思想、老眼光看问题。我们跟一些新锐的企业相比，在观念上的差距很大，在做法上的差距更大。第三是要高效。我们要问自己：我们整体节奏是不是达到了高效，我们某一些环节、某一些部分的工作是不是达到了高效？第四是要团结。团结是永恒的主题，不管是哪个时期，这都是搞好总部建设最基本的方面。我建议党委抓好十八大的学习，紧紧扣住总部怎么建设来进行。

第二，总部建设的主要任务是什么？ 我们前面主要讲的是总部建设的目的是什么、目标是什么，再说说总部建设的内容是什么。十八大精神讲的很重要，它是从党的建设来讲的，我看可以完全照搬，叫思想建设、组织建设、作风建设、廉政建设、制度建设。如果我们能把这五个方面建设好，总部建设的主要方面就能建设得比较好。

第三，总部建设的核心在哪里？ 总部建设的核心在人，要把人建设好。我们要确立一个想法，我们只有一个一个地做好人，才能做好一个企业。过去中国文化以孔孟之道为代表，有一句经典的话，叫"君子务本，本立而道生"。用我们现在的话，贯通起来讲，"本"就是以人为本，人兴则企业强。所以，总部建设的核心还是人。思想、组织、作风、廉政和制度五个方面的建设，都是围绕人的建设。过去我们要求做一个好党员、做一个好干部,这很重要,今后我们还要强化这些工作层面的要求,但我们首先要做一个好人。大家要注意一个信号,这次十八大又强调"以德为先"。现在为什么又要提这个观点呢?其实我们想想历史就知道这句话的重要性。从一定意义上讲,在战争时期,选人的重要标准通常是更注重"唯才是举";在和平时期,通常都更注重"以德为先"。时代的背景在决定用人和对人的要求的基本内容。总部建设的核心在人,当前我们的主要危险是什么?从社会现象看,也结合我们集团,结合我们总部情况看,有些危险我们是要防范的。

做人的第一种危险是投机取巧,争名争利。如果我们的某一方面没有重视这个情况,就会让投机取巧的人占便宜,也就是在名和利上占便宜。第二种危险是钩心斗角,明枪暗箭。凡是人民来信我们都会认真对待,但是有些来信一看就是假的,一看就是谩骂、污蔑。这也是一种危险,干扰的危险,会造成离心离德。第三种危险是口是心非,不忠无诚。会上说得很好,会后不办,当面说得很好,背后拖沓、推诿。第四种危险是浮华不实,急于求成。急于求成有两个层面:第一是领导层面对事情急于求成。历史和现实中无数的经验告诉我们,急于求成必败。第二是在自己的官位上急于求成。有些年轻干部现在很浮躁,干两三年就想提拔,再干两三年,又想提拔。两三年你还没把规律把握好,事情还没做完,就想提拔?联系到我们集团,如果我们这一点不把握好,集团的事情能做好吗?第五种危险是贪图享乐,不思进取。这种风气也是我们这个时代的毛病。在这样一个物质丰富的时期,人应该有休闲的时光。但如果把享受、把物质作为生活的主线,一定是不思进取,一定是搞不好集团工作的。这个时期的毛病是理想较少,奋斗较少,贪图享受的思想越来越膨胀。历史告诉我们,凡是到了浮华的时候,都一定走向衰亡。但是，中国文化是有药方来治它的。最早的药方是老子开的。他说，我有三宝，其中一宝是"俭"，即勤俭，简朴。到了近代，曾国藩家书的核心思想之一就是勤俭持家。一个集团，一个总部，如果没有奋斗精神，没有艰苦创业的精神，一定搞不好。如果我们总部没有这样的意识，我们谁都不敢说这个总部能建好，我们谁都不敢说这个集团能带好。第六种危险是东张西望，心无原则。没有规矩，怎么成方圆？没有原则，怎么做人，怎么做企业？在这方面，中国文化提供了一个很好的办法，就是外圆内方。内方就是心中有原则，但是面上不要太拧巴；要不然，到处都是刺，就把工作关系全搞紧张了。

  如果这几条咱们比较注意，能有效警惕，能有效防范，我们总部就有希望。总部建设的核心是人，我们只有做一个好人，才能做一个好党员，做一个好干部。我们需要的人，第一是踏踏实实、默默无闻的老实人。不要怕别人看不到，要相信"人在做，天在看"，按照一个老实人的做法去做，就符合"天道"，就有好报。第二是吃苦耐劳、勤奋工作的实在人。集团总部是有一批这样的好党员、好干部、好人的。他们默默无闻，勤勤恳恳。有的部门工作做得比较好，跟部门干部这样一个风格是有关系的。工作不是做给领导看的。"天道酬勤"这四个字要反复掂量。第三是刻苦学习、甘于寂寞、有定力的人。刻苦学习，思想深刻才会有定力。当然，一定的名、一定的位是对价值的承认，但不是唯一标准。第四是受得了委屈、乐于奉献的有境界的人。不能排除有些人是受了委屈的，我们要有经受委屈的精神，人的一生一定不是直线，只要方向是对的，就能成就自我。第五是严于律己、宽以待人的厚道人。这不仅仅是一种精神的要求，也是一种处世的方法。韩愈说："古之君子，其责己也重以周，其待人也轻以约；重以周，故不怠，轻以约，故人乐为善。"我们大家都应注意这段话。第六是谦虚谨慎、克勤克俭的有格调的人。

一个人,一个干部,一个党员,在这些方面做得比较好,就是一个较好的干部。首先是要有意识,也就是价值判断。其次是有动力,做好修炼。只有做一个好人,才能做一个好党员,好干部,才能做好企业。

4. 贯彻十八届三中全会精神，全面深化集团改革发展*

党的十八届三中全会发出了全面深化改革的动员令。我们要以十八届三中全会精神为指导，全面深化集团重点部位的改革，加快集团发展步伐，走集团特色发展道路，为实现"国际著名出版集团"的战略定位创造新的发展优势。

（一）增强改革意识

改革是文化繁荣发展的必由之路。党的十六大以来，文化体制改革取得了一系列重大进展和重大突破，开创了文化改革发展的新局面，走出了一条中国特色社会主义文化发展道路。但同时也要清醒地看到，文化体制改革仍然在路上，一些深层次矛盾和问题尚未解决，一些体制机制障碍尚未根本消除。改革没有完成时，只有进行时。

改革也是集团繁荣发展的必由之路。集团在文化体制改革的时代背景下应运而生，经过十多年的发展，我们初步完成了转企改制的历史任务，初步建立了集团化的管控模式，出版主业日益壮大，经济总量大幅增长，人才队伍建设进展顺利，"走出去"工作成效显著，国际传播能力不断增强，企业文化建设蓬勃开展。同时也要清醒地看到，我们离一

---

* 这是在中国出版集团公司2014年度工作会议上的工作报告摘编。

个成熟的现代文化企业集团还有较大距离，产业规模还比较小，经济结构不够合理，重点改革比较滞后。这些都需要我们以强烈的使命感和责任感，通过深化改革来破解难题、推动发展。

改革是企业的常态。企业改革的本质是应对市场变化、适应市场竞争，以新的体制与机制、新的产品与服务、新的业态与创新，巩固老的市场，满足新的需求，从而创造企业新的竞争能力。企业管理者的重大责任就是倡导创新、鼓励创新、主导创新、成就创新，从而为企业创造新的发展优势。这是我们对市场的姿态，对企业的使命，对员工的责任。

（二）明确改革目标

正确导向是我们的根本追求。习近平总书记指出，无论改什么、怎么改，导向不能改，阵地不能丢。这就要求我们始终坚持以人民为中心的出版导向，弘扬主旋律，传播正能量，确保正确导向第一、社会责任第一、国家使命第一；持续推出更多具有思想性、时代性、经典性、大众性的精品力作，表现当代中国人的一股精气神，增强做中国人的骨气和底气，积极发挥引领风尚、教育人民、服务社会、推动发展的作用，始终坚持社会效益第一，努力将社会效益与经济效益统一起来。

激发活力是我们的基本取向。党的十八大报告提出，"建设社会主义文化强国，关键是增强全民族文化创造活力"。十八届三中全会通过的《中共中央关于全面深化改革若干重大问题的决定》（以下简称《决定》）中指出，"让一切劳动、知识、技术、管理、资本的活力竞相迸发，让一切创造社会财富的源泉充分涌流"。企业发展的根本是人的发展，企业活力的关键是人的活力。出版作为文化创意产业，最需要创新精神和创造活力。这就要求我们遵循市场规律，打破条条框框，创新体制机制，营造"人尽其才、物尽其用、地尽其利"的企业氛围，努力激发企业的思想活力、精神活力、创造活力。

促进增长是我们的重要目标。落后就要挨打，发展才是硬道理。企业的发展如逆水行舟，不进则退，不增长肯定落后，增长慢了一样落后。对中国出版集团而言，"增长，增长，再增长"是我们未来一段时期经济工作的主旋律。这个主旋律需要有动力机制、人才支撑、资源保障。这就要求我们把善于破解增长难题的中坚力量选拔出来，努力发挥先锋表率作用；需要我们把拉动内生增长的激励机制推广开来，更好地推动企业持续发展。

组织创新是我们的必然选择。十八届三中全会做出的《决定》指出，市场在资源配置中发挥决定性作用。这就要求我们积极适应市场化的新要求，深化转企改制，加快公司制、股份制改造，开展跨地区、跨行业、跨所有制兼并重组，探索混合所有制经济和特殊管理股制度，努力提高规模化、集约化、专业化水平。同时，要进一步健全法人治理结构，规范经营决策，提高企业效率，确保资产保值增值，建立管理人员能上能下、员工能进能出、收入能增能减的现代企业制度。

以人为本是我们的发展核心。群众的心声最鲜活，群众的力量最强大，群众的发展最重要。这就要求我们始终坚持以人为本，坚持尊重群众、依靠群众、为了群众的群众路线，并善于将党的群众路线结合产业发展，更好地体现为作者路线、读者路线和员工路线。出版集团的成功不仅在于出版一批好书，还在于造就一批又一批的知名作家、知名学者、知名编辑、知名企业家，形成强大的、持续不断的出版能力。

（三）加强改革统筹

改革既要加强顶层设计，又要注重具体实践；既要把握好方向，又要掌握好节奏；既要积极坚定，又要慎重稳妥；既要重点突破，又要兼顾各方。在深化改革的具体过程中，我们要统筹把握好以下六种关系。

一是文化导向与市场导向的关系。一方面，我们要始终坚持正确出版导向，秉持文化理想和文化品位，传播先进文化，弘扬优秀传统，壮大文化品牌；另一方面，我们也要树立市场导向和需求导向，善于将文化的理想植根于市场的大地，将文化的品位灌注于大众的心灵，引领时代而不趋时跟风，服务大众而不从众媚俗，让社会效益和经济效益、文以载道和商以传道有机统一。

二是弘扬传统与改革创新的关系。一方面，我们要百倍珍惜自身的品牌资源，发扬光大自身的优良传统，这是我们的独有优势和宝贵财富；另一方面，我们也要敢于突破陈规、超越前人、对强者亮剑、与一流争锋，创造新的经营模式、商业模式和盈利模式，开辟新的增长点，实现产业优化升级，在坚守与创新中实现超越，赢得发展。

三是产业规模与质量效益的关系。一方面，我们需要有效整合资源，推动内容与科技、与资本、与其他相关行业的融合，提高内容资源的附加值，推动适度多元发展，做大产业规模；另一方面，我们要高度重视产品质量，重视投入产出的效益，要优化产品结构、投资结构、经济结构、资源配置结构，要提升单品种盈利能力、规模经济水平和文化影响力，既做大经济规模和市场份额，又做强盈利能力和文化影响。

四是效率与公平的关系。一方面，我们要全面推动企业内部竞聘上岗，为优秀人才搭梯子、建舞台，鼓励按劳分配和多劳多得，合理拉开收入差距，开启经济持续增长的发动机；另一方面，要适当兼顾平衡，体现公平正义和共同富裕原则，踩好企业稳定的减震器，构建不同年龄、不同岗位、不同身份人员之间的和谐劳动关系，做到老有所安、中有所展、青有所望，在岗有竞争、待岗有依据、退休有保障。

五是顶层设计与尊重实践的关系。一方面，我们要加强顶层设计和整体谋划，注重改革的系统性、整体性、协同性，出台集团总体改革指导意见，明确目标任务举措，制定考核激励办法，发挥集团在改革全局中的宏观调控作用；另一方面，又要尊重各单位的历史差异、资源禀赋和现实条件，鼓励各单位因地制宜、因时制宜地探索具体改革路径，走出各具特色的专业化道路，更好地激发各单位的内生动力。

六是把握方向与掌握节奏的关系。一方面，要坚决按照中央和上级领导部门的部署，增强战略定力，坚持底线思维，牢牢把握改革的正确方向，始终把握改革的领导权和主动权；另一方面，我们也要加强各项改革的关联性、系统性、可行性研究，统筹考虑、全面论证、科学决策，由易到难、由浅入深，做到胆子大、步子稳，把改革的力度、发展的速度、企业可承受的程度统一起来，努力在关键环节的改革上取得促进企业发展、满足社会需求、增进员工福祉的实际成果。

5. 认真学习贯彻中央精神，
进一步明确集团特色发展道路的原则要求*

党的十八大以来，习近平总书记围绕宣传思想文化工作的正确导向、社会主义核心价值观、国家文化软实力、文化体制改革、媒体融合发展等发表了一系列重要讲话，作出了重大部署。中央领导同志根据中央的有关精神，对我们集团的出版主业和改革发展工作提出了明确要求，做出了具体指示。我们要继续认真学习，坚定不移地用中央精神统领、指导和促进集团的各项工作，进一步明确集团特色发展道路的原则要求。

（一）抓好出版导向，保证政治正确，把"正确导向放在首位"的要求定得更高、抓得更严

出版承载的是价值取向，影响的是思想灵魂；出版"国家队"承载的是国家核心价值观，影响的是社会主流出版趋向。我们要牢牢把握为人民服务、为社会主义服务这个根本方向，牢牢把握坚持正确的政治方向、正确的出版导向这个根本职责；始终将正确导向第一、社会责任第一、国家使命第一，当作我们矢志不渝的主流意识、主导方向和主要追求；始终将守土有责、守土尽责、守土担责，当作我们一以贯之的政治

---

* 这是在中国出版集团公司 2015 年度工作会议上的工作报告摘编。

底线、思想底线和出版底线。

政治正确是出版工作的原则，是一条铁的纪律，是内容生产的一根定海神针。这就要求我们，在大是大非的问题上要始终保持头脑清醒、立场坚定，始终与党中央保持高度一致；这就警醒我们，要坚决抵制各种错误思潮和言论的侵袭，坚决排除各种噪音和杂音的干扰，始终做到"不畏浮云遮望眼""任尔东西南北风"；这就需要我们，积极传播主流文化，不断壮大主流舆论，努力增强主流阵地。

对于导向管理，我们既要在思想上高度重视，更要在行动上全面落实；既要在管理监督上不断强化，更要在执行效果上严肃问责；既要在关键时刻顶上去，更要在平常日子里绷紧弦。这是衡量我们一切工作的根本标准，全集团各级干部必须牢记在心，努力坚守，常抓不懈。

（二）围绕中心、服务大局，抓好主题出版，努力发挥多出精品力作的主导示范作用

围绕中心、服务大局是做好出版工作的基本职责，是履行国家使命的本质要求。只有知大局、懂大局，工作才能有为，产品才能到位。当前和今后一个时期，党和国家工作大局就是全面建成小康社会、全面深化改革、全面推进依法治国、全面从严治党。我们要着眼于"四个全面"，体现出版功能，加强宣传阐释，提供舆论支持，营造良好氛围。

主题出版反映了时代的主旋律，传递着现实的最强音，是围绕中心、服务大局的重要体现，是回应时代声音、记录时代足迹的重要途径。我们要着力围绕社会主义核心价值观、中国梦、中国道路等重大主题，立足集团的历史积淀、资源禀赋和品牌特色，以敏锐的触角、深刻的思想、灵动的语言和鲜明的风格，开掘中华优秀传统文化的源流，点燃红色革命传统的薪火，聚焦中国特色社会主义的道路，凝结人类文明进步的成果，打造合时应势、育物化人、大气庄重的主题出版品牌。

以人民为中心是出版的工作导向，为人民出好书是内容创新的根本目标。我们要更加重视倾听人民的心声、反映读者的需求，更加重视作者的原创佳作、正确的内容选择，更加重视内部机制的创新、外部资源的集聚，努力体现政治导向是核心、思想导向是主导、文化导向是主体的基本要求，努力出版有理想、有道德、有温度、有梦想的原创作品，努力塑造富有时代性、思想性、经典性、大众性的图书品格，努力发挥文化引领、价值感召、精品示范作用。

（三）深化出版企业改革，保障社会效益第一，在建立具有文化特色的现代企业制度中做出榜样

改革只有进行时，没有完成时。我们完成转企改制的时间还不长，离建立健全的现代企业制度还有较大距离，离建立健全的具有文化特色的现代企业制度还有更大距离。这就要求我们，在制度设计上确保出版导向正确，进一步加大改革力度，加快创新步伐，完善集团化管控，释放资源活力，激发品牌潜能，做大文化影响，做强经济实力，做实改革管理。

在企业化、市场化和股份化的过程中，我们要始终坚守铸就文化之魂的根本立场，重经济效益但将社会效益放在首位，重市场拓展但不当市场的奴隶，重有效发行但不唯发行量；要始终清醒地认识到我们的社会定位是以企业的方式做正确导向，以市场的方式做文化传播，以资本的力量弘扬社会的正能量。我们既要成为合格的现代出版企业，更要成就造福社会、服务人民的文化事业；既要坚定不移地打造大型出版航

母,推进"三化目标",更要努力构筑出版高地,奋力攀登文化高峰。

我们要更加注重文化产业的特殊规律和集团发展的自身规律,努力探索具有文化特色的现代企业制度,进一步增强社会效益第一、两个效益有机统一的发展理念,注重将社会效益的要求内化于企业精神、外化于生产营销;进一步完善做大文化影响、做强经济实力的现代文化企业的法人治理结构,强化内容生产导向管理,健全内容审核把关机制;进一步优化既能激发经济发展动力、更能激发文化创造活力的绩效考核体系,坚持分类考核标准,完善具体指标体系,加大社会效益考核权重;进一步在做优文化产品、做大文化影响的前提下做强经济实力、做实改革管理。

(四)贯彻媒体融合发展的要求,增强发展数字化、多媒体新型出版的紧迫感,在建立新型出版业态上下功夫

媒体融合是产业转型的必然方向,是数字化驱动的时代潮流。在转型的过程中,内容为体,技术为用,技术得内容而更有市场生命力,内容也因技术而更有文化影响力。在融合的过程中,传统出版是根,新兴业态是叶,新兴业态因厚植根柢会风云接天,传统出版因厚载新物将入地三尺。我们既要成为一流的内容提供商,更要成为以技术为支撑的内容服务商;既要弘扬光大传统出版品牌,更要努力打造新兴业态品牌;既要打造大型化的传统出版航母,更要建设现代化的数字出版集团。

在数字化对传统出版"创造性破坏"的背后,是一场新的出版格局的催化;在互联网对传统市场"颠覆性创新"的背后,是一个新的阅读市场的崛起。我们必须以时不我待、争时争位的紧迫感,加快传统出版与数字化、多媒体的融合发展。

在推进传统出版与新兴出版融合的过程中，我们要增强互联网思维和一体化思想，以内容资源建设为基础，以重点平台建设为核心，以人才建设和体制机制创新为保障，大力推动传统出版的内容集聚数字化、流程管理数字化和传播方式数字化，加快构建新兴业态的商业模式、盈利模式和产业模式，努力将集团打造成一个具有融合特征、具备新型业态的现代化出版集团。

（五）讲好中国故事，把图书"走出去"作为重要任务，为中国文化"走出去"当先锋、扛大梁

中国故事源自国内实践，立足海外传播，是中国道路的生动体现和具体表达。它既包含中国梦的故事，又包含中国人的故事；既包含中国发展的故事，又包含中国创新的故事；既包括中国历史的故事，又包含中国当代的故事。讲好中国故事，既是我们发挥出版文化功能、履行国家使命的时代要求，也是我们坚持集团特色发展道路、努力建设"国际著名出版集团"的内在需要。

图书"走出去"是中国文化"走出去"的重要载体，是中国出版企业"走出去"的重要方式。我们要积极结合自身的资源优势，在学术产品"走出去"的过程中更加入情入理地阐释好中国道路，在大众产品"走出去"的过程中更加形象贴切地讲述好中国故事，在国际会展交流中更加生动有力地传播中国声音，从而更加准确地把握海外传播的基本规律，更加敏锐地捕捉海外需求的基本特点，努力实现海外一本书热销、一批书动销。

中国文化"走出去"关系着国家形象构建，影响着国家文化软实力。我们要牢固树立全球化思维和国际化视野，积极服务国家对外总体战略，坚持"近期做响、中期做开、长期做强、总体做实"的国际化工作方针，抓好版权、资源、项目、翻译、人才、机制"六个要点"，大力开拓"三个市场"，努力形成国际话语体系中的中国表达，努力构建全球文化语境中的中国语意，努力为中国文化"走出去"当先锋、扛大梁。

6. 明确"三六构想"新的战略重点，深化集团"十三五"时期的发展思路*

未来五年，是我们建成"国际著名出版集团"的决战期。为此，我们首先要认真学习贯彻好党的十八届五中全会精神，将"创新、协调、绿色、开放、共享"五大发展理念作为行动指南；其次要准确研判国内外出版大势，将其作为决策参考；同时还要透彻分析集团现状，将自身优势和短板作为现实的发力点。"三化目标""六大战略"（即内容创新、品牌化、集团化、数字化、国际化、人才强企等六大战略），经受了"十二五"发展的实践检验。现在看来，"三六构想"（即"三化目标"和"六大战略"的合并简称）对"十三五"仍然具有战略统领和战略指导的意义。但是，也应该看到，宏观经济形势不同了，我们的经济规模不同了，出版业强弱分化的趋势更加明显了。客观上看，我们已处在一个新的发展阶段。经集团领导班子研究决定，我们应该明确将**"调速度、调结构、强导向、强质量、强动力、强党建"**作为"十三五"期间深化"三六构想"的新的战略重点。

这**"两调四强"**，体现了集团作为政治组织、文化组织和企业组织的基本特点，贯穿了将社会效益放在首位、两个效益相互统一的基本原则，涵盖了做大文化影响、做强经济实力、做实改革管理的基本理念。

---

* 这是在中国出版集团公司2016年度工作会议上的工作报告摘编。

它的基本逻辑是，通过"调速度、调结构"，更好地实现"强导向、强质量、强动力、强党建"。它的基本目标是，实现发展方式从规模扩张型向规模和质量效益结合型转变，从资源发展型向资源和创新驱动结合型转变，从速度增长型向速度和协调发展结合型转变，最终实现集团产业从"又快又好"向"又好又快"的协调、可持续发展的转变。

这样的思考是建立在形势研判基础之上的。从宏观经济形势来看，全球经济尚处于疲软复苏期，我国经济增长将经历 L 型状态，中央提出要准备打持久战；从行业趋势来看，全球出版市场基本稳定，我国出版市场增长较快，但产业竞争日益激烈、原创精品总体较少；从集团过去五年的特点来看，在历史禀赋与专业能力的驱动下，出版主业始终保持较为强劲的增长势头，但持续发展的动能不足，而且由于我们产业板块相对单一，集团经济整体抗风险的能力面临越来越明显的压力。

察形观势、见微知著是我们把握自身发展命运的基本前提。我们集团是一个有着自己历史命运的集团，它的"命"就是文化使命。这个"命"既是既定的，又是变化和发展的。这就决定于我们"运"的过程和"运"的内涵。我们既要顺应时势，又要看到自身就是形势的一部分，我们的"形"和"势"最终是自己走出来的，我们的"命"主要是自己"运"出来的。把握集团发展命运的核心，就是要十分明确"十三五"期间集团改革、发展和创新的基本思路，明确集团继续推进"三六构想"的战略重点。"两调四强"正是对这一问题的集中思考和重大揭示。

调速度，是深化"三六构想"的重要条件。速度就是指标。指标既是企业发展的指向，也是它的标高，对于企业发展具有十分重要的意义。"十二五"之初，我们集团是从四十多亿元的经济盘子起步的，这个规模显然与我们的内容资源、人才资源和品牌资源的积累极不相称。"十二五"以来，我们保持了持续的高速增长，现在的营收已经连续两年稳定地超过九十亿元。一方面，原有的动能在减弱，新的动能尚未培育起来；另一方面，在有了一定的经济规模，持续了数年的高速增长之后，我们应该看到经济发展是有规律的。所谓"企者不立，跨者不行"，正是对这一规律的深刻洞见。为此，我们将集团的发展速度调整为年增6.5%～8%这个有一定弹性的区间，既和国家宏观经济走势相适应，也和我们去年确定的8%的指标相衔接。

调速度的基本思想是好字当头、快字随后，基本原则是因企而异、因时而变、能快则快，基本目标是调结构、强质量、强导向，基本方法是扩常销、推畅销、提高单品种效益。需要注意的是，调速度应是保持已有规模基础上的适度增长，而不是放弃经济指标的带动作用。从过去出版产业逆势上扬和去年股份公司强劲增长的情况看，多数出版单位保持中高速增长，经过努力是完全可以做到的。对于集团整体而言，保规模、中高速应该是我们经济工作的基本追求。

调结构，是深化"三六构想"的主攻方向。金刚石和石墨的构成元素都是碳，由于结构不同，二者的硬度也就有了天壤之别。同样资源禀赋的企业组织，由于要素性的结构不同，它们的竞争力也会大不相同。经济结构反映着生产要素配置的比例关系，影响着企业竞争的核心优势，决定着经济增长的质量效益。出版产业供给侧结构性改革的发力点，在于推进结构调整，减少无效和低端供给，扩大有效和中高端供给，增强供给结构对需求变化的适应性和灵活性，提高全要素生产率。

对我们而言，产品结构是关键，市场结构是基础，投资结构是引擎，产业结构是重点，人才结构是核心。经济结构调得好，效益会上升，风险会下降，反之则不然。这就要求我们：在扩大现有优势板块的基础上，做大做强新兴产品板块；在巩固现有渠道的基础上，增强线上线下的市场竞争能力；在抓好常规经营管理的基础上，发挥重大项目的战略性增长作用；在股份公司增强专业化发展优势、持续做大文化影响的基础上，集团公司要积极探索适度多元，培育新的经济板块；在壮大优秀编辑营销管理团队的基础上，要努力建设新领域、新实体、新经济的运作团队。

强导向，是深化"三六构想"的根本追求。习近平总书记强调，无论改什么、怎么改，导向不能改，阵地不能丢。中央领导同志指出，坚持正确政治方向是灵魂和生命线，是第一位的要求。这就要求我们，要始终坚持正确出版方向，增强政治意识，树立看齐观念，坚决与党中央保持高度一致；这就要求我们，要认真落实意识形态工作责任制，"装好闸门再放水"，"装好制动再上路"，切实守好出版阵地；这就要求我们，要坚持以人民为中心的工作导向，弘扬主旋律，提振精气神，传播正能量。

导向的维度从来就不是单一的，在政治导向之外，还存在着思想的、社会的、生活的、审美的等多种维度的导向。因此，需要正确处理政治导向的一元性与社会导向的多样化之间的辩证关系。导向就是话语权，就是对内容资源的把控，就是对社会群体的影响，就是一代人在出版史上烙下的痕迹。这就要求我们进行内容创新，要敏锐地关注时代话题，而不是游离于时代大潮之外；要有力地回答现实的声音，而不是沉溺于象牙塔之中；要更好地承担我们这代人的历史文化责任，而不是满足于已有成绩。

强质量，是深化"三六构想"的核心指向。导向是横轴，质量是纵标；导向代表方向，质量代表高度。出版质量绝不仅仅是一个技术问题，更是一个具有文化深度与价值高度的境界问题。强出版质量，就是要强出版主业、强内容创新、强文化影响。这就要求我们站在时代的前沿，站在历史的深处，攀登文化的高峰，打造影响当代、传诸未来的时代精品。

这就意味着，我们的选题立意，要更加注重传播时代的真理，引领变革的潮流，推动思想的进步；我们的选题触角，要更加注重敏锐发现生活的新知，积极探索世界的新物，健康引领社会的新风；我们的选题品质，要更加注重激发昂扬的力量，锻造美丽的灵魂，提升当代中国人的精神生活品质。把握了导向就是把握了时代话题，提升了质量就是在时代话题中提升了思想的、文化的、价值的高度。

强动力，是深化"三六构想"的关键举措。动力的先导，是解放思想；动力的关键，是制度创新；动力的要害，是促进内容与市场、内容与科技、内容与资本、内容与产业的融合；动力的重点，是激发内容创新能力、经济增长能力、产业拓展能力和国际传播能力；而动力的核心，是以人为本，是尊重人、关心人、培养人、激发人、造就人。

对我们而言，强动力就是要着力构建促进集团产业科学有序发展的动力系统。**一是强化精神性动力**，就是要强化服务大局的政治责任感，以文化人的文化使命感，保持引领潮流的敏锐眼光和创造新知的思想活力。**二是强化科技性动力**，就是要尽快建成具有战略引领性、经济拉动力的新兴业态，实现传统出版与新兴出版的一体发展和共生共荣。**三是强化资本性动力**，就是要以资本的长剑切割市场版图，以资本的力量增强经济实力。**四是强化管理性动力**，就是要以集团化改革加快内部资源的有效整合，以总部建设带动各单位的企业治理水平提升。**五是强化制

度性动力，就是要深化生产、经营、投资、管理、人事和分配等关键领域的改革，努力完善具有文化特色的现代企业制度，激发人才干事创业的奋斗热情，增强企业持续发展的制度竞争力。

强党建，是深化"三六构想"的政治保障。在现代企业组织中，党建工作仍然是我们重要的政治优势，是国有企业健康良性发展的内在要求，是企业文化建设的核心和灵魂。党建工作的根本在于正人心、聚人气、合人力，为企业的长治久安、基业长青提供强大的思想、政治和组织保障。党的建设包括思想建设、组织建设、作风建设、反腐倡廉建设和制度建设。这就需要我们：在思想上坚定理想信念，补好精神之"钙"；在组织上科学选人用人，增强企业凝聚力战斗力；在作风上严于修身律己，强化干净创业清爽干事的意识；在反腐倡廉上全面从严治党，营造企业良好政治生态；在制度上严明纪律规矩，提高依法依规治企的能力。

对我们而言，当前要严格按照中央要求，坚决落实党风廉政建设的主体责任和监督责任。各级党组织要落实好组织领导、队伍建设、正风肃纪、规范权力、支持保障、示范表率责任，各级纪检组织要准确运用"四种形态"，发挥好监督、执纪、问责作用。同时，各级群团组织要积极建设具有集团特色的企业文化，凝聚企业发展的思想动力。

"两调四强"是我们立足"十三五"深化"三六构想"的初步考虑，既需要同志们高度重视，把握关键，认真落实，也需要大家在改革发展的实践中不断总结，不断探索，不断加以丰富和完善。

7. 抓住"三大要领",带动全局发展*

今年党的十九大要召开,严把政治导向、做好主题出版十分重要,唱响主旋律、传播正能量十分重要,坚持"内容建设第一、质量第一、出好书第一"十分重要。这是我们全局工作的重中之重,是一切经济工作的出发点和落脚点,是贯穿全年的指导思想和根本要求。

习近平总书记在中央经济工作会议上强调,要坚持稳中求进的工作总基调,要以推进供给侧结构性改革为主线。这对集团深化"两调四强"的战略重点,落实"十三五"规划具有重要指导意义和现实针对性。将中央精神和当前实际相结合,最主要的一条就是稳中求进。稳是前提,稳是大局,稳是总基调,具体表现为稳增长、稳经营、稳发展;进是方向,进是目标,进是精神状态,具体表现为结构优化、动力增强、融合发展。因此,今年要将**稳增长、调结构、促融合**作为**"三大要领"**,作为主攻方向,带动全局发展。

(一)稳增长

前年以来,我们主动适应经济新常态,将经济增速由"双10"调为"双8",又调为"6.5~8",主要是考虑防控规模等各种风险,适应增长的现实情况。从2016年实际情况看,集团的营收、资产、净资产均出现较快增长,迈上"三百亿"台阶。站在"三百亿"的平台上,怎么看,

---

* 这是在中国出版集团公司2017年度工作会议上的工作报告摘编。

怎么办？这是我们绕不开、躲不了、必须直面的问题。我们的资产总额更大，掌控能力能否更强？净资产量更多，质量效益能否更好？营收数额更大，利润率能否更高？一句话，集团这艘越来越大的航母，能否保持航向，保持航速，继续前进，再进一步、更进一步，更强、更好、更高，成了"三百亿"平台上的主题词。这其中，关键是稳增长，关键是调结构，关键是促融合。这是带动全局工作的"三大要领"，是落实"十三五"规划的重中之重。

保持增长是企业生存的铁律。对一个企业来讲，增长是天然使命、立身之本、发展之基，既是维系生存、基业长青的前提，又是造福员工、造福社会的保障。集团各单位作为企业组织，必须履行企业的使命，必须遵循企业的规律。文化是我们的最高使命，社会效益是我们的第一追求。同时，保持增长是我们践行文化使命的资本，是我们坚持社会效益第一的资本，也是我们做强经济实力的资本。没有增长，这些目标都将是空话。即使是当前经济发展中存在的一些问题，也需要在增长中逐步加以解决。在增长中解决问题，在解决问题中实现新的增长。

合理增速是市场竞争的法则。十八大以来，集团营收从47亿元增长到103亿元，总资产从77亿元增长到192亿元，净资产从28亿元增长到109亿元，利润从3亿元增长到9亿元，保持了两位数的高速增长。这既为弘扬自身品牌、夯实"国家队"地位奠定了经济基础，也为我们保持市场竞争优势提供了回旋余地。当前，出版产业强弱分化明显，主流的被边缘化、边缘的进入主流，起落升降、屡见不鲜，进退得失，逐年洗牌。纵观出版业，你追我赶，百舸争流，不进则退，慢进也是退。形势逼人，形势激人，形势也让我们看到，这场大戏的背后是市场竞争的法则在导演，适者生存、违者出局，冷冰冰地没得商量。要实现集团

"十三五"规划，基本建成国际著名出版集团，没有增长不成，没有合理的速度不成，没有合理的、持续的速度更不成。事情都是这样，当时过境迁回头看时，不过是"乌蒙磅礴走泥丸"。既然我们设定了"建设国际著名出版集团"的标高，制定了实现"三化"的目标，就要神气十足，敢于胜利，保持速度，不达目的誓不休。

质量效益是企业存续的价值和意义。"十三五"期间，全集团要在坚持社会效益第一的前提下，努力实现两个效益的统一，努力实现出版质量和经济质量的统一。这始终是出版企业的价值追求、意义所在。全集团要实现经济发展从规模扩张型向规模和质量效益结合型转变，从"又快又好"向"又好又快"转变。要冷静地看到：集团销售和利润比率尚好，但利润增长远低于销售增长，出版利润有回归市场平均利润甚至更低的风险；造货、发货规模基本实现同比增长，但库存规模持续攀升；图书品种数与市场零售占有率的比率较好，但低效、无效甚至减效图书不少；网店销售持续扩大，但利润走低已渐成常态。我们重产品规模，更应重单品效益；重经济规模，更应重有效规模；重市场增量，更应重利润增量。概括起来，更有质量、更有效益、更可持续的增长是我们一以贯之、始终如一的基本追求。

（二）调结构

企业肌体是由多种结构组成的。调结构要善于抓本，"万物负阴而抱阳，冲气以为和"，这大概是调结构的本；调结构要善于抓纲，内容、产业、机制这三种结构就是所谓的纲。

内容结构是核心。一是在产品生产方面，既要合理把握主题与一般、历史与现实、学术与普及、新书与重印、畅销与常销、原创与引进、本版与合作之间的比例关系，又要向社科、少儿、文艺、语言、教材教辅等全国市场份额占比大的板块发力。二是在作者资源方面，统筹好老与新、知名与新锐之间的比例关系，特别要努力提升判断和获取资源的能力，以维护老作者和发现新作者。三是在编辑能力方面，既重案头，也重策划；既重学术情怀，也重市场敏感；既重工匠精神，也重思想创新。内容结构是由出版社的定位和市场需求共同决定的。它既有不变的一面，也有常新的一面，既有固本归宗的一面，也有顺世化转的一面，要在顺世中保持本宗，要在本宗下频出新品。这需要大气、文气和锐气、地气的融合，需要常下功夫、下死功夫做研究，从而做到结构在胸中更在市场，在销售更在利润，在回款更在社会影响。

产业结构是重点。一是产销结构，既要提高产品供给的质量，更要提高市场营销的能力。要研究产销之间的各种比例关系，找到这些关系的数据指标，求得产与销在动态中的平衡。这是企业的基本结构，是企业的体征指标，是产业结构中指导、决定、影响各种结构的最重要的结构。营销是我们的难点，既要研究不同区域、不同门类、不同渠道的市场变化，又要抓住关键市场、关键渠道、关键读者；既要增强线上线下一体营销，又要增强移动终端吸粉能力，增强对网店折扣的平衡能力。二是新老结构，既要维护好常销老书，又要开发好畅销新书；既要巩固传统出版优势，又要加快新兴业务拓展；既要提高出版产业链一体化的规模收益，又要增强艺术品、翻译、进出口等多元经营的融合收益。三是内外结构，中图（中国图书进出口总公司）、商务印书馆、中华书局、三联书店、人民文学出版社（下文有时也简称"人民文学"）、中国大百科全书出版社（下文有时也简称"大百科社"）、人民音乐出版社（下文有时也简称"人民音乐"）、人民美术出版社（下文有时也简称"人民美术")等在内外结构中是我们集团的强势,特别是中图具有更多的资源性、传导性、整合性优势。要发挥这种优势,努力形成国内国外两种资源、两大市场、两个影响的内外结构,为集团更长远的发展筑路基、建渠道、设据点、储人才,努力形成内外结构上的后发优势。

机制结构是关键。一是在组织管理上,要进一步划小生产核算单位,提高内容生产组织扁平化水平,有效下放人、财、物等权力,激发创新因子,打造创业平台。二是在选人用人上,要加强骨干拔尖人才培养,加强新业态人才培养,加强青年优秀人才培养,重品德、重特长、重能力、重业绩,千方百计搭梯子、造环境。三是在考核分配上,要分类研究、因企施策,建立差异化的考核指标,加大对各类骨干人才的激励力度,从而造就"创新之星"竞相涌现的人才队伍。机制就像人体的经络,看不见,但存在;通则气顺血畅,不通则气塞血瘀。机制很重要,事多难为,但大道至简,差异出活力。机制改革的本质是打破旧的平衡,建立新的平衡,是着眼创新、着力差异。在方法上要"中西医"兼用,思想工作、改革举措、经济手段并举。在思路上要运用系统思维,将领导决策机制、组织管理机制、用人分配机制等形成系统,连为一体,强调系统的功能,讲究各机制间的协调,重在活血化瘀,使系统焕发生机和活力。

(三)促融合

促融合既是调结构的基本指向,也是稳增长的未来动力。在促融合中,开放性、创意性和商业性特别重要。开放性就是资源开放以实现规模化、社会化、品牌化;就是资本开放以实现公司化、股份化、市场化;就是机制开放以强肌体、塑团队、揽人才。创意性重在说好故事,点石成金，化低效资源为高效资源，吸引资本投入、技术导入和资源引入。商业性是强调投入与产出这对关键指标，形成投入产出、再投入再产出的良性发展。

资源融合是立足点。我们的资源是丰富的，但在信息时代，互无关联的资源如同一个个的孤岛。要站稳资源融合这个立足点，必须打通孤岛型的"拥有"，实现互联互通的"享有"。只有从丰富走向巨量、走向海量，我们的数据库和这个平台、那个平台才有成功的希望。所以，内容资源的数字化、数字资源的规模化、规模资源的品牌化，是资源融合的三部曲、必由路。换句话说，只有实现融合出版，我们才有戏可唱，才在内容上有话语权，才有多媒体表达的内容优势。

技术融合是催化剂。就是要在资源融合基础上，通过技术创新，实现内容与数字技术的融合，从而逐步实现从出版融合向融合出版的转变。我们要加强对各类平台、数据库、电商、大数据服务、数字发行、IP内容开发等多种产品形态的技术研发，利用新媒体、全媒体手段提供优质内容与服务，实现产品的立体化传播，放大点击量，提高关注度，形成流量、交易量和营销量的增长。

资本融合是加速器。就是要借助社会资本，形成多元投入的融合模式。互联网经济的崛起来源于资本市场的孵化，现代企业的腾飞借助于外源式的融资。我们要用资本的钥匙打开数字融合的大门，用资本的杠杆实现内容资源的溢价，要积极推动有条件的企业尽早登陆资本市场，加速吸纳 VC（风险投资）、PE（私募股权投资）、产业并购基金等外部资本，通过资本融合带动资源、技术和人才的融合，倒逼思想、体制和机制的创新，增强资源的变现能力、市场竞争能力和资本增值能力。

企业要有精气神。古人说的精气神是有含义的，是辩证的。精者，主要指人体吸入之精华；气者，主要指五脏六腑之运化；神者，主要指精在体内运化后表现在外的神气、神韵等。对我们来说，所谓精，好似要素之投入产出；所谓气，仿佛结构之均衡化合；所谓神，就如同企业之状态和业态。稳增长、调结构、促融合就是我们集团这个企业肌体的"精气神"，是"三百亿"基础上"更强、更好、更高、更进"的要害所在、要领所在。这"三大要领"，对走好集团特色发展道路，具有战略的重要性、现实的紧迫性和全局的带动性。抓住了这"三大要领"，我们就抓住了"十三五"的发展全局，我们就有可能使整体业态"神气十足"，使"十三五"目标胜算在握。

8. 扣紧职责使命，抓好八项落实*

习近平总书记的重要讲话着眼于党和国家的事业发展和长治久安，着眼于党的工作全局，就新时代条件下做好党的新闻舆论工作做出了战略部署，深刻回答了党的新闻事业发展中的一系列重大问题，尤其是提出了党的新闻舆论工作职责、使命，这就是：高举旗帜、引领导向，围绕中心、服务大局，团结人民、鼓舞士气，成风化人、凝心聚力，澄清谬误、明辨是非，连接中外、沟通世界。

我们集团要扣紧"48个字"，将学习贯彻重点落实在八个方面。

第一，落实在导向管理上。

作为出版业的"国家队"，要有更强的意识，我们是党和政府主办的出版单位，必须体现党的意志，反映党的主张，必须坚持马克思主义出版观，必须始终坚持正确的出版导向，必须始终坚持正面宣传为主，核心是把政治方向放在第一位。

在中央的要求下，在中宣部的直接领导下，这几年我们在导向上总体比较平稳，但是也存在隐患。有些属于导向方面思想模糊。在我们集团各个出版平台，跟党和政府唱对台戏的现在没发现，但是思想模糊、选题把关过程中政治意识淡漠的情况，还是时有出现。所以加强导向管

---

* 这是2016年2月25日在中国出版集团公司学习贯彻习近平总书记在党的新闻舆论工作座谈会上重要讲话精神专题会上的发言，根据录音整理。

理的一个重要方面,就是学习好习近平总书记和中央领导同志的讲话,以他们讲话的精神、要求作为我们编辑思想的基本准则。我们所有单位的领导成员都要重视,不能因为个别编辑的思想模糊造成我们一个出版单位政治上的被动,也不能因为个别人的思想模糊造成他职业生涯的重大问题。我们的队伍,一是政治方向明确,二是要对这支队伍的锻炼培养承担起责任,在大是大非、政治原则问题上,要按照总书记的要求,思想不能含糊,理想不能动摇,态度不能模糊,确保我们所有的出版单位坚持正确的政治方向,持续良好地营造一个长治久安的发展环境。

因此,要切实把导向管理作为我们各个出版单位的头等大事,把导向管理真正抓细、抓紧、抓出实际成效。在分析状况时,一个是当心思想模糊、把关不严,二是提防工作不细,导致失误。导向管理既是重大的原则问题,又是很具体很实在的业务流程问题,抓不细就可能出大问题。在这点上,我们各位领导在思想上要非常明晰,要真正落实好中央、中宣部、总局的各项管理要求,真正落实好集团出台的12项导向管理的机制。中宣部会按照中央领导的要求,突出导向的管理,突出责任制的落实,而这又会体现在抓典型这一具体环节上面。因为,不抓住典型不足以引起真正的、广泛的高度重视。大家在导向上要非常鲜明,做法上要非常细致,把关机制上要非常严格,总之要落实。

第二,落实在内容创新上。

总书记的讲话大量涉及这方面的内容。我们在文化责任上恐怕主要是两项:一是正确的政治导向,二是做出广泛的、优质的文化贡献,提供优质的社会文化产品。这始终是我们的基本追求。导向无时不在、无处不有,不仅包括政治导向的维度,而且包括思想、文化、生活、娱乐的导向。什么人都不能离了导向。我们在今年年初的工作会上也谈到，我们从集团长期的工作中也体会到，我们既要坚持好政治导向的一元性，同时也要注意社会生活、文化生活的多样化，这样才能够做好我们的选题创新、我们的内容创新，更好地满足社会、市场、读者的需求。这一点落在内容创新上最突出的，就是要落实在作者资源的挖掘上，落实在选题的策划上，落实在产品线的建设上，落实在三审制上，落实在我们内容生产创新和文化传播营销的各个方面。

第三，落实在媒体融合上。

媒体融合看上去是一个业务问题，其实是一个业态问题。出版人都已经认识到新业态的重要性，但是这次我们有机会看了一下中央媒体的集中介绍，了解了三个中央主流媒体在媒体融合上的社会化程度。客观上出版社和新闻媒体在这个方面的表现已经拉开了较大差距，所以我们还要推进好媒体融合。我们体会，总书记的讲话核心是两条：第一是坚持改革，在体制机制上做文章；第二是坚持创新，搞好媒体融合这篇大文章。

第四，落实在"走出去"上。

总书记多处讲话都指出，要塑造中国形象、讲好中国故事、发出中国声音、提出中国主张，其核心都是中华文化本身。在这方面，我们出版也有自己的特点。上次我们研究的时候就讲过，还是要坚持文化交流的公益性和文化自身的特点。文化如水，润物无声，看上去很静默，但实际上是力量的表现。我们也会加强"走出去"的活动性安排，但关键不是这个，关键还是要有好的作品，能反映中华文化的特性，能反映当代中国的生活，能提出别样的发展模式。这里面要突出的，也是中央强调的，就是在"一带一路"这个方面，出国的安排可以适当放宽，适当加强。你不出去，你怎么了解呢？今年我们国际部将适度地增加一些出国调研安排，尤其是负责"走出去"工作的专业人才和领导干部要加强。这里的出国就是海外调研——不知道就没有感觉，没感觉就没有方向，没有方向就乱折腾。

另外，还是要坚持在中外文化交流基础上的版权输出的正常增长，我们不是要压低"引进来"保障输出，而是要在正常文化交流的基础上尽量做好版权输出。一方面我们还是要有各种考核的指标体系，另一方面我们也要看清楚，海外对中国文化的需求增长会有一个过程。但只要是上升的趋势，只要是整个国际交流当中的结构在逐步变化的趋势，就符合我们工作的基本方向。

第五，要落实在领导班子建设上。

首先是落实在中央领导同志提的思想政治建设上，落实在我们的领导班子建设上。同时，领导班子建设还要学习贯彻中央一系列的关于加强党建工作的文件要求。要加强落实今年中纪委的会议精神，加强整风肃纪、反腐倡廉，把纪律挺在前面，把党章、党规、条例作为规范党组织、党员领导干部和广大干部党员的基本准则。今年这个主题的学习要求是很明确的。对我们这条战线而言，要突出思想政治建设，不仅仅是坐在那儿学习，更重要的是要体现在一本一本书的政治导向和思想文化含量上。我们学的时间再多，谈的体会再深，如果一本书都抓不好，基本都抓不好。

第六，落实在人才队伍建设上。

导向把关也好，传播正能量也好，内容创新、文化贡献等方面也好，都好在我们这支队伍上，好在编辑队伍上。所以，加强编辑队伍的思想政治建设和加强领导班子的思想政治建设，从坚持正确导向的意义上来讲，是同样重要的。上级有关部门的要求也很明确，从今年开始要加大中国出版集团的普通编辑参加专题培训的比率。我们坚持了数年的培训都有这个体会，培训和不培训不一样，经常培训和偶尔培训不一样，抓住重点人头培训和漫无目标培训不一样，在不同平台培训的效果也不一样。有一些三四十岁这个年龄层的编辑对于一些基本的历史问题，对于一些基本的政治常识，确实还存在很多的空白、迷惑、不清楚。更加重要的是，即便这些东西清楚了，该用什么观点、什么态度去分析把握也是十分关键的。把握能力也是在培训当中逐步加强的。因此，要使我们这支队伍真正做到总书记所说的首先在政治上强起来。

第七，要落实在党的建设上。

去年经过大家的努力，我们党委、党组织、纪委、纪检组织普遍完善了检查。今年，还将按照中央关于党建方面的要求、指示精神，将其逐步落实到位，逐步使我们的党组织能在企业活动当中发挥它应有的政治核心作用和保障监督作用。前天我们到中纪委驻中宣部纪检组汇报工作，我就谈了个人的体会。这里跟大家交流，也跟我们所有单位的主要领导交流。第一，要以第一责任人的要求在思想上要求自己，来安排、部署年度全部工作。第二，要实实在在地支持第一责任人即各单位的党委书记开展这方面的工作。第三，要按照党组织的统一安排，促进、协调领导班子所有成员按照"一岗双责"的要求落实好这方面的工作，既不要以为我是主要领导就一把抓，也不要以为这是党的工作，跟我无关，就放任不管。

根据上面的要求，今年要开展集团首轮巡视。大家已经看到了，中央今年的巡视工作，非常突出地注重巡视各单位在党组织建设、政治建设上是不是和中央保持一致，当然经济方面仍然是重点。"四个意识"不是说说而已，巡视当中会把它作为一个重要的方面。所以，我们对新的要求、新的情况要做到心里有数，要转化为我们工作的"对表"。

第八，要落实在全年的工作安排和"十三五"规划上。

首先要落实在年度工作和"十三五"规划的指导思想上。我们所有的工作都是经济的、文化的、业务的工作，但同时也都是政治工作、思想工作。我们经常在一起交流，中国出版集团（以下有时简称"中版"或"中版集团"）首先是一个政治组织，其次是文化组织，再次是经济组织。贯通起来讲，就是用经济的方式来完成政治和文化的任务，本质是文化，核心是政治，手段是经济。所以，在年度工作安排中，业务性强固然好，但还不够；在"十三五"规划当中项目多固然好，但还不够。因此，第一条，要把总书记的讲话精神落实在这两个方面的指导思想上；第二条，要落实在我们重大的出版工程和重点项目上；第三条，要落实在集团改革发展方方面面的工作上。

"一年之计在于春"。在我们安排年度工作开局之际，学习贯彻好总书记讲话的精神，学习贯彻好中央领导同志讲话的精神，对我们搞好自己的工作有着重要的实际意义。特别希望我们在开年的时候按照总书记讲话精神，按照以下"四个标准"来开展工作。

第一个标准，结合已有的年度工作安排，学习好、领会好、对对表。学习好、领会好是干什么呢？是对表。符合的，是不是再增强一点？有差距的，是不是再提高一点？有相左的，是不是要调整调整？

第二个标准，要重贯彻、重结合、重落实，要真正地在政治上、思想上、行动上与中央保持高度一致，要真正地把政治责任担当起来。我们的出版工作确实有它的复杂性。你说你体现了国家知识体系，但是国家的意志、党的意志,如果在知识体系当中没有得到体现,甚至弱化了或者边缘化了,这还能算是国家知识体系吗?

第三个标准,把文化使命放在心里、担在肩上、体现在一本本的好书上,这是我们长期的、基本的追求。

第四个标准,要把我们集团的出版工作和其他的各项任务工作真正地做实、做好,做出年度的新成效。

9. 走好中版特色发展道路，
迎接党的十九大胜利召开*

今天，我们召开专题座谈会，举办改革发展成就展，重点回顾十八大以来的工作，积极迎接党的十九大胜利召开，并庆祝中国出版集团成立十五周年。经过十五年的发展，集团资产总额从 48.71 亿元增长到 183.16 亿元，增幅 276%；销售收入从 30.55 亿元增长到 102.31 亿元，增幅 235%；利润从 1.75 亿元增长到 8.02 亿元，增幅 358%；所有者权益从 22.83 亿元增长到 101.04 亿元，增幅 343%。十五年来，集团作为中央文化体制改革第一批试点单位，从无到有，从小到大，从大到强，走过了一段筚路蓝缕、固本培元、逐步壮大的不平凡历程。

党的十八大以来，集团认真贯彻习近平总书记治国理政新理念新思想新战略，认真贯彻中央各项决策部署，牢固树立"四个意识"，特别是核心意识和看齐意识，认真落实中央领导同志关于努力"建设国际著名出版集团"的重要指示和关于做好集团工作的五条重要要求，在上级领导部门的指导帮助下，奋力实施内容创新、品牌经营、数字化、国际化、集团化、人才强企"六大战略"，大力推进现代化、大型化、国际化的"三化目标"，坚持把社会效益放在首位、两个效益有机统一，在

---

* 这是 2017 年 4 月 7 日在中国出版集团"回顾十八大以来工作，迎接党的十九大座谈会"上的讲话。

做大文化影响、做强经济实力、做实改革管理上取得了新进展，坚持并更加明晰了一条以出版专业化为主体的中版特色发展道路。集团连续8年入选"全国文化企业30强"，4次入选"全球出版50强"，2次入选"亚洲品牌500强"，首次入选"中国品牌500强"，4次荣获"中国图书对外推广计划"综合排名第一，荣获伦敦书展主席大奖"国际出版卓越奖"和三个提名奖，荣获"阿富汗总统特别勋章"和两项吉尼斯世界纪录，越来越成为国际出版业聚焦中国出版的标志性企业。

十八大以来，这条中版特色发展道路是中国特色社会主义道路在我们这个"国家队"的具体体现，它的本质是中国特色社会主义的出版道路。其核心指向是坚持主流价值，壮大出版主业，做大文化影响。集团完善了导向管理机制，出台了加强主题出版的具体意见，强化了国家知识体系出版架构，制定了"内容创新十策"，设立了出版特别贡献奖，设置了中版好书榜，举办了编辑大会、读者大会、经销商大会，成立了内容建设委员会，加强了国际版权输出，搭建了翻译、会展、渠道三大平台，启动了中国图书"三进"计划（即将中国的大家名作逐渐推进至海外著名图书馆、海外著名大学、海外研究机构）。集团的内容生产规模和动销品种规模全国领先，在"五个一工程"奖、中国出版政府奖、中宣部"中国好书"榜、总局"大众喜爱的50种图书"、全国图书零售市场占有率、版权输出等12项出版指标上位居全国第一，在全国30多个榜单上连续位居全国第一，提升了集团在文学、古籍、百科、工具书、学术文化、部分教材教辅等领域的专业化生产能力和水平，强化了集团主业在全国出版界的领先优势，扩大了集团产品的主流价值引导力和海内外文化影响力。

十八大以来，这条中版特色发展道路的现实基础是优化集团运营，加快融合发展，做强经济实力**。集团先后制定了销售收入和利润双增10%、8%、6.5%～8%的指标体系，设立了经营特别贡献奖，形成了"一大三小"上市格局，完善了编印发产业链，推进了资金、纸张、印务、物流整合，推进了顺义新华物流基地、中国美术出版大厦、百科编辑能力建设工程、上海虹桥出版创新基地、中国出版创意中心等一批重大基建工程。加快图书、期刊、进出口、语言服务、艺术品经营等关键领域的数字化转型，全集团数字化业务营收12.72亿元，增幅45%，在全国纯数字出版营收中占比约10%。资产总额从77.64亿元增长到183.16亿元，增长136%；销售收入由47.8亿元增长到102.31亿元，增长114%；利润由3.00亿元增长到8.02亿元，增长167%；所有者权益由28.18亿元增长到101.04亿元，增长259%。2016年集团进入全国少数几家"三百亿"集团方阵。

十八大以来，这条中版特色道路的根本保障是加强党的领导，探索建立具有文化特色的现代企业制度，做实改革管理。集团认真落实习近平总书记系列重要讲话精神，扎实开展各项专题学习教育活动，积极履行"两个主体"责任，搭建了以党的建设为核心、以廉政建设为保障、以各类活动为主体的国有文化企业党建体系。加强各级领导班子建设，普遍推动中层竞争上岗，较大范围地实现了集团内部干部交流，公开选拔了一批后备干部和"三个一百人才"，开展各类专题培训3000多人次。完善"双效"业绩考核办法，提高社会效益考核比重，出台"改革30条"，实施岗位绩效工资，加大关键人才激励力度，加强新业态新实体的市场化运营，初步形成了将社会效益放在首位、两个效益相统一的现代文化企业考核分配体系。

奋斗饱含艰辛，成绩来之不易。这是各级领导部门高度重视、大力支持的结果，是集团历届、各级领导班子和广大干部员工同心同德、奋勇拼搏的结果。在此，我代表集团领导班子，向一直以来热情关心集团改革发展的领导部门和社会各界表示衷心感谢，向为集团改革发展付出辛勤汗水、作出重要贡献的广大干部员工致以崇高敬意，向今天荣获第二届集团"突出贡献个人"称号和第八届集团出版奖的同志们表示热烈祝贺！

同志们，今年党的十九大将要召开，我们要围绕迎接、宣传、贯彻党的十九大精神，坚持稳中求进工作总基调，深化"两调四强"战略重点，以"稳增长、调结构、促融合"为要领，以"提升六个能力"为年度目标，为十九大的胜利召开营造积极的舆论氛围和良好的文化环境，为"十三五"时期基本建成国际著名出版集团奠定更加坚实的基础。总的来说，我们在工作中要坚定不移地把握好以下六个面。

一是坚定不移地贯彻中央精神，牢牢把握正确出版导向。

党的十八大以来，以习近平同志为核心的党中央提出了一系列治国理政新理念新思想新战略，不仅为推进中国特色社会主义伟大事业指明了前进方向，而且为促进社会主义文化大发展大繁荣提供了基本遵循。集团作为出版"国家队"，作为一个文化央企，要坚定不移地树立"四个意识"特别是核心意识和看齐意识，始终在思想上政治上行动上坚决与习近平同志为核心的党中央保持高度一致，认真贯彻党中央各项决策部署，弘扬主旋律，传播正能量，唱响好声音。

在今年年初的全国宣传部长会议上，中央领导同志强调，要突出坚持和发展中国特色社会主义、实现中华民族伟大复兴的"中国梦"这一主题，突出迎接宣传贯彻党的十九大这条主线，突出稳中求进工作总基调。中央领导同志指出，要全面贯彻中央精神，为党的十九大胜利召开营造良好的理论氛围、舆论氛围、文化氛围和社会氛围。这是集团作为出版"国家队"必须认真履行的政治使命和庄严职责。我们要始终认识到，导向正确是集团工作的根本原则，是内容生产的定海神针，是选题策划不可逾越的警戒线。这就要求我们，在导向把关上从严、从紧、从细，努力强化第一责任人、主要责任人和直接责任人的责任意识，完善预警、监管、抽检和问责机制，严格执行重大选题报备，加强敏感题材审读把关，确保出版物导向正确、万无一失。要进一步深化对习近平总书记系列重要讲话精神和治国理政新理念新思想新战略的宣传，围绕迎接十九大、建军90周年、香港回归20周年等年度主题，围绕改革开放40周年、新中国成立70周年、建党100周年等中长期主题，策划推出一批"双效"显著的主题图书，进一步做响、做优、做强主题出版，努力打造中版特色的主题出版产品集群。

二是坚定不移地坚持稳中求进工作总基调，统筹推进稳增长、防风险、强动力。

稳中求进既是中央的大政方针，也是集团发展的现实需要。对于集团今年的经济工作而言，它主要体现在稳增长、防风险、强动力上。

十八大以来集团总体上实现了较快增长，迈上了"三百亿"平台，综合实力、市场竞争力和文化影响力有所增强。在今年年度工作会上，我们提出，站在"三百亿"平台上怎么看、怎么办，是我们必须要思考和面对的首要问题。历史地看，集团实现了长足发展，站上了更高的平台；从国内看，集团的规模、效益还与一些兄弟出版集团存在较大差距，与此同时，发展的竞争和市场的竞争日趋激烈；从国际上看，集团虽然跻身全球50强，但与培生、企鹅兰登等国际一流出版集团在市场化、集团化、国际化水平上还存在很大差距。而从全球出版业50强的平均增速看，2015年比2014年增长8%，2014年比2013年增长22%。尽管我们提醒自己，要求大不贪大、争强不逞强，但要在当前激烈的市场竞争中持续站稳脚跟、保持领先优势，要实现在"十三五"期间基本建成"国际著名出版集团"的奋斗目标，就必须保持合理的经济增速，就必须实现更有质量、更有效益、更可持续的增长。

不仅如此，从防控风险的角度而言，我们也必须稳增长，防止集团经济大起大落。稳增长本身就是一种最大的风险防控，平稳增长本身就是一种有效的风险对冲。当前，我国宏观经济下行压力仍然很大，经济运行存在不少突出矛盾和问题，金融与实体经济失衡，房地产和金融领域风险仍在积聚，一些企业的资产负债率居高不下。出版业既是宏观经济中的一个有机组成部分，又会受宏观经济的基本面和其他行业的传导影响。对此，我们要加强对重大投资、重要资金、重要部位的风险管控，防止和化解不良债务、不良资产、不良板块，努力将风险控制住，确保经济持续稳健增长。

强动力是稳增长的题中应有之义。3月24日，习近平总书记在中央全面深化改革领导小组第33次会议上强调，各级主要负责同志要自觉从全局高度谋划推进改革，做到实事求是、求真务实，善始善终、善作善成，把准方向、敢于担当，亲力亲为、抓实工作。这是继中央全面深化改革领导小组第32次会议后，习总书记又一次强调党政"一把手"要亲力亲为抓改革。改革的关键在一把手，改革的重点在强动力，改革的基本举措在抓思路、抓调研、抓推进、抓落实。目前集团正在修订"双效"业绩考核办法，已经召集了四五次专题会议反复讨论。无论怎么修订，一个基本原则就是强化各单位发展的动力机制。各单位也要推进动力机制创新，深化人事、分配两项制度改革，进一步创新选人用人机制，将拔尖人才和优秀骨干选配到推动改革、促进增长的关键岗位，加大对骨干编辑、骨干营销、骨干经营管理人才的激励力度，源源不断地给企业的发动机添加燃料。

三是坚定不移地深化结构调整，做优、做强、做大专业化生产能力。

作为文化企业，结构不仅是经济问题，而且是理念问题。内容生产具有特殊性，所谓结构是由数字展现出来的文化指向，是由指标体现出来的战略选择，是由产品表现出来的时代精神。在各种结构调整中，内容生产结构是核心。调好内容生产结构既是调结构的关键，也是走好集团特色发展道路的关键。总体而言，内容结构调整的基本目标，就是要以开放的意识和开阔的视野，不断做优、做强、做大专业化生产能力，实现纵向专业化和横向多样化的统一。

目前，我们在纵向专业化上做得不错，在一些产品细分领域的做深、做精、做专上具备很强的优势。但是，我们在横向多样化上还不够。对于我们而言，实现横向多样化有如下四条路径。第一条路径是大众化，就是瞄准普通大众的阅读需求发力，不断拓宽选题领域和目标市场。我们追求的大众化不是简单、肤浅的大众化，更不是平庸、媚俗的大众化，而是有品质、有内涵、有引导的大众化，是专业化基础上的大众化。从商务印书馆、中华书局、三联书店发展史来看，它们成功的一个重要因素在于将经典与大众有机统一起来，不仅在高端学术领域卓有建树，而且在大众文化普及领域也影响广泛。第二条路径是国际化，推动一种版本的多语种、多国别表达，积极拓展海外市场。第三条路径是数字化，推动一份内容的多媒体表达、多业态表达，实现数字融合发展。第四条路径是产业化，即以企业的方式做文化，以商业的方式强传播，以市场的方式用资源。这四条路径是我们内容生产调结构的方向，既是着眼点，也是着力点。

四是坚定不移地加快股改上市，提高集团化运营管理水平。

经过多年持续不断的艰苦努力，集团的上市工作已经进入最后的"临门一脚"阶段。大家越来越认识到上市对出版企业的价值、对集团未来发展的价值，越来越意识到上市对增强企业投融资能力的意义、对进一步做大做强出版产业的意义。虽然上市对于出版业不再是一个新生事物，但对于我们集团而言仍然是一个需要高度重视、认真对待的新情况、新问题。

我们要以股份公司上市为契机，进一步提高集团化、规范化运营管理水平。当前要重点做好三项工作。第一，加强内控管理。按照上市公司的要求，我们一些重要的生产、经营、投资决策不仅将上社委会、总裁会，还将提交董事会、股东会审议。我们要尽快适应新规则新流程，在适应中规范企业内部治理，增强风险管控能力。第二，规范信息披露。各单位对涉及本单位的重要投资、重要并购、重要变更、重要人事、重要诉讼等方面的信息，要及时上报到股份公司，特别注意防止和管控好在媒体上出现本单位的负面信息。第三，以"最后一公里"的精神认真、负责地做好上市的各项配合工作，确保上市顺利成功。

五是坚定不移地推动融合发展，努力打造数字集团。

促融合既是调结构的重要指向，也是稳增长的未来动力。过去几年，集团大力实施数字化战略，在数字融合上已经积累了资源、平台、规模和营收四个方面的部分优势。"十三五"规划已经明确了打造数字集团的战略目标，我们要逐步推进从出版融合转向融合出版，要坚持开放性、创意性和商业性，在融合发展中实现业态升级。

当前，要重点抓好三个方面的工作。第一，提高重点平台的运营水平。古籍库、工具书、易阅通、译云、艺术品平台等都已具备比较好的发展基础，要进一步扩大营收能力，力争尽早实现更大的盈利，努力成就3~5个年收入过亿元的融合发展项目。二是加强新兴项目的建设。要以"十三五"重点项目和上市募投项目为基础，加强投入产出预算和考核，完善商业模式和盈利模式，以内容融合和技术融合带动市场融合、资本融合，形成覆盖出版全产业链，涵盖阅读、影视、动漫、出版大数据、IP等多个领域的融合发展态势。三是加快体制机制创新。要以公司化、股份化、市场化为纽带，加强外部骨干人才引进，扩大职业经理人试点，完善市场化用人机制和激励分配机制，不断增强新业态发展的制度动力。

六是坚定不移地加强党的建设，不断强化集团做优做强做大的政治保证。

全集团要深入学习贯彻习近平总书记系列重要讲话精神，认真落实中央关于加强和改进国有企业党的建设工作会议精神，按照集团全面从严治党工作会议要求，不断强化党组、党委中心组学习，坚决落实"两个主体"责任，坚决履行"三重一大"决策机制，持续推进"两学一做"常态化制度化，进一步加强党的思想、组织、作风、能力和廉政建设。

特别是在党风廉政建设方面，要认真落实中纪委七次全会精神，落实全面从严治党，启动第二轮巡视，注重巡视结果运用，进一步营造风清气正、廉洁干净的政治生态和发展氛围。要大力加强干部人才队伍建设，打造"对党忠诚、勇于创新、治企有方、清正廉洁"的高素质干部队伍，为稳增长、调结构、促融合提供坚强的政治保证和组织保证。

同志们！今年是集团成立 15 周年，同时也是商务印书馆 120 年、中华书局 105 年、三联书店 85 年、新华书店总店 80 年，新的征程已经开启。我们要紧密团结在以习近平同志为核心的党中央周围，不忘初心，奋勇向前，为尽早建成国际著名出版集团，推动社会主义文化大发展大繁荣而努力奋斗，以优异的成绩迎接党的十九大胜利召开！

10. 坚持导向为魂、质量为先、创新为要*

今天会议的主题是，以习近平总书记系列重要讲话精神和治国理政新理念新思想新战略为指导，深入学习贯彻全国出版工作会议精神，认真做好下半年出版工作，为党的十九大召开提供坚强有力的出版保障。

7月份召开的全国出版工作会议，是近十年来第一次召开的全国性出版工作会议。中央领导同志在会上明确提出，要求以多出优秀作品为中心环节，着力加强内容建设，着力推进改革创新，着力完善出版管理，健全社会效益和经济效益相统一的体制机制，实现出版业持续繁荣发展，不断满足人民群众精神文化需求。在随后不久的北京国际图书博览会上，中央领导同志强调，要树立高度的文化自信，保持强烈的文化担当，坚持导向为魂、质量为先、创新为要，加快推动我国从出版大国向出版强国迈进。中央领导同志的讲话，体现了习近平总书记关于增强文化自信、建设文化强国的重要指示精神，是我们做好出版工作的重要指导，具有很强的针对性和现实性，我们要坚决贯彻落实好。

一、要认真落实"准确把握当前形势，进一步增强责任感使命感"的要求，不断增强围绕中心、服务大局的能力

中央领导同志从五个方面总结了十八大以来的出版工作成就：一是

---

* 这是2017年9月15日在中国出版集团公司学习贯彻全国出版工作会精神座谈会上的讲话。

主题出版亮点纷呈，二是服务群众成效显著，三是规模实力明显增强，四是出版"走出去"成果丰硕，五是管理更加科学有效。同时，也分析了其所面临的问题：精品力作不足、体制机制有待完善、内部改革有待深化，融合发展亟待加快等。这就是当前出版行业的整体背景形势，也是我们谋划下一步工作的基本前提。

中央领导同志还讲了两个重要的形势：**第一，十八大以来，习近平总书记就宣传思想文化工作发表了系列重要讲话，为出版工作指明了前进方向。**习近平总书记的这些重要讲话，是治国理政新理念新思想新战略的重要组成部分，是中国特色社会主义理论实践在宣传思想文化工作上的创新体现，系统地回答了宣传思想文化领域内的一系列方向性、全局性、战略性重大问题，为我们的工作指明了方向，划定了航道。**第二，党的十九大将于 10 月 18 日召开，这是今年出版工作的主线。**我们的工作要紧扣这条主线，为十九大的胜利召开营造良好的社会文化氛围。

这几个重要形势就是我们做好下半年出版工作的"大势""要势"。对此，我们要顺势而为，因时而动，不断增强责任感和使命感，为党和国家的大局和中心工作服务，为实现"四个全面"和中华民族伟大复兴服务，特别是要把迎接好、宣传好和贯彻好党的十九大精神当作当前工作的头等大事、第一任务。

二、要认真落实"坚持内容第一，提高质量多出好书"的要求，不断做大文化影响力、传播力

关于内容生产，中央领导同志讲了三条，一是彰显主流思想价值，二是突出抓好原创出版，三是切实提高出版质量。

对于集团而言，我们的一个优良传统就是坚持壮大主业不动摇，我们的一个比较优势就是内容质量高以及由此造就的出版品牌强。我们要始终坚持把内容建设放在第一位，把提高质量放在第一位，把多出好书放在第一位。

一是要做强主题出版。这几年来，集团围绕主题出版集中发力，各单位也踊跃参与，包括商务印书馆、中华书局、三联书店等一些老社也开发了不少"叫好又叫座"的主题出版物，初步形成了重学术含量、重文化品质的主题出版风格。去年以来，我们把迎接、宣传、贯彻十九大作为年度主题出版的重中之重，策划出版了一批重点选题。近期，将由出版部统一组织一个迎接十九大的出版成果展，召开新闻发布会，对外集中发布。此外，习近平总书记在厦门召开的金砖国家会议上宣布，明年要隆重庆祝改革开放40周年。这将是明年主题出版的重点工作。集团已组织各单位积极策划、上报选题，通过论证筛选，确定若干重点选题目录。对于这些重点选题，要加大资金倾斜，加大营销推广，做出亮点，做出影响。

二是要做大原创话题图书。目前市场上流行的产品，更多还是反映时代热点、时代精神、时代话题的图书。中信、新经典在这方面出版了一些好书，值得我们学习借鉴。积累性、整理性的图书出版是我们的优势，这一点要继续巩固提高；不过反映当下、记录现实、激荡潮流的作品，更要成为我们出版工作的一个重点、一条主线。即便是传统文化的出版，也要结合最新的社会发展和文化思潮，按照习总书记的指示，做到"创造性转化"和"创新性发展"。下一步，我们要不断完善产品线建设，从四个方面策划、出版一批有思想、有筋骨、有温度的原创精品，即：在学术领域推出一批探索中国道路、总结中国模式的体现最高学术水平的学术著作，在文艺领域推出一批反映现实生活、提振民族精神的优秀文艺作品，在传统文化普及领域推出一批具有"双创"特点、通俗易懂的畅销作品，在大众文化领域推出一批表现时代潮流、展示中国精神的雅俗共赏的作品。

与此同时，我们要尽快建立原创出版能力指标体系，建立具有针对性、可操作的考核标准，引导编辑敢于、乐于、善于策划原创选题，全面提升出版单位的内容创新能力；在资金和政策上，要进一步加大扶持力度，集团出版奖、年度特别贡献奖、年度好书评选、优秀编辑评选等评奖和推优政策上向原创出版倾斜，集团出版专项资金要加大对原创选题的扶持比重。

三是要弘扬工匠精神。 内容质量，是我们引以为豪的传统优势，也是我们的金字招牌。但是随着出版规模的扩大，质量问题也日渐突出。总局刚刚公布了33种质检不合格的图书，我们有个别单位也"上榜"了。希望大家引以为戒。我们要高度重视质量，强化精品意识，弘扬工匠精神，出版"优质书""放心书""良心书"。我们既要用"十年磨一剑"的精神做大部头书，也要用精益求精、校错如仇的精神做一般图书。

三、要认真落实"坚持深化改革，确保两个效益相统一"的要求，不断完善文化特色现代企业制度

关于深化改革，中央领导同志也讲了三条，一是进一步完善体现文化特点的现代出版企业制度，二是建立健全突出出版主业的发展模式，三是建立健全出版单位社会效益考核办法。

中央领导同志讲的这三条，突出了出版特色，突出了出版主业，突

出了文化影响。对我们而言，要继续深化改革，完善管理，尤其要完善将社会效益放在首位、两个效益有机统一的发展模式。

一是进一步完善公司法人治理结构。我们要按照中央要求，在国企改革大框架下，充分体现文化例外原则（即为保护本国文化不被其他文化侵袭而制定的政策），形成体现文化特点、符合市场规律的现代出版企业制度。同时，也要适应股份公司上市的新形势，进一步加强党的领导和公司治理相统一，完善"双向进入、交叉任职"领导体制，推进党委领导和法人治理相结合，完善"三重一大"事项决策的内容、规则和程序，切实践行出版导向、重要人事和资产配置集体决策、统一决策的要求。

二是进一步壮大出版主业。中央领导同志特别指出，出版集团要牢记自己是出版企业，始终把做强主业作为核心任务，坚持主业优先，强化主业经营，把资源向主业倾斜，以主业来彰显企业品牌。对于我们集团而言，始终把出版主业当作立身之本、发展之道，始终咬住出版主业不放松、不动摇，走的也是一条以出版主业的专业化生产为核心的特色发展道路。我们无论是营收还是利润，都主要来自出版主业，占比都在90%左右，利润的占比可能会更高一点。这既是我们的品牌、资源、历史所决定的，也是我们作为"国家队"的站位、使命、目标所决定的。因而，即便面临激烈的市场竞争，我们也不能盲目发展多元化，偏离出版主业。随着今年股份公司正式挂牌上市，以股份公司为核心的出版主业的发展，将在集团工作中占据更加重要的位置，集团的相关资源将进一步向主业倾斜，坚持主业优先、强化主业经营，以主业来彰显集团品牌。

三是进一步健全考核办法。上半年集团已经修订完善了集团公司章程、股份公司章程，修订完善了"双效"考核制度，社会效益考核占比51%，并制定了相关具体评分细则。下一步，我们还要以提升财务综合管理能力为基础，进一步完善全集团的经济运行预警指标和风控指标体系，特别是完善以利润为核心的营收增长指标体系。我们需要营收增长，但更需要有利润的营收增长。同时，集团将进一步完善领导干部综合考核评价办法，继续推行述职评议考核制度，加强对领导班子年度综合考核结果的应用，探索领导班子综合考评与"双效"业绩考核在任免、薪酬、奖惩等方面的有效衔接，形成激励约束机制，推动干部能上能下，促进领导班子整体效能的发挥。

四、要认真落实"坚持融合发展，形成出版发展新格局"的要求，不断加强数字集团的业态创新

关于融合出版，中央领导同志提出了三条要求，一是推动出版内容数字化升级，二是打造"融合出版龙头企业"，三是创造有利于融合发展的良好条件，包括融资条件、技术条件、体制机制条件等。

对于集团而言，我们不仅要发挥既有的品牌传统和资源优势，还要积极适应互联网发展的基本形势，进一步丰富和拓展集团在数字化时代的定位，努力争做中央领导同志提出的"融合出版龙头企业"。总体来讲，集团既是一个思想文化的高地，也是一个数字融合的高地；既是一个以内容为主的出版集团，也是一个孕育新兴业态的数字集团；既具有很强的传统出版能力，也具有较强的数字创新能力。

一是增强对内容的多媒体表达能力。《道德经》中讲："道生一，一生二，二生三，三生万物。"这个"一"，就是内容，就是以内容为立足点。但是，我们的这个"一"还大多停留在"一"的阶段，"生二、生

三、生万物"的能力还不够明显。我们有着比较好的内容，可是缺乏好的创意，缺乏多媒体、多形态、多维度表达，缺乏内容与新技术、新手段、新平台的嫁接、融合、转化。现在正在兴起的知识服务领域，就是一份内容多媒体表达的典型方式，不仅受到了大众的欢迎，也受到了资本市场的追捧。无论是罗振宇创办的"得到"App，还是"喜马拉雅"电台，都将传统的纸质内容通过作者音频讲课、读者手机听书的方式在互联网上传播，吸引了大量粉丝，形成了付费订阅的商业模式。比如一门"宁向东的清华管理学课"，订阅价199元，订购用户超过8万人，1600万的收入就出来了！按照传统的上课模式，这位宁教授得上多少年的课才能有8万学生？按照传统的出版模式，这位宁教授的书得卖40~50万册才能产生1600万的收入。从这些爆款知识产品来看，有品质的内容是受读者欢迎的，但是它的呈现方式是互联网的，是数字化的，正好满足了读者利用大量碎片化时间来学习知识的需求。实际上，我们的电子书平台、古籍平台、工具书平台、易阅通、百科三版等，都是典型的数字化知识服务平台，关键是要进一步细分市场需求，创新表达方式，创新想象空间，让内容不仅能够看起来、读起来，还能听起来、动起来。

二是要增强数字化服务市值管理的能力。股份公司已经上市了，对我们既是新的机遇，也是新的挑战。从整个文化传媒行业市值管理的历史情况来看，如果一个公司具有比较好的新业态、新融合项目，在资本市场往往会具有比较好的成长性，市值就会呈现较好的上升势头。我们如果关注一下国内近20个上市公司的股价和市值，就会发现，公司如果只有纯粹的传统出版业务，股价基本稳定在一个不太高的区间之内。但是其中一些有着较好的新媒体业务、数字化业务的公司，市值的成长趋势总体上比较好。股民既用脚投票，也用眼睛看势，他从中看到了数字化时代的大潮，看到了大潮中数字化业务的成长能力和爆发能力，因而对这个公司充满信心，饱含预期。作为互联网时代的一个负责任的公众公司，我们不是为了市值而市值，而是要让公众认识到，我们不仅在传统出版业务上有竞争优势，而且在数字化业务上也有发展潜力。从这个角度来看，我们的数字化项目能否做优做强，能否做出真金白银，意义十分重大。

三是增强数字化业务的结构支撑能力。 当前，人工智能正在经历有史以来的第三次热潮，在语音识别、机器视觉、数据挖掘、智慧医疗、智慧金融等领域，创造了新的产品，形成了新的商业模式。谷歌、百度、阿里等一批行业巨头积极抢滩人工智能，与人工智能相关的股票在资本市场表现十分活跃。我们的译云拥有40多项人工智能核心专利技术，特别是在语音识别、大数据分析上都运用了业内先进的人工智能技术。人工智能恐怕与我们出版也有关联，比如我们的校对、印制等一些标准化作业的流程，将来是不是也可以运用人工智能技术？为什么人工智能在短时间内兴起了一股新的热潮？主要因为越来越多的国家、地区、企业看到了这是一场最新的数字技术革命，看到了它背后蕴藏的巨大商机，因而纷纷为它提供政策、资金、资源、人才等各个方面的结构化支撑。要想做好数字化业务，我们也同样需要增强结构化的支撑能力。我们不仅要在战略上高度重视，还要加强政策、资源、人才、机制等方面的战术支持，尤其要加快重点产品的项目化、公司化、资本化运作，为它开辟绿色成长通道。

五、要认真落实"加快出版走出去,不断扩大中华文化影响力"的要求,进一步提升国际化工作做响又做开能力

中央领导同志对"走出去"工作提出了三条要求,一是突出"走出去"重点;二是完善"走出去"方式;三是强化"走出去"效果。这三条的核心就是,"要在实中求变,在变中求实"。

对于集团来说,"走出去"既是文化使命,也是市场拓展;既要发扬现有经验,也要积极创新手段;既要注重产品规模,也要注重质量效益。

一是聚焦重点合作对象。客观地看,中国文化"走出去"是一个历史渐进的过程,面临着信息不对称、资源不均衡、文化不兼容等多方面的问题。因此,我们不能四面撒网,要抓住重点国家、重点对象、重点作者、重点译者进行合作。如果我们能够持续不断地深耕某一个领域,抓住一些重点人头,就会逐步积少成多,久久为功。从区域上看,当前重点要面向"一带一路"国家;在这六十多个国家中,再进一步选择一些与我们资源相近、文缘相通的国家进行重点合作。从重点人头上看,我们要多抓一些像马丁·雅克、像郑永年这样富有国际代表性的作者。

二是要加强"中国道路的学术表达"。从集团的资源禀赋来看,我们在"传统文化的当代表达"上有优势,也推出了《中华文明的核心价值》等代表性产品。但实际上,"中国道路的学术表达"也是一个内容创新的金矿,有待大力挖掘。改革开放近40年的实践表明,中国已经走出了一条既不同于西方国家,也不同传统亚洲国家的新型的现代化道路。这条道路不仅解决了十几亿人的温饱问题,实现了一个后发国家的经济崛起,还为人类全球化进程做出了重要贡献。虽然我们的实践很

成功，但是理论阐释还很薄弱，至少没有产生有世界级影响的理论观点。虽然这主要与学术界有关，但我们也有责任、有义务引导学术界关注大的时代话题，关注大的中国话题，主动策划一些有分量、有影响的作品。一个好编辑、一个好出版社，是能够出思想、出话题、出划时代作品的，是能够引导乃至引领学术方向和出版风尚的，而不是简单地跟着作者跑，跟着学术跑，跟着市场跑。这往往取决于我们自己的话题捕捉能力、资源抓取能力和选题开发能力。像20世纪80年代三联书店策划的"现代西方学术文库"，近两年中华书局策划的《中国文化的根本精神》，都是编辑主动参与话题选择，主动参与选题创意设计。

三是要进一步创新"走出去"方式。近五年来，中图集中精力办好北京国际图书博览会，参展规模和参展国家数量屡创新高，越来越明显地发挥了中国图书"走出去"的主力军作用。不仅如此，中图还积极适应全球出版潮流，不失时机地围绕热点板块，在北京国际图书博览会上创办了绘本展、童书展等，吸引了大量观众，产生了广泛反响。这些都表明，中国市场越来越受到国际市场的关注，中国文化越来越受到大众的关注，而国际会展在促进中外文化交流上发挥了越来越重要的作用。此外，在今年北京国际图书博览会上，中译出版社与多个国家一道成立了7个国际编辑部，努力探索新形式的本土化运作。这种方式不仅有利于加强项目合作，还能够降低风险，合作成效会比较明显。希望有条件的出版单位，能积极探索和尝试这种合作方式，不断提升"走出去"的合作水平，取得更多实实在在的成效。

六、要认真落实"坚持严格管理，牢牢把握正确导向"的要求，为迎接、宣传、贯彻党的十九大提供坚强有力的出版保障

关于导向管理，中央领导同志讲了三条：一是严守政治纪律和出版纪律，二是严格落实管理责任，三是完善管理制度。

导向正确，特别是政治导向正确，是集团发展的生命线，关系着集团的兴衰，关系着集团的整体事业。今年我已经在不同场合多次强调导向管理的重要性了，今天还是继续强调一下。特别是我们各级领导班子，要坚决有力、毫不含糊地做好两项工作。

一是要提高政治站位。各级领导班子要坚定"四个意识"，坚决与以习近平同志为核心的党中央保持高度一致；要注重提高政治上的洞察力、判断力，在事关政治原则的重大问题上，脑子要特别清醒，眼睛要特别明亮，立场要特别坚定。这既是政治纪律，也是导向管理的核心。

二是要落实把关责任。刚才出版部在发言中提出了，集团即将出台进一步强化导向管理的六项措施，其中最核心的一条就是要落实好各个环节、各个层级的把关责任。要把"双效"考核目标与意识形态工作责任制、党建工作责任制、党风廉政建设责任制结合起来，齐抓共管。一本书导向是否正确，不仅与初审直接相关，也与复审、终审、审读小组密切相关；不仅与责编直接相关，也与编辑室主任、审读室主任、分管领导、总编辑、党委书记、一把手直接相关。对此，大家都要牢牢树立同舟共济、同船共渡的意识，坚决守住底线，坚决不越红线，坚决将三审制、三校制、印前检查制等各项制度落到实处，核心是真正落实三审制。总之，一句话，确保政治导向正确是我们做好出版工作的第一要务和根本前提，任何时刻都不可麻痹大意，永远没有懈怠之时。

党的十九大很快就要召开了,这是我们党在全面建成小康社会决胜阶段、中国特色社会主义发展关键时期召开的一次十分重要的大会,是全党全国人民政治生活中的头等大事。我们要认真贯彻落实习近平总书记关于文化强国的各项重要指示精神,认真落实全国出版工作会议精神,奋发有为,扎实工作,以优异成绩迎接党的十九大胜利召开,确保完成全年各项工作任务!

11. 坚持"一个统领",打造"三型集团"*

新时代要有新思考、新作为、新气象。概括起来,一是要以习近平新时代中国特色社会主义思想为总的统领;二是要努力打造主流出版型、融合发展型、国际传播型"三型集团";三是要明确2020年基本建成国际著名出版集团,2035年全面建成国际著名出版集团,2050年建成国际一流出版集团。

(一)打造主流出版型集团

主流出版看似新话题,其实是我们自商务印书馆、中华书局、三联书店到"人字牌""中字头""国字头"的历史写照。当时间的潮水退去时,谁在沙滩上留下了贝壳,谁就留下了历史印记,这是从历史的眼光看出版主流。但好出版是规划出来的,好书是选题遴选出来的,那些留下精美贝壳的出版机构,要么具有传承性,要么具有记录性,其共同特点都是创新性,其底色或灵魂都是时代性。所谓主流就是时代潮流,所谓主流出版就是时代的印记、时代的回响、时代的旋律。可以说,打造主流出版型集团,既是我们对传统和现实的新概括、对使命和责任的新表达、对发展和追求的新要求,更是学习贯彻十九大精神的新思考。

打造主流出版型集团,就要突出"一个统领",贯彻"总的要求",做到"十个坚持"。"一个统领",就是要以习近平新时代中国特色社会

---

* 这是在中国出版集团公司2018年度工作会议上的工作报告摘编。

主义思想为统领，牢固树立"四个意识"，坚定"四个自信"，做到"四个服从"，坚决维护习近平总书记在党中央和全党的核心地位，坚决维护党中央权威和集中统一领导，自觉在思想上政治上行动上同以习近平同志为核心的党中央保持高度一致。"总的要求"，就是以中央领导同志在全国宣传部长会议上的重要讲话精神为总的要求，紧扣深入学习贯彻习近平新时代中国特色社会主义思想和党的十九大精神这条主线。对于出版工作，其中，最重要的是"十个坚持"。一是坚持正确出版导向，切实提高政治站位，牢牢掌握意识形态工作领导权；二是坚持文化自信，践行社会主义核心价值观，建设社会主义文化强国；三是坚持以人民为中心的工作导向，倡导品位、格调、责任，抵制低俗、庸俗、媚俗，为人民提供丰富的精神食粮；四是坚持新发展理念，以供给侧结构性改革为主线，推动质量变革、效率变革和动力变革，追求高质量发展；五是坚持把社会效益放在首位，实现社会效益和经济效益的统一，深化文化体制改革；六是坚持稳中求进工作总基调，努力做强做优做大，加快建设数字中国，培育新型产业业态；七是坚持推进国际传播能力建设，讲好中国故事，提高国家文化软实力；八是坚持党对一切工作的领导，落实新时代党的建设总要求，把党的政治建设摆在首位；九是坚持国企好干部五条要求，突出绝对忠诚、绝对纯洁、绝对可靠的政治标准，加强队伍建设；十是坚持正风肃纪，落实中央八项规定精神，继续整治"四风"。这"十个坚持"，包括了政治、思想、文化的出版导向，涉及了目标、宗旨、品位的出版格调，涵盖了党建、改革、制度、产业、队伍、廉政等重大问题，是主流出版型集团的根本指针，也是我们必须长期坚持的重大原则。

主流出版型集团，应该反映时代潮流，壮大出版主业，引领产业方向。要着重宣传习总书记关于新时代的新判断、新理念、新论述、新方略，要反映中国精神、中国价值、中国力量以及人类思想文化创新的最新成果，要体现对广大读者价值观的引导、对阅读市场的精神整合。要在六个方面坚持不懈：一是主题出版既要承载国家主流意识形态，又要凝结中华文化主流精神，要进一步贴近品牌特色和资源禀赋，提高思想含量和文化品质，努力形成时代化、学术化、国际化的主题出版风格。二是知识体系出版要体现传承性和创新性的结合、权威性和大众化的结合、体系性和知识点的结合、引领性和服务性的结合。三是产品板块要围绕优势产品线，厚植资源、精耕细作，强者更强、优者更优，努力提升专业化出版的品质，并实现出版能力的持续创新。四是出版品牌要进一步在传承中弘扬，在坚守中创新，既释放出市场影响，更传递出书香文韵；既提高对作者、读者的黏合度，又增强跨行业、跨媒体、跨国别的知名度。五是产业制度要加强党的领导，体现出版特色和现代企业规律，逐步完善中国特色的现代出版企业制度；要通过机制创新激发活力动力，确保正确方向，确保长治久安，确保持续稳健发展。六是产业方式要突出主业，坚持更加专业化，更加数字化，从而更加规模化、现代化、国际化；要坚持改革，以企业的方式做产品，以商业的方式做内容，以市场的方式配置资源，以数字化、产业化、国际化的方式做强做优做大。

（二）打造融合发展型集团

出版人在技术演化中往往后知后觉，但最终驾驭了技术，并成就了新的出版业。这是因为他们手上有内容，脑中有思想，心里有情怀。自"数字革命"以来，我们又处于转型的尴尬、融合的迷茫之中，就像铁骑士看着奔驰车而焦虑，就像神射手对着马克沁而浩叹。本世纪以来，我们先被动、后主动，但整体被动地为数字技术所裹挟，我们经历了办公自动化、ERP系统、电子文本、大数据、云计算、VR、AR等，我们在迷茫中进步了，又在进步中困惑了。"无所疑而知者，必非真知。"与技术服务商、互联网公司和研发创意公司相比较，与我们融合发展所处的阶段和方位相对应，我们融合发展的优势在哪里，中心是什么？

融合发展的中心不是数字化，而是数据化。 2017年10月26日，机器人索菲亚在人类历史上第一个获得了公民身份。她的大脑里存储了62种面部表情，瞬间能回答各种问题。这是一个巨大的惊叹号，是大数据和云计算点燃了她的生命之火。2004年，先知先觉者谷歌启动了一个庞大的"数字图书馆计划"，花费十年之力、耗资四亿美元，将占世界图书总量四分之一的2500万册图书，扫描成PDF格式的数字资源，但这个雄心勃勃的计划最后终止了。大家注意，它是数字化，而不是数据化，因而那些单一的、大块的数字文档，根本满足不了海量的、碎片化的需求。在大量案例的背后，我们越来越清晰地看到出版融合发展的根与本，不是内容资源的数字化，而是内容资源的数据化。

数据DATA在拉丁文中的本义是"已知"和"现实"。专家说可以把一切都看成是数据的存在，数据化是把现象转变为可制表分析的量化形式，而数字化是把模拟数据转化成用0和1表示的二进制码。谷歌的冒进对我们传统出版人的困惑是某种安慰，但更是警醒。在大数据时代，出版大数据不仅仅是传统意义上的生产营销数据、阅读行为数据，更是植根于内容本身的全部知识数据。换言之，"内容即数据"，这是关键，是中心，是"一的一切"，是"一切的一"。

数据化的实现途径不是一般的海量，而是专业领域的海量。 数据的能量在于"大",大数据的生命在于云计算和所谓的"算法"。人类包括谷歌、亚马逊在内的大数据不可谓不海量,但相对于宇宙而言却只是微量。科学的神奇还在于,研究越广,探求越深,拥有的知识和数据越多,"已知"占"未知"的比例却越小。可见,海量数据是相对的。因此,瞄准专业、盯住学科,我们就可以实现相对的海量。如果我们还能实现逻辑性跨界、开发性融合、整合性获取,就可以从数据的大河驶入数据的大洋。

数据化的集成取向既是海量聚集,也是平台开发。平台是市场的晴雨表,是创意的演兵场,是产品的实验室,是数据整合的需求取向。我们既要重视内容数据的大量集聚,为创新提供可能;又要重视方向正确、需求清晰的有效聚合,达到投入产出的中长期平衡,形成以数据支撑平台、以平台带动数据的良性互动。

数据化不仅是内容转型的方向,更是出版新业态的产业方向。苹果公司的固定资产很小,但它的数据资产巨大。内容资产数据化趋势,决定了数据资产化的必然。加工内容数据,就像"广积粮",手中有粮,心中不慌;购置内容数据,就像囤土地,时机一到,"内容为王"。物质资源是损耗性的,一次投入,一次产出,用完即无;数据资源是保值性的,长期持有,反复使用,持续增值。这是知识经济的真谛,是内容产业的制高点,是融合出版的产业方向。

数据化的要害是内容,更是机制。数据化的本位是内容,专业化的本位是达到相对的海量,平台化的本位是市场,资产化的本位是未来。这一切的本位是人,而人的本位是组织,是机制。决策、用人、分配、投入、经营机制很重要,但共筹、共创、共享的机制在融合发展领域更重要,是成功的要诀。

数据化的目标是内容的提供商、服务商，更是内容的创意商。 中国出版业经历了转企改制驱动和上市融资驱动，今天正在进入数据驱动的新时代。中心是内容数据化，关键是数据加工和集成，龙头是数据研发，前景是成为数据提供商、服务商和创意商。我们既要坚持知识、思想、文化等内容服务的体系性、完整性，也要看到，在数据可拆分、可标引、可字词搜索到语义，同时又可拼装、截取、集成，可文字、音频、图像以及可视频、VR、AR 等多媒体技术的基础上，我们内容创新的主体地位将愈加凸显，我们创意、创造的空间将愈加广阔，新时代的出版大数据知识服务体系和教育学习体系将梦想成真，并好戏连台。

（三）打造国际传播型集团

过去五年，我国经济总量稳居世界第二，对世界经济增长贡献率超过30%。习近平总书记提出了构建人类命运共同体、共建"一带一路"等重大倡议，我国举办了首届"一带一路"国际合作高峰论坛、亚太经合组织领导人非正式会议、二十国集团领导人杭州峰会、金砖国家领导人厦门会晤等一系列重要国际盛会，主动向世界宣介中国理念、中国主张和中国方案，获得了国际社会的高度关注和广泛认同。随着我国越来越走近世界舞台的中央，世界上越来越多的人在"向东看"。中央领导同志指出，尽管西强我弱的国际文化格局没有根本变化，但中国的国际传播已呈现出转向战略主动的新趋势。这也意味着，在新时代，我们的国际化工作迎来了新的重大历史机遇。

面临新时代、新趋势、新机遇，出版"国家队"要努力向世界讲好中国故事、传播好中国声音，这是我们的国家使命；要努力促进中外文化交流、增进人类文明互鉴，这是我们的文化使命；要努力开拓海外主流市场，打造国际著名品牌，这是我们的企业使命。经过五年的努力，我们初步具备了三方面的优势：一是以版权为主体的"走出去"保持全国领先，二是以中图为主力的海外传播能力保持全国领先，三是以中国对外翻译有限公司（以下简称"中译公司"）为中心的跨国大数据翻译能力保持全国领先。使命和优势，决定了我们的国际化工作，特别是"走出去"工作，一要更加主动，进一步跟着外交文化走、跟着国家战略走、跟着资本与产业走；二要更加多样，进一步推动产品进学术机构、进海外图书馆、进汉语课堂；三要更加有效，进一步发挥版权输出、数字化渠道和跨语言大数据的优势，形成互联互通、互享互动、总体联动的综合效应。

国际传播型集团的中心话题是"传统文化的当代阐释"和"中国道路的学术表达"。落后就要挨打，贫穷就要挨饿，失语就要挨骂。纵观全球，西方文明价值、西方学术理论、西方话语体系，垄断了全球各个文化领域。但是，中华优秀传统文化和中国特色社会主义道路，不仅西方文化体系难以主导、难以复制，更为国际社会普遍关注。"传统文化的当代阐释"关联着我们的文化自信，"中国道路的学术表达"关联着我们的道路自信、理论自信、制度自信。它们不仅是我们最独特的思想文化资源，而且是我们在全球文化格局中最能发声的两大话语权。从自身情况来看，我们的版权输出主要集中在传统文化领域，并形成了比较学术化、理论化、精品化的出版风格，需要进一步转化、转换成内容更加现代、文风更加活泼、表达更加符合国外阅读习惯的各类读物。特别是选题开发还要努力挖掘中国价值、中国精神、中国力量背后的学术内涵、基本原理、文化特质，努力建构具有中国内容、中国文风、中国气派的思想理论和话语体系。

国际传播型集团的战略构想包括战略方针、战略布局、战略要点。

我们的战略方针是短期做响、中期做开、长期做大、总体做实，这既是国际文化传播规律，也是由目前中国话题的海外需求渐显渐强的特点所决定的。主动做响，积极做开，更加务实，更重效果，是我们适应"战略主动"新趋势的新思考、新姿态。我们的战略布局是开拓"一带一路"市场，深化欧美传统市场。其中，"一带一路"是主攻方向，它不仅体现了国家战略走向，而且还将促使潜在的社会和市场需求更多、更广、更强烈；欧美是全球主流市场，进入了欧美市场就意味着占据了全球文化的制高点。这是我们适应"战略主动"新趋势的新调整、新布局。我们的战略要点是版权、项目、翻译、数字化、人才、机制。其中，版权是"走出去"的最有效的载体，需要扩大规模，提高质量，加大力度推介中国当代名家名作；翻译是当前面临的主要难题，需要集聚资源，提高译者签约率，增强国际编辑部的出版效益；数字化是"走出去"的新方向，需要整合内部资源，贯通数字化与国际化业务，加快形成新的数字"走出去"模式。这是我们适应"战略主动"新趋势的新重点、新举措。

12. 牢记"九个坚持",做强做优做大*

习近平总书记在全国宣传思想工作会上提出了"九个坚持"的重要思想,为新时代出版工作提供了基本遵循。他还强调,要坚定不移地将文化体制改革引向深入,完善文化管理体制,创新生产经营机制,不断激发文化创新、创造活力。中央领导同志也指出,要探索如何使企业在履行社会责任的同时不断做大做强。中国出版集团作为中宣部直接领导的文化央企,作为中央文化体制改革的第一批试点单位,要进一步按照习总书记的重要讲话精神和中央领导同志的重要指示,深化改革,加强创新,认真履行使命,做强做优做大。

一、坚持文以载道的出版企业使命

十八大以来,集团认真学习贯彻习近平新时代中国特色社会主义思想,牢固树立"四个意识",坚持把社会效益放在首位,实现两个效益有机统一,坚持做大文化影响、做强经济实力、做实改革管理,逐步探索了一条突出主业、融合发展的道路。在把社会效益放在首位方面,集团认真落实意识形态工作责任制,建立总裁办公会专议导向制,成立内容建设委员会,制定了导向管理的十二项机制,将社会效益考核权重提高到51%,确保了出版导向正确。在做强做大方面,集团在"五个一

---

* 这是2018年9月在中宣部新时代宣传文化工作创新研讨班上的发言。

工程奖"、中国出版政府奖、"中国好书"、版权输出、图书零售市场占有率等十项指标上名列全国第一。资产总额和销售收入翻了一番，利润和净资产翻了两番。集团连续入选"全国文化企业30强""全球出版业50强""亚洲品牌500强""中国图书对外推广计划"综合排名第一，版权输出数占全国10%，越来越成为国际社会关注中国出版的标志性企业。

我们越来越强烈地感受到，在市场化、数字化、全球化的历史大潮中，文化是魂，产业是体，出版企业的使命是文以载道、商以传道、创新弘道，出版单位企业化的本质是以企业的方式做内容，以商业的方式做传播，以市场的方式激活资源，从而以产业的方式产生先进文化影响，形成文化繁荣发展的持续能力。

二、出版企业存在的突出问题

十八大以来，我国出版业以习近平新时代中国特色社会主义思想为指导，取得了历史性成就，正在由出版大国迈向出版强国。同时，出版业也面临着突出问题。

一是社会思想意识日益纷繁复杂，主流价值观念受到侵蚀，不少读物质量堪忧，三俗之风时有抬头，少数出版物甚至直接挑战主流意识形态底线。

二是互联网传播日益发达迅捷，引流不少年轻读者，数字阅读良莠不齐，社会资本控制了大多数有影响的数字传媒企业，传统出版企业不仅面临严峻挑战，而且在融合项目上缺乏互联网企业通行的激励政策，内生动力不强。

三是随着我国日益走近世界舞台的中央，西方一些势力从多方面采取遏制和干扰手段对我国进行打压，国际舆论斗争更加激烈，但中国故事、中国内容的"走出去"显得不够有力、不够有效，不够有新意。

三、做强做优做大的主要举措

针对上述问题，集团将坚持以习近平新时代中国特色社会主义思想为统领，努力打造主流出版型、融合发展型、国际传播型"三型集团"，不断增强价值引领力、产业融合力、国际传播力，为实现"两个一百年目标"争做新贡献。

在打造主流出版型集团方面，一是壮大主流出版阵地。策划一批代表国家水平、体现国家意志的主题出版物，包括重大出版任务、"中国道路丛书""一带一路系列""纪念改革开放40周年系列""两个一百年系列"等。二是构建出版物国家知识体系。积极推进百科、文学、古籍、工具书、传统文化等领域的出版物国家知识体系建设，推出"台湾百科全书""海外中文古籍总目""新时代大词典系列""中国现代学术名著丛书"等。三是做大主流产品板块。设立版权购置资金，壮大时政、文学、经管、少儿、教育等主流产品板块，努力引领社会阅读潮流。

在打造融合发展型集团方面，一是以内容数据化为中心。加大数据资源开发，扩大集团数据资源总库。二是创新激励机制。探索核心骨干和关键技术人员的股权激励措施，为重点项目提供动力支撑。三是加大重点项目建设。"百科网络版"争取2018年年底上线试运营。商务印书馆工具书云平台要建成以中小学生为主要对象的语言知识服务平台。中华经典古籍库力争数据规模达到13亿字。新华书店网上商城要进一步扩大全国实体书店加盟，努力打造全国数字发行中盘。中译语通（即中译语通科技有限公司，为中译公司的控股子公司）要将机器翻译与版权输出、出版交流整合，形成图书"走出去"的技术支撑。三联中读要尽快建成引导大众精神生活的现代知识服务平台。易阅通要成为全球领先的数字进出口平台。诗词中国2.0项目要成为大文科领域的在线教育及咨询服务平台。通过这些重点项目，不断增强数字出版的话语权和传播力。

在打造国际传播型集团方面，一是推广中国名家名作。围绕"传统文化的当代阐释"和"中国道路的学术表达"两大主题，推介陈来、贾平凹、毕飞宇、金冲及等人的代表作。二是推动"外国人写中国计划"。邀请海外汉学家撰写中国主题图书，讲好中国故事。三是推进"中国书架"项目。争取今年底在美、英、日、新、希等21个国家设立"中国书架"，进入海外主流大众市场。四是建设国际一流书展品牌。力争北京国际图书博览会在主要指标上赶超法兰克福书展，成为全球第一大书展。五是举办世界翻译大会。与联合国教科文组织等合作，集聚优质译者资源，推动曹文轩作品、杨红樱作品、"中国著名企业家与企业丛书"版权签约。六是拓展国际编辑部。设立20个编辑部，覆盖"一带一路"沿线主要国家，有效增强国际传播力。

同时，集团将以党的政治建设为根本，增强"四个意识"，坚定"四个自信"，坚持"两个维护"，坚持全面从严治党，创新内容生产营销考核机制，深化劳动人事和分配制度改革，培养能担当出版重任的时代新人，不断增强企业内生动力。

13. 把握高质量发展的"三个关键"*

习近平总书记在全国宣传思想工作会议上强调，要推动文化产业高质量发展，以高质量文化供给增强人们的文化获得感、幸福感。中央领导同志指出，要抓好文化发展质量这个重中之重，高质量发展是当前我国经济社会发展的主题词，文化改革发展必须聚焦这个主题。

第一，高质量发展首先是发展

我们的主题、主旋律、主要任务是高质量发展，但高质量发展的出发点和落脚点都是发展。发展是质量的载体，是对质量的意义的揭示和价值的释放。有了发展才有质量问题，没有发展连这一问题都提不出来，提出来也没有现实意义。同样，有了质量才能更好地发展，发展也才有了全新的阶段和全新的意义。

从集团自身来看，集团成立16年来经历了一个从无到有、从小到大、从弱到强的发展过程，也充分说明"发展是硬道理"。2002年成立时，总资产约50亿元，营收25亿元，利润1.6亿元。2010年，总资产77亿元，营收47亿元，利润3亿元。当时的经济规模，和我们自己相比还是有不小进步，我们从一个老的、传统的事业单位成功转向了企业。那个阶段的主要任务不是规模增长，而是资源整合。资源整合完成

---

* 这是2018年11月6日在中国出版集团公司贯彻全国宣传思想工作会议精神座谈会上的讲话。

之后，我们主要面临着全国兄弟集团的经济增长的压力，当时我们的形势还是比较严峻的，我们发展中的主要问题开始变为经济盘子过小，整体实力较弱。为此，十八大之后，我们出台了一系列刺激经济增长的措施，鼓励经济上台阶。2012年，总资产迈过百亿元大关；2013年，利润迈过10亿元大关；2016年，营收和净资产也迈过百亿元大关，进入了全国为数不多的"三百亿"集团行列，整体经济实力得以较大增强，在全国保持了领先地位。财务数据表明，十八大之前，集团总体保持匀速增长，营收平均增速11%、利润平均增速10%，这和当时的宏观经济速度相比也相当不错；十八大之后，集团开始加速增长，营收平均增速大约22%，利润平均增速大约28%，这当中还有那么几个年度的日子比较难熬，把平均速度给拉下来了，但总体上还是较多地高于同期出版行业的平均增速。这充分说明，只要我们努力，不论是过去，还是将来，是可以实现集团在某一时期、某一阶段的高速发展的。我们做企业的，特别是做企业领导的，看不到这一条，凡事都做不好。我们就是要有这样的信念，现在的高速发展，面对过去是高，但面对未来并不高。我们很难想象，一个家庭的收入不逐年增长，这个家庭怎么过。我们也很难想象，一个国家的财政，不是往上走，而是平着走，甚至往下走，它的日子怎么过。我们也清醒地看到，过去几年成绩的取得，主要得益于上级部门的正确领导和热情关心，得益于集团历届、各级领导班子的共同努力和顽强拼搏，得益于广大干部、职工的勤勉工作和持续奋斗。经济背后是人，数字背后是精神。

按照增长的方式和动力的不同，我们将2011—2017年各单位的发展情况初步归为五种类型。

第一类：创新增长型，如像商务印书馆、人民文学、中华书局，主要依靠内容创新。商务印书馆营收增长114%，利润增长205%。人民文学营收增长172%，利润增长154%。中华书局营收增长90%，利润增长37%。

第二类，主业增长型，如中图、大百科、人民音乐、人民美术、中版教材有限公司，主要依靠主业持续做大。中图营收增长130%，利润增长近70%。人民音乐、人民美术营收和利润都实现了较快增长。中版教材有限公司营收增长124%，利润增长495%。大百科在积极承担国家任务的同时，实现了稳步增长。

第三类：融合增长型，三联书店积极推动《三联生活周刊》转型，年度营收状况要到年底才能见分晓，但现在知道的是，今年的广告收入将达到5000多万元，其中大约一半来自新媒体广告。所以，做企业，经济数字升升降降的确是个问题，但是更要看到问题背后的问题。三联书店过去数字的下降不是数字下降，而是转型带来的下降。需不需要从中接受一点警示？中译公司形成了以多语言大数据分析为核心的新型商业模式，营收增长473%，利润增长953%。

第四类：资产增长型，如新华书店总店、东方出版中心，主要依靠资产经营。新华书店总店曾经是集团的第一亏损大户，现在各方面都有良好起色，经济增长比较强劲，潜力也发挥出来了。东方出版中心虽然是小出版社，却是大资产，也实现了令人满意的连续增长。

第五类，积累增长型，如现代出版社、现代教育出版社、中国民主法制出版社、中版数媒（中国出版集团数字传媒有限公司）、中版联（中版联印刷物资有限公司）等。这些企业底子薄，基础弱，但依靠增强内功，控制成本，总体保持了稳健增长。还有一些企业如中新联（北京中新联科技股份有限公司）、中版文化（中版文化传播有限公司）等，努力攻难克坚，积极探索新业务，逐步改善了经营环境。

第二，高质量发展的关键是内容和经济的高质量发展

高质量发展，发展是主题，质量是关键。质量问题因发展的深化而来，发展阶段因质量的提高而提升。不仅质量是发展的必然要求，而且发展也是载体和目的。质量只有在社会化的推广中才更有意义，只有在大众化的消费中才更有价值。

就出版而言，它包括内容质量、选题质量、编校质量、装帧质量、印制质量、营销质量、经济质量等，但最关键的还是选题、内容质量和经济质量。内容质量反映的是编辑眼光和素质，经济质量也可以看作是产业质量，侧重在业态的表达上。抓质量的关键是定指标，开展全面质量管理，包括质量意识、质量标准、质量检验、质量考核等。

今年我们出台了集团高质量发展指标体系，这次会上也发布了一个初步的内容，希望能够随着我们发展的深入，逐步整理那些现象性的东西，把它转化为指标性的把控，通过指标性的把控来促使我们提高质量。咱们今天反复地讲高质量发展，其实中心意思就一个，就是高质量很重要，但同时一定要知道，高质量的出发点、落脚点都是发展。我们不能离开发展谈高质量，那毫无意义；也不能说我们现在讲质量了，规模不要了，速度不要了。不要无效速度，不要盲目速度，但不意味着不要规模、不要速度。我们可以想一想，如果我们停一停、慢一慢，三年之后怎么办？我们还可以想一想，你没动，别人动，你走一步，别人走三步，可以吗？等会儿我们还要传达中央最新的精神，现在对央企有一个统一的要求，就是打造"世界一流企业"。如果没有雄心壮志，没有比较大的规模，怎么成为一流？如果没有一定的速度，又怎么达到较大的规模？

回顾改革开放 40 年来的出版历史，我们经历了一个从普遍"书荒"到加速发展的过程。40 年来，图书品种从 1978 年的 9000 种跃升到 2017 年的 50 万种，增长了 50 倍以上。但与此同时，单品种的平均印数从 1994 年的 6 万册下降到 2017 年的 1.8 万册。一升一降，说明了问题。虽然总量上去了，但单品种的边际效益下降了。这就需要我们改变传统的规模扩张型模式，转到高质量发展的路子上来。从集团自身来看，近两年来我们感觉到集团增长比较乏力，主要原因在于过去那种靠品种规模拉动的增长方式难以持续，需要在内容质量上下功夫，下苦功夫。我们有一些出版社有一些好书，在我看来，基本上都跟内容的把握有关，都是内容质量比较高。

那什么是内容的高质量发展呢？ 内容的高质量，主要体现在选题具有政治的高度、社会的广度、思想的深度，凝结着政治性、思想性、大众性，体现了文化贡献和市场影响、社会效益和经济效益的有效结合和高度统一。首先，它坚持正确导向，严守出版底线，保持健康格调；其次，它引领思想潮流，发掘文化新知，推动时代进步；再次，它服务大众、引导大众、提升大众，同好又获得市场的认账、读者的认可、社会的认同。在这三条中，最根本的前提是要坚持正确的政治方向和出版导向，认真履行意识形态责任制，这一点都不能含糊和马虎！导向是 1，其他是 0，没有这个 1，再多的 0 也没有用！

下面有三个情况，建议大家研究。

从国情来看，改革开放为内容高质量发展提供了丰富的现实素材。虽然近代以来在外部冲击下中国开始了由传统社会向现代社会的转型，并尝试了诸多探索与实验，但是从 1840 年到 1978 年，中国并没有成为一个成功的、典型的现代化国家。正是由于改革开放40年，中国才由一个积贫积弱的文明古国崛起为一个全球化浪潮中的世界经济大国，而且还在经济发展、国家治理、社会管理、文化教育、工业制造、企业管理、现代金融、互联网应用等众多领域开展了波澜壮阔的伟大实践，积累了丰富历史经验和大量现实案例，走出了一条具有中国特色、世界意义的现代化道路。它和英美不一样，和日德不一样，而且它的体量比过去英法德等国加起来还要多，为众多后发国家和发展中国家的现代化道路提供了一个与众不同、可供借鉴的中国方案，成为人类现代化进程中的一个十分独特的样本。但是，这个伟大的历史进程还缺乏有深度、有创意、有说服力的学术总结和原理提炼，其中蕴含着学术创新和内容创新的富矿。《习近平谈治国理政》发行了1300万册，这数字的背后可以看出有多少人在研究中国，多少人对中国感兴趣。这就是中国为什么会有这样的发展，中国共产党为什么能不断壮大，中国的道路为什么能成功。这是我们出版内容创新的富矿。我们是不是处在一个出版的大时代，我们是不是处在一个可能遇到大作家、大作品的时代？实践表明我们的确处在一个大时代，但学术能不能出得来？请同志们研究。虽然不知道答案，但是可能性极大。

从文化来看，当代学术为内容高质量发展提供了丰富的思想资源。近代以来的知识分子，在新旧世界更替、中西文化激荡的浪潮中，虽然努力为天地立心、为生民立命，但主要承担着思想启蒙和大众教育的使命。他们或者整理国故，或者传播西学，在风雨如晦、鸡鸣不已的年代里难以形成具有原创性、世界性的现代学术思想和理论体系。那些年代的大家我们都非常敬重，但是那个时代有局限性，作品上、著作上、学术研究上都会受到这样的局限性。我们现在所处的这个时代不一样了，大家学习习总书记十九大报告里面提出的新时代时,要反复琢磨新时代跟我们出版的关系。改革开放40年来,随着中国启动了世界上最大规模的现代大学教育,随着中国学者日益关注中国和世界的重大现实课题,随着中国学者日益活跃在国际一流的学术舞台,随着中国作家日益书写人类社会共同的精神世界,随着中国知识分子不仅睁眼看到了《世界是平的》,还提笔写出了《世界是通的》,我们越来越强烈地感受到,中国学者的思想原创能力在不断增强,中国学者与世界一流学者的对话能力在不断提高,中国学术与世界学术的海拔落差在不断缩小。不仅如此,在莫言、屠呦呦、曹文轩、刘慈欣等人荣获诺贝尔奖、国际安徒生奖、雨果文学奖等国际大奖的背后,在林毅夫、朱民、史久镛等一批中国知名学者担任国际著名组织和研究机构高管的背后,是来自中国的新生代学术群体正在国际文化格局中逐渐崛起,是中国叙事、中国研究、中国学术正在世界学术殿堂逐渐崛起!可以预言,中国学术界正在孕育,也必将产生具有中国气派和世界影响的学术理论和话语体系。从我们最近几年的出版实践来看,在"传统文化的当代阐释"和"中国道路的学术表达"上,都涌现了一些可喜的成果。无论是陈来的《中华文明的核心价值》,还是李零的《我们的中国》,都可以看出中国学者逐渐从西方学术的影子中走了出来,正在积极地向世界讲述中国学术的新思想、新观点、新视界。

从行业自身来看,出版变革为内容高质量发展提供了丰富的传播方式。我们有新中国成立前中国近代出版的历程和经验,我们有新中国成立以来特别是改革开放40年来企业化、市场化、国际化的实践和经验。我们已经可以比较好地和世界同行们交流,向世界输送我们能够达到世界水平的图书。总之,我们在学习西方的同时,已经在很大程度上接近世界水平。其中比较突出的体验就是去看国际书展。我就记得，早些年我们的少儿图书跟人家差距很大很大，现在看差距很小，其他领域也是如此。这也是我们出版人要考虑的一个因素。

以上三点都是在讲我们当前追求内容高质量的客观环境，讲外因给我们提供了什么。如果看清这个东西，我们站在内部用力，内容质量的提高、优化还是可以期待的。一个时代要有一个时代的文化脊梁，一代人要有一代人的文化担当。这是一个充满文化自觉、文化自信、文化自强的新时代！这是一个必将产生大师、大作品、大出版人的新时代！作为今天的中国出版人，我们要有这样的底气，这样的理性和眼光！但是，我们一直存在一个需要持续把握的问题，就是内容创新的持续能力。我经常会问我们集团分管出版的领导最近选题情况怎么样。他会跟我讲，总的不错，但是特别有印象的还没有。当然，能否遇到好选题有命运在里面，但好选题和等待命运的人也是有关系的。对于我们这个时代而言，我们能不能有这样的敏锐，有这样内在的冲动，能不能抓住它，决定着我们整个集团能不能上一个新高度。

我们讲高质量发展，一是内容高质量，二是经济高质量。这两个都展开了就是一句话——以利润为中心，营业收入、规模化的有效增长，依然是我们的追求。一是以利润为中心，二是有效的增长，三还要是规模化的。我们再生产的资本源于此，文化理想的实现源于此，提高和巩固政治站位的资本源于此，我们职工的职业成就和幸福生活的资本源于此。对于这一条，我们在座的各位同志，脑子一点都不能乱，一点都不能打马虎。

我们看到，用经济的方式、商业的方式可以将社会效益做得更好。做不好是我们本事不好，不是这条路不好。对于国有企业、对于央企，习总书记给的任务很明确，就是要朝"世界一流"的目标奋斗。"世界一流"是干什么？是"走出去"。如果你没有经济担当，没有经济实力，你怎么"走出去"？叫一个大型央企"走出去"和叫一个文化事业单位"走出去"，效果能一样吗？不一样。我非常能理解大家在一些具体环节上的想法，也知道有的想法是正确的，但是整体来看，咱们不能动摇这一条。咱们就是要像习总书记讲的，在坚持社会效益的前提下，想办法走一条做大做强的路子。从经济属性讲，企业不做大不做强，那你希望它做什么？从政治和文化属性讲，你不大不强，你有什么资本做文化？

去年，我们提出了"坚持一个统领，打造三型集团"的新时代发展战略，它的核心就是高质量发展，它的基本内涵就是三句话：**"定心做出版，关键数字化，有效国际化。"** 高质量发展要靠高质量的主流出版，要靠数字化和国际化。定心做出版就是专业化，越来越专业，通过专业化达到规模化。但是，我们这个时代已经不允许我们只看纸质出版，我们必须把眼光聚焦在媒体融合上，这是我们规模化的期望所在。虽然数字出版营收在全球出版业营收中没有超过30%，但要看到它已经在专业出版领域结出硕果，威科、爱思唯尔等国际著名出版集团80%左右的收入来自数字出版。不仅如此，数字化在新闻、市场营销、大数据等领域日益成为主流的力量。现实已经表明，凡是转型得早、融合得好的传统媒体，今天都活得比较滋润，凡是转型得慢、融合得差的传统媒体，今天都过得举步维艰。如果我们今天不在数字化和国际化上谋篇布局，不撒下星星之火，我们就无法在未来的竞争中占据主动。国际化是比较长远的，它涉及企业规模增长的问题，关系到国家使命的履行，也是我们未来发展的必然空间。我们要强调有效国际化，我们不去做那些花架子。"走出去"不一定会有实际的经济效果,但一定要有实际的社会效果。

第三,高质量发展要着力"五个做优"

一是做优内容生产和内容选择。近几年集团导向管理总体平稳,出版主业取得了明显进步,承担了22项国家重大工程、500项国家重点项目,荣获了300多个国家级重要奖项,名列全国第一。少儿板块挤进了全国零售市场前三。但是,导向隐患依旧存在,畅销亮点还不够多。集团最近下发《落实意识形态责任制的具体意见》,各单位要制定实施细则,将责任制落实到全流程、全书稿、全部相关人员身上。要围绕新中国成立70周年、五四运动100周年、建党100周年等重大节点,进一步做响主题出版。要加快推进"复兴文库""社科词条库"等重大工程,力争年前开一个阶段性成果发布会。要优化出版结构,加强重点板块建设,特别是要培养眼光一流的编辑。好的编辑眼光是核心竞争力,既体现了对时代潮流的把握,又体现了对市场需求的洞察;既体现了对重要出版资源的掌控,又体现了对潜力作者、潜力话题的前瞻。要结合好2019年度选题会、新三年内容建设规划、产品结构优化等,重点抓好编辑能力建设。

二是做优内容传播和内容服务。要围绕世界读书日、双十一、三大书展等重要节点,进一步加强品牌营销,提高内容影响力。要以百店千柜、中版书房、24小时书店等为依托,进一步做深做透全国重点实体渠道,不断扩大市场份额。要加强与京东、淘宝、当当等网店的合作,坚持以我为主,不断提高线上销售质量。在宣传推广上,要在巩固传统主流媒体传播的基础上,着力加大新媒体营销宣传力度,重点产品的发布、重点活动的推介要更多地由"地上"走到"线上",走到微信、"得到"、抖音、视频直播、"喜马拉雅"等新型主流平台上。

三是做优体制机制和企业制度。今天开这个会,大家讲了不少规章制度方面的问题。我们要理解,规章制度可以定得很多,但实际上也就两个关键:第一是要有动力,第二是要有控制力。管理的本意就这两条,既要有动力,也要有控制力。我们集团要进一步加强内控,加强审计。因此高质量发展,除了从发展这个角度去看,还有一个风险防范问题。我们现在还存在企业亏损问题、投资失败问题、资金流转的安全问题等。如果我们有一个良好的内控制度、审计制度,我们经济运行的质量将会大大改善。下一步,我们要对照中央关于高质量发展的要求,建构以单品效益为重点、以利润率和净资产收益率为中心的经营管理指标体系。要构建高质量的上市格局,做好股份公司市值管理,加大机构客户推介力度,推进中译公司、荣宝斋、中图的上市工作。要提升高质量管理模式,制定有效投资管理办法和库存指标体系,加强存货、应收账款、出血点和亏损企业管控。要深化两项制度改革,提高用人和薪酬分配的市场化水平,打破"高平台上的大锅饭",进一步激发一线职工的热情。

四是做优融合发展和业态创新。集团数字化战略清晰,资源集聚丰富,一批骨干平台和产品获得了市场的初步认同,数字业务收入从2012年的3.35亿元增长到2017年的17.2亿元,占到集团总收入的14%,数字集团雏形初显。但数字出版在一些单位还没有完全得到重视,传统业务与数字业务仍然存在"两张皮",重建设、轻运营的现象依旧存在。下一步,要坚持以内容数据化为中心,结合募投、国资预算等重点项目,在不同层面做好数据采集、加工、转化、存储与交易工作,构建集团内容数据资源体系，加强内部数据互联互通，提高外部市场运营能力，努力实现数据内容的价值最大化。要努力开发若干具有市场竞争力的自主渠道平台，积极探索数字化条件下"出版+"的服务模式。要加快体制机制创新，一些新的重点项目要尽快实现公司化、资本化运作，加快市场型、运营型团队建设，探索项目分红、股权激励机制。

五是做优传播中国文化和扩大国际交流。集团按照"先做响、再做开、后做强、总体做实"的方针积极推进国际化战略，推出了《山楂树之恋》《中华文明的核心价值》等一批标志性的"走出去"产品，输出图书版权4840项，连续5年荣获"中国图书对外推广计划"综合排名第一名，并荣获了多项国际大奖，成立了20个国际编辑部，越来越成为国际出版关注中国的标志性企业。同时我们也要看到，集团还缺乏具有国际影响的明星产品，讲中国故事的水平还不够强，"走出去"的两个效益还不明显。10月份我们召开了贯彻落实全国外宣工作会议的专题会。下一步，要按照习总书记提出的"贴近中国实际、贴近国际关切、贴近国外受众"的原则，围绕两大中心话题，不断提高讲好中国故事的水平。在讲"传统文化的当代阐释"时，注重总结中华传统文化中具有世界意义的价值理念；在讲"中国道路的学术表达"时，注重讲好中国改革开放对世界的贡献。同时，我们要遵循出版规律、经济规律和传播规律，进一步增强海外投入的有效性，持续推动"三进计划"，将中国的名家名作逐渐推进海外著名图书馆、海外著名大学、海外汉语课堂，从而逐步影响普通读者。

14. 最重要的话题是高质量发展 *

习近平总书记强调，要推动文化产业高质量发展，以高质量文化供给增强人们的文化获得感、幸福感。中央领导同志要求，要深化新闻出版供给侧结构性改革，改革也要出活力，出创造力。中央领导同志指出，高质量发展是当前我国经济社会发展的主题词，文化改革发展必须聚焦这个主题。这是我们集团实现新的发展的根本指针，我们要结合实际工作学习好、领会好、贯彻好。

第一，高质量发展是中国、中国出版业和中版集团的时代主题

中央判断，世界正面临百年未有之大变局。仔细体会，这个大变局的核心是中国规律性的、不可阻挡的全面崛起。国际格局，说穿了就是大国关系。纵观世界各主要大国，变化最大、潜力最大、希望也最大的是中国。近14亿人向往美好生活，这是多么巨大的精神能量和物质力量，这是多么巨大的市场需求和创造潜能，这是世界第一大党——中国共产党——能够凝聚社会伟力的光明方向。中国梦因而震撼全球。世界的欢迎与抵触、赞成与打压、高兴与恐惧都由此而来；拨开迷雾，中美贸易摩擦、舆论战等也都由此而来。特别是近180年来的战争、革命、独立和统一，特别是40年来的改革、开放、发展和繁荣，特别是中国特色社会主义道路的开辟、探索、经验和自信，使中国有资源、有资格、

---

* 这是在中国出版集团2019年度工作会议上的工作报告摘编。

有能力发出与西方不同的声音，可以奉献出和前人不一样的智慧。

中国崛起的本质是强起来，强起来的时代特征是高质量。过去40年，中国人完成了以规模取胜的历史任务，现在则规律性地开始了以质量取胜的新征程。经济发展速度由高速到中速的调档反映了这种艰难转型的痛苦酝酿，社会主要矛盾的变化形成了这种深刻转型的巨大引擎。中美贸易摩擦和国际形势的复杂多变，虽然导致中国发展的外部压力进一步加大，但由此也激发出越来越大的的内部动力。在中国社会主要矛盾变化的过程中，涌现出了转型升级、科技创新、结构调整、绿色革命等一系列改革，透过改革，我们欣喜地看到了中国人在开放中的知识、在发展中的经验、在困惑中的求索、在瓶颈中的创新。可以断言，一个高质量发展的新时代必然会到来。从历史长镜头看，中国发展已经进入以质量说话、按效益竞争的新时代。

在这波高质量的社会大潮中，出版业是一朵浪花。出版大国走向出版强国，成为中国的必然。这将是一个历史演化的过程。在这个过程中，产业的主旋律是什么？我们的步点又该如何踩？看世界，第一大趋势是专业化。汤姆森并购路透，成为全球最大的金融信息服务商；企鹅与兰登合并，指向是大众市场的控制力；培生出售《金融时报》《经济学人》，转身教育出版和数字领域。总之，出版业在走了多年的经济规模化和产业多元化道路之后，都日趋改道，奔向了更加专业化的路径。第二大趋势是数字化、数据化，尤其是在数字基础上的数据化和在数据条件下的数字化。开发的案例如雨后春笋，虽然失败的故事多于成功的人物，但成功的故事却揭示了出版新业态的真实性。有什么比内容数据化和传播数字化，更令出版人焦急或期待的呢？在强起来的时代，数字化才真正是我们这一时代的多元化，它表现为技术手段多元、传播形式多元、分受众多元、内容产业多元的新道路。这条道路不是由谁的意志决定的，而是经新材料、新技术、新应用不断开辟、不断呈现出来的。第三大趋势是中国特色、中国风格和中国精神。人世间，往往话题跟着成功范例，理论跟着实践，学术跟着经验，注意力跟着财富。中国实践、中国道路、中国发展的成功，必将产生中国的故事、中国的经验、中国的理论、中国的学术。中国的文化、审美和价值，也必然在上百年的"西学东渐"之后"东风西行"。两三百年前欧洲的"中国热"，从传道士到大学者，从宫廷风靡到民间仿效，不是因为类同，正是由于异质。异质相斥又相融，相克又相生。同类久同则衰，异质久融则兴。这是中华文化多元一体的历史经验，也是文明互鉴、文化交流的进化规律。中国文化的现代阐释、中国道路的学术表达、中国问题的理论概括、中国故事的文学叙述，中国的大作家、大学者、大作品、大写意，恐怕都会因时而起，应运而生，走向世界。未来未可知，但迹象似可寻。这种旭日的迹象在静默的思考中会越来越清晰，越来越成竹在胸。这三个趋势昭示了中国出版高质量的方向，也点明了中国出版高质量的必然性。

在中国出版集团待久了，就会渐渐萌生荣誉感，进而转化为责任感，并会升腾为使命感。这不仅仅是因为它的历史、品牌、积淀和"国家队"地位，还因为它得改革开放之天时，得资源重镇之地利，有一帮领军的人物，有一群优秀的编辑，有方方面面的骨干。这是我们的宝贵财富。经过十余年的改革发展，我们的出版能力乃至创新力、融合发展水平以及内容数据质量、产业能力特别是出版经济实力、国际交流能力尤其是版权输出能力和会展影响力等，在国内领先，在国际著名。产品板块大了，图书规模大了，经济盘子大了。但闭上眼睛静静地想，我们的出版强吗？我们的经济强吗？我们的整体强吗？我们的质量高吗？客观地说，恐怕是强中有弱，高低相伴，整体有待进一步提高。尤其看我们的畅销书，看好书的数量占比，看书号资源的收益率，看资本和人均的收益率，看投入产出的资产化，情况更是如此。

如果说前面历数的种种领先是荣誉感，那么这里要说的责任感就是高质量更高质量，使命感就是强起来更强起来。商务印书馆、中华书局、三联书店使命所在，"人字牌"责无旁贷，"国字头"义不容辞。质量问题在出版是个产业问题，在中国却是个时代问题。中国的出版人，在座的各位女士先生，是这个问题的答题人。我们经历了一次"上规模"的考试，新的"高质量"的考试又来了。新时代可不可以扼要理解为高质量的时代？跨过了这一关，中国就可跨过中等收入的陷阱，成就中国梦；中国出版业就可扛起"出版强国"的大旗，成就出版梦；中国出版集团就可真正成为国际著名出版集团，成就中版梦。

第二，高质量发展的着力点是结构、机制和指标

出版高质量涵盖内容、编印、营销、经济、管理、党建等工作层面，其中第一位的是政治、思想和文化导向，而它的主要内涵就是习总书记提出的"举旗帜、聚民心、育新人、兴文化、展形象"。内容生产的政治高度、思想深度，是出版高质量的前提。倡导主流价值，传播时代新知，引领社会潮流，是出版高质量的灵魂。表现在产业上，一是产品的高质量，二是业态的高质量，三是企业本身的高质量。而再往深里看，结构、机制、指标则是由表及里、由里制表的三个着力点。

一则结构是根本。金刚石和石墨，组成元素相同，但分子的结构不同，硬度竟有天壤之别。企业会有许多结构问题，但最重要的结构是产品、投资和人才结构。产品结构侧重当下的效益，投资结构侧重未来的前景，人才结构则是各种结构的根本。对于集团而言，**产品结构的高质**

量，是既要有知识性、趣味性、小众化，更要有时代性、话题性、大众化；既要有挣钱少甚至不挣钱的好选题，更要有大量内容好、市场好的新选题；既要有大项目、小众书，更要有畅销书、常销书。**投资结构的高质量**，是要在日常产品投资的同时，加大对新品新作、版权资源的投资；要在对大社融合发展投资的同时，加大对中小单位的板块投资；要在对生产营销投入的同时，加大对人力资源的投资。要因时而异，一社一策，不搞大水漫灌，实施精准投放，既不盲目贪大，又不错失良机，统筹好当期效益和长期投资的矛盾，平衡好传统出版和融合发展的关系，配置好员工收入和生产投入的比例。**人才结构的高质量**，主要体现为领导班子结构、骨干队伍结构。总的来讲，要着眼于增强"四力"，培养政治坚定、业务精湛、堪当大任的时代新人。我们要发挥好各单位领军人物的带头作用，加强班子成员之间的优势互补，把既精诚团结又各显神通的发展氛围搞得浓而又浓。我们不仅要加强编辑、营销、经营管理等骨干队伍的建设，更要加强优秀数字化、国际化、资本运作人才的培养，让专业人才与新型人才同生共振，形成结构性的合力。

二则机制是核心。对于高质量发展而言，最重要的机制是领导决策、分配激励和风险管控机制，关键在于既激发活力，又管住风险。领导决策机制的创新，主要是按照中央有关规定，进一步实现党的领导和现代企业制度的有机结合。分配激励机制的创新，主要是合理拉开收入差距，加大对不同领域中绩效突出人员的激励，更好地激发优秀人才的奋斗激情与创造梦想，大力提高劳动生产率、人均创利能力和企业经济实力，进一步实现社会效益与经济效益的有机结合。风险管控机制的创新，主要是加强党建、纪检、审计、内控体系建设，进一步实现党建纪检和内控管理的有机结合。通过思想教育、制度约束和监督执纪，增强政治意识、合规意识、廉洁意识，防范导向风险、经营风险、腐败风险，确保企业长治久安。

三则指标是关键。指标是行业的标高、企业的刻度、发展的指向，也是工作的抓手。从高质量的角度，不仅要追求内部的高指标，更要追求行业的高标准。高质量指标体系，从根本上讲是两个效益的结合，既体现为畅销书、常销书、获奖书、年销万册以上图书的占比，也体现为利润率、净资产收益率、劳动生产率和利润值、增加值。指标就像体检表，分析指标既要有统计学的基础，又要有对个体情况的把握。我们已经下发了集团高质量发展指标体系，下一步还将根据新的情况进行修订。对于大单位、经营历史久的单位，要更加重视经营质量的提高，重视利润率和净资产收益率的提高，进而保持持续均衡的发展；对于小单位、起步较晚的单位，要更加重视有效规模的形成，特别是单品种规模的放大，进而尽快实现上台阶、翻一番、资产化的目标。

总之，高质量的前提是导向，灵魂是内容，重点是产品、业态和企业管理，而贯穿其中的最重要的环节是结构、机制和指标。

第三，高质量发展需要把握好速度、规模和效益

高质量发展需要合理速度。没有速度就没有质量，速度本身也是质量。最好的速度是长波段的匀速。情况不同，速度有异。快慢都要以利润为主线，以资产化为目标。能快则要尽量快，抓住机遇，但不是潮汐式的浪去无痕，而是要上台阶、资产化。不能快则不要勉强，要为下一段的增长做好准备。如果准备得好，上下两个阶段打通了，平均看，还会是持续稳健地增长。做出版是长跑，既有弯道超越，又有直道变速，要根据企业的体能、赛前的准备、赛中的状态灵活掌握。合理增速既是质量改善的前提，也是质量改善后实现未来持续平稳增长的重要目的。

从集团来看，十八大以来我们先后确定了 10%、8%、6.5%~8% 的增长目标，但实际上营收和利润年均实现了 10% 以上的加速增长。根据中央精神，考虑到全国经济下行的压力逐步加大，2019 年将是更加困难的一年。经过专门测算，我们提出明年的增速区间为 6%~8%。这有利于各个单位根据自身情况综合权衡，统筹施策，腾出空间抓好高质量发展。但 6% 是底线，希望各单位把握好。

高质量发展需要有效规模。中央领导同志指出，要推动出版行业压数量、控规模，实现集约化、优质化、内涵式发展。这是对行业整体状况的正确判断和对未来发展的明确指引。我们必须高度重视，认真贯彻。压数量是压无效低效的品种数量，扩"双效"俱佳的单品数量；控规模是控有营收无利润的业务规模，扩以利润为中心的经济规模，是控过账性的快餐式规模，扩常销性的资产化规模。在无规模时，规模也是质量。当有了规模，质量又成了新的规模。压缩品种，看似量在减少，却是另一种量的扩大，是好书发行量、销售量的扩大。大规模才有大公司，大交易才有大企业，我们不仅要逐渐压缩无效的营业规模，逐步置换低效的业务，更要在扩大营业规模的过程中扩大利润规模，追求高质量的有效规模。这是我们出版人看自己的底气，也是观未来大势应有的眼光。

高质量需要两个效益统一。追求高质量发展既不是走传统事业单位的老路，也不是走经济利益至上的邪路，而是正确处理出版的政治文化属性与市场价值属性。对于那些市场受众不多、经济利润不高，但具有重要文化积累和传承价值的产品，即便赔钱也要高质量地出版；对于那些具有畅销常销潜力、经济利润颇高，但可能存在导向隐患和"三俗"问题的选题，即便诱惑再大也要坚决砍掉。高质量发展既要追求高效率、高收益的经济规模，更要追求高品质、高格调的文化影响；既要着眼于稳增长、调结构、促融合，更要落脚于出好书、出人才、出高峰。高质量的发展是为了更好地以企业的方式做文化、以商业的方式做传播、以市场的方式配资源、以产业的方式增强文化影响力，从而文以载道、商以传道、创新弘道，从而打造主流出版型、融合发展型、国际传播型的"三型集团"，实现现代化、大型化、国际化的"三化目标"。

可以说，一个高质量发展的时代来临了，这是一场新的发展大戏。在座的各位都是导演，都是编剧，同时又都是演员。我们必须早做准备，充分准备，团结起来，努力演好这出时代大戏。

第二篇

聚焦内容创新，做强主流出版

1. 积极推进内容创新战略，努力实现"两个前列"目标*

今天，我们在凤凰出版传媒集团成立五周年之际，召开内容创新大会，就是要按照江苏省委省政府的要求，全面贯彻落实全省文化工作会议精神，把集团各方面的力量动员起来，研究部署实施内容创新战略的具体措施。下面，我就内容创新谈几点认识。

一、充分认识内容创新的重要性和紧迫性

我们先看国际出版业的情况。第一，为了垄断资源和市场，大型出版公司不断兼并重组，扩大规模，独立的出版社纷纷被并购，资源与市场的集中度越来越高，扩张与整合已经成为世界出版业的一大趋势。第二，品牌的集中度越来越高，顶级作家畅销书大多集中在少数出版社手中。第三，教育出版仍然是最大的出版市场，是利润的主要来源。而大众出版是出版业中最活跃、最生动的领域，其中畅销书起着关键作用。第四，内容资源在多媒介领域的互动十分明显，拉动着大众出版市场。数字技术的出现正导致学术出版市场的分化，电子出版和网络销售呈现快速增长。第五，国外大型出版集团进入中国的步伐明显加快，最近阿歇特集团在一个多月的时间里和我们频频互访，透露出进入中国这

---

* 这是 2006 年 9 月 28 日在凤凰出版传媒集团内容创新大会上的讲话。

一巨大市场的急切心情。综合分析这五个特点，我们看到内容资源的争夺异常激烈，兼并针对内容而起，品牌依托内容而兴，网络和市场也围绕内容而不断扩张。这说明，在知识经济的背景中，在网络平台的支撑下，内容已超越了其传统内涵，而成为多种媒体兼容互通，能多次多样使用，包括思想、文化、科技、娱乐等在内的各类信息。因为具有多元的使用价值，内容形成了自己的产业，马克思说过，人类生产分为两大部类，一是物质生产，二是精神生产。由于科技发展，精神生产已经演化为内容产业。可以看清的是，当网络平台最终造成之日，当数字电视最终普及之时，最紧缺的资源将是内容，竞争的制高点也将是内容。内容为王将不是出版人的梦想，而是正在明晰并将越来越明晰的现实。而内容的生命在于创新，内容的价值植根于创意。新知、新趣、新解、新意，新的设计、装帧、版式，都将成为能够撞击心灵或抢眼夺目的重要因素。

我们再看国内出版业的发展情况。第一，民营出版公司日益做大，人们常常议论它们的体制和机制优势，其实更值得我们注意的是文化商人的形成。一些既有文化理想又懂商业运作、既追求眼前利益又谋划长远大计的新型书商正在逐步涌现。这些精明的策划人，把目光盯在内容资源上，将精力注入内容创新中，北京各种图书公司无一不是在争夺内容资源，仅数年时间就雨后春笋般地发展到了2600多家。在它们当中，无论是出于文化传承，还是商业利益，无不把创新作为生存的基础，作为发展和竞争的主要手段。第二，国有各大出版集团，纷纷把内容提供作为自己的产业定位，把内容创新作为自己的重要战略，像北京、上海、两湖和两广，已经大大做足了数年的准备，崛起之势可感，无声压力逼来。"中国文库""世纪文库""话说中国"等等，都呼喊着一个共同的声音——内容创新。

我们再把眼光聚焦到教育出版。第一,基础教育教材面临洗牌。目前全国的情况是,小学、初中有59家出版社的179套教材,高中有32家出版社的59套教材,在竞争中瓜分了市场份额,我们占据着有利位置。但新一轮标准及教材送审即将到来,其中变数难测,谁家胜出,鹿死谁手,沉浮未定。对凤凰集团而言,这既是一次重大机遇,也是一次对内容创新能力的严峻考验。第二,教辅的市场销售比例上升,竞争加剧,利润率将持续走低,品牌教辅越来越具有进攻做大的态势。第三,职业教育教材面临着巨大的增长空间。国家加大了职业教育办学的扶持力度,学生数将持续上升。新技术发展的特性加快了职业教育教材的更新速度,于是在教材市场需求增大的同时,各路人马蜂拥而至。第四,高等教育大众化时代逐步到来,高等教育出版物的需求量将稳步上升。江苏的大学及在校大学生人数均占全国第一,我们如何在这一市场已经垄断的情况下,通过市场细分和新的服务赢得份额,任务十分紧迫。第五,教育报刊将会有大的调整与重组,全国共有100多家教辅报刊社,其中英语类约40家,语文、数学类各占20多家。《英语周报》发行1634万份,已经成为全国首家"著名商标"。《学英语》《英语辅导报》发行量均超1000万份。随着行政手段的弱化,这一领域将发生大的重组,产生新的格局。透过这五种现象,我们看到的依然是内容的竞争,而成败的主要环节依然是创新意识、创新观念、创新的内容、机制和人才。

大众和专业出版的情况同样值得关注。2005年,全国每天出版的图书达600多种,选题重复、跟风严重,单品种图书的平均销售量不到2000册。另一方面,畅销书此起彼伏,《品三国》在几个月内突破了80

万册的销售。"话说中国"丛书历时八年，投入数千万，实现销售1.3亿元。这两种情况总起来看，一是总量激增，但平均销量不大。二是亮点频出，且单品种销量惊人。做一比较不难看出，创意、创新是两者的分水岭。

国内各种出版力量的基本动态告诉我们，作为出版企业，最根本的是要抓内容创新。通过内容创新，教材才有可能在新一轮审查中胜出，教辅才能在市场中被更多的消费者认同，报刊才能从同质化的竞争中脱颖而出，大众图书才能形成更广泛的读者群体，专业图书也才能具备学术的影响力。可见，内容创新关系到凤凰集团三大出版板块的核心竞争力，关系到集团版图书在三大市场的占有率，更关系到集团"十一五"的发展目标。可以这样说，竞争留给凤凰的时间已经很少很少，我们必须抓紧再抓紧；市场留给凤凰的空间也已经很小很小，我们必须奋进再奋进。我们必须从生存与发展的角度来审视内容创新问题，必须从做强做大的高度来思考内容创新战略。同时，针对自身实际，扬长补短，谋划未来，使内容创新战略真正落到实处、产生实效。

二、客观分析集团内容生产的状况

江苏出版具有深厚的文化积累，一代又一代的出版人，为之付出了艰辛的努力，创造了令同行瞩目、让后人骄傲的业绩。

一是重点图书获奖处于全国前列。从1991年以来，各社共获得各类国家级出版物大奖101个，其中国家三大奖75个，国家级电子音像奖22个，国家级期刊奖4个，获奖比例在地方出版集团中一直处于领先位置。

二是形成了一批在全国有影响的图书板块，如译林的外国文学名著系列，江苏人民的人文与社会译丛、汉译大众经典、海外中国研究丛书，江苏少儿的儿童文学，江苏文艺的当代文学和港台言情小说，江苏教育社的教育学术丛书，江苏美术的老字号系列，凤凰社的古典文学系列等等。

三是出现了一些有影响的大众读物，《草房子》《芝麻开门》《平原》《玉米》等优秀作品，特别是《希拉里自传》《兄弟连》《魔戒》《情海星空》等畅销书，在社会零售市场为集团的品牌建设发挥了积极作用。

四是一些具有重大学术价值的图书，有一定特色和影响的专业图书，成为集团获取各类奖项的主力军，如《敦煌文献分类录校丛刊》《我的经济观》《动物世界的黎明》《临床皮肤病学》等等。

五是基础教材建设位居全国前列，国标品种基本齐全，仅次于人教社列全国第二，并且进入了全国28个省、自治区、直辖市，今年秋总发行量达到7825万册，其中省外发行4415万册。

六是集团出版的职业教育公共课教材已基本覆盖全省，专业教材也在一些领域形成了影响。

七是幼儿课程读物在省内占有一定的市场份额。

八是高等教育和社会教育教材实现了点的突破，已有31种教材入选国家"十一五"普通高等教育教材规划。

这八个方面代表了我们内容生产的主流，凝结了众多出版人的汗水，体现了凤凰集团的突破与创新、发展与开拓。

但是，有些情况也让我们坐立不安，甚至深受刺激。我去年九月上任，十月赴京，总署有关领导同志见面第一句话就是，看不到你们江苏的书。最近，出版部召开了座谈会，各方专家所言所议，同样令我们汗颜。我觉得他们都是好意，也说了不少鼓励的话，但这样一种共同的印象不能不让我们深思。据《开卷》统计，全国31家出版集团中，凤凰集团在全国零售市场上位列第8，市场占有率仅为1.62%，而排名第一的中国出版集团的市场占有率竟是我们的4.7倍。同时，我们大部分出版社的排名都在100名之后。对《开卷》的数据大家有不同看法，可以具体情况具体分析。但在这个中国书业唯一的市场统计中，至少从总体上可以看出我们在全国零售市场的表现，可以感受到我们内容创新力弱，畅销书少，适销书、常销书总量不够，大众市场的占有率不容乐观。

在省内市场，2005年，在发行集团的发行总量中，集团版文教图书占34%。在以非教辅为主体的纯零售图书方面，集团版图书占总量的14.2%。大众图书市场份额占比更叫人看不懂、坐不住。

市场销售的是内容，市场表现可以折射出内容生产的方方面面。最近，集团召开了不少座谈会，听取了老同志、社长、总编、编辑、发行等各类人员的意见，包括我今天的讲话，很多部分都是大家的分析和意见，不少段落就是基层的领导直接写的。我们深感集团战略要和各单位战术联结，首先，各级干部的信息要沟通，思想要打通，认识要统一。经过几上几下，反复讨论和修改，大家认为，制约集团内容生产的主要问题有四个。

第一，战略定位。 教材和核心教辅，印量大、码洋大、利润大，营销过程相对清晰、简单。而大众和专业图书策划难、品种多、印量小、营销复杂。这一特点产生了驱动效应，使内容生产的注意力聚焦到教材及核心教辅，有意无意间削弱了大众和专业出版。作为出版企业，尽可能挖掘利润最大的板块，是符合企业利益的正确选择。应该充分地看到，正是过去这一正确的选择，才奠定了现在的经济实力和发展基础。但政策环境和市场情况变化了，我们必须与时俱进。一是在教育出版的结构上，门类不全，职业教育、幼儿教育、高等教育、社会教育出版力度不够。缺少"走天下"的品牌教辅，缺少包括学生工具书在内的"走天下"的中远程助学读物。教育报刊产品缺乏整体竞争优势，市场布局过度依赖省内，各自为政，重复建设，很多资源未能有效整合，整体作战能力较弱。二是在大众和专业出版上，没有中长期的指导思想、定位、思路和规划，各社为战，力量分散，随机性强，没有形成真正高精尖的、有重大影响的特色板块。主动策划的少，零散偶遇的多；短平快产品多，中长线产品少。从集团整体层面看，思路不够清晰，定位不够清晰，板块不够清晰，重点也不够清晰。

第二，内容策划。内容策划是出版产业的本质要求，是内容创新的核心环节。但我们对内容资源的调研不够，对作者资源的掌控不足，对市场需求的反应不快，内容呈现的形式讲究得也不够。同时，在政策支持、机制保障和资金投入上也存在不少问题，亟待研究、解决。

第三，营销问题。我们营销理念比较落后，宣传方式相对单一、创意平平。销售网络、渠道畅达、营销能力等方面需要研究、解决的问题不少。

第四，机制问题。第一是考核机制亟待完善。现有考核机制重经济指标，重销售利润，符合过去发展的要求，今后基本面仍要坚持。但它对大众和专业出版的不利影响，必须认真对待，尽快完善。二是运作机制不够健全。三是奖励机制有些乏力。四是投入机制有待研究。大出版需要大投入，品牌打造、培育市场、竞争顶级畅销书、打造核心产品集群、产品研发营销、挖掘培养人才等一切与内容创新的环节，都需要大量资金。我们在这方面投入较少，有的是钱少不敢投，有的是缺乏经营意识不愿投，有的是有钱想投但没有合理的机制。如此一来，都使作者资源无法向集团聚合，甚至流失。现在有远见的出版社、出版集团，都在大搞"圈地"运动，买断作者、垄断资源，如接力社高价从作家社挖走畅销作家杨红樱，从春风社挖走策划高手郭敬明，上海文艺社天价竞标《品三国》，花城出版社花重金买断王蒙自传。对于这些情况，我们不能只是感叹，不能只是抱怨，必须立即着手研究投入机制问题，必须有最大的魄力，下最大的决心，谨慎调研、审慎选题、看准项目、重资投入。过去我们抓教育出版，抓得早、抓得狠、抓得准，抓出了巨大成效。现在我们要像抓教育出版那样，在早、狠、准上下功夫。我们觉得，过去放开手脚抓教育出版，抓出了全国总量第一的经济大盘。现在到了可以也应该反哺大众出版、专业出版的时候。

同志们，讲问题有两种态度，一种是埋怨、责怪，不看主流；一种是责任、使命，深爱集团。我们在给省委汇报时列举了集团六大优势：一是教育出版在全国举足轻重，二是发行营销规模全国第一，三是重点图书获奖处于全国前列，四是五项主要经济指标均居全国首位，五是基础设施达到全国领先水平，六是地缘优势突出。这是我们的主流，是集团的基本面，必须充分肯定。希望同志们听了以上的分析，对集团主流有清晰的认识，从而充满信心，热爱凤凰，同时对局部的、发展中的问题也有深刻的把握，从而居安思危，发展凤凰。

三、关于创新大众出版的思考

内容创新是大众出版生存和发展的基础，是形成核心竞争力的关键，是集团提升大众出版的主要手段。内容是出版产业链的第一环，而最终一环销售的也是内容，内容贯穿着全过程。在如今的多媒介时代，尤其如此。谁控制了内容，谁就掌握了主动权。内容创新，就是通过新颖的创意，提供优质服务，满足读者需求，使图书的社会效益与经济效益最大化。

一是要狠抓内容源头。出版的源头在作者，创新的源头一般也在作者。拥有了高端作者，占有了高端出版资源，就拥有了创新的基础、创新的条件，就掌握了内容创新的主动权，就站到了市场竞争的高端。内容创新，必须巩固并扩大自有资源，形成特色、优势和品牌，必须获取和扩大新的资源。在资源和作者问题上，我们要深入发掘，大胆创新，敢于竞争，通过买断著作权、签订长期合作协议、股份合作、提供优质服务等多种形式，储存内容资源，积聚创新能量。

二是要研究市场细分。大众出版的特性，就是要在细分市场中谋生。要善于发现和把握市场潮流，细分目标群体。要通过市场细分发现选题、寻得作者，把创新的位置前移到市场的研究中去，前移到对需求的判断上去。

三是要建好编辑队伍。内容创新的关键在优秀的编辑人才。案头编辑保证着图书质量，策划编辑影响着市场销量。他们在内容创新中侧重不同、作用不同，但缺一不可。编辑队伍的专业功底、资源拥有、市场嗅觉、创意本领、文化追求和商业眼光，对内容创新至关重要。《话说中国》的成功，可以说与策划人的创造性劳动密不可分。中央电视台《百家讲坛》的成功，显示在屏幕上的只是几位主讲人，但每一份讲稿都有一个团队在进行内容设计，犹如图书的编辑一样，承担的是根据市场需求对内容信息再设计、再创造的创新责任。因此，培养一支高素质的编辑队伍，是内容创新的重要一环，是内容创新的主要力量。

四是要定准方向选好板块。内容创新的基础是明确结构和构建板块。结构杂乱无章，板块面目不清，内容生产就无法形成核心竞争力。

结构与板块的形成，必须建立在自己已有的优势上，必须建立在潜力优势的打造上，必须知己知彼、避其锋芒，抓住特色、重点突破，由点到线，由线到面，逐步做强。清华大学的计算机图书，机工社的经管书，纺织社的生活书，之所以形成特色，甚至具有垄断性，无不说明清晰的结构和板块对内容创新的极端重要性。

五是要创新内容的呈现形式。内容创新，必须高度关注内容呈现形式的创新，这同样是内容创新的组成部分。装帧、编校、纸张、印制等因素，都要提高到创新的层面加以研究，认真做好每一个细小的环节。书名或装帧不一定能造就畅销书，但它往往会毁掉一本畅销书。全国每年出版二十多万种新书，要不被市场淹没，形式就显得十分重要。仅仅因为图书形式上的翻新而导致印量猛增的事例屡见不鲜，浙江少年儿童出版社配图版《唐诗三百首》的畅销就是一个明显的例子。有的书仅仅因为开本的变化、增加新的表现方式就会从滞销变成畅销。译林社的《生死朗读》通过改变开本，增加有声光盘，图书的销售也大大增加。同样，书名既是内容，又是形式，好的书名能起到画龙点睛的作用，本身就是最好的营销。《谁动了我的奶酪》《哈佛女孩刘亦婷》《登上健康快车》，都是畅销书的典型例子。机工社的每一本书，都印有图书上架建议；化工社都印有专门标识，同类图书同种标识。这些细节创新，都对图书的营销产生了积极的作用。

六是要强化全流程的组织领导。出版社是内容生产的组织者，必须对图书结构有明确的把握，对板块有总体的设计，对需求动态有敏锐的感觉，对产品有良好的判断力，对生产的流程有实际的把握能力。要打通作者、编辑、制作、出版和宣传营销等环节，科学地整合内容生产要素，让生产力的组合在市场的变动中变动，让出版人与创新项目实现互动。要强化营销队伍和平台的建设，综合统筹，实现内容促营销、营销带内容的良性互动。"中国文库""世纪文库""话说中国"，其特点不仅在于大投入、大制作，还在于出版单位对资源、人力、资金的组织作用。各自为政，各自为战，不可能生产大规模的产品集群和板块。要加强内容的研发力量，根据市场趋势、读者爱好，策划新颖的选题和板块，在市场上做到人无我有，人有我新，人小我大，人好我优，时刻领先一步，占据市场最大份额。要从组织领导的保障机制入手，建立一套行之有效的创新型策划机制，形成研究、指导、协调的运作机制。

内容创新是一个系统工程，我们要立足内容抓创新，同时又必须跳出内容抓创新，为内容创新提供必要的保证。

第一要理念创新。一是改变大众出版等于亏本经营的观点。大众出版市场风险高，强烈依赖卖场渠道，平均利润小于教育出版。但是，只要大众出版真正做好了，赢利空间仍然不小。世界上规模最大、国际化程度最高的大众图书出版公司是兰登书屋，每年在全球的销售额超过20亿美元，销售的图书在4亿册左右，而员工只有5000多人。兰登的经验是用不断的变革应对层出不穷的挑战。在国内，商务印书馆、上海世纪出版集团，都已成为运作大众图书的成功者。二是改变大众出版可有可无的观点。大众出版主要通过社会零售市场实现销售，特别是通过中心卖场实现销售，对公众的影响力最大。出版企业要成为品牌企业、知名企业，就要依赖公众的美誉度和公信度。企业的名气不同，在资源、商机面前的获有率也就不同。三是改变大众出版题材缺乏的观点，树立起做好大众出版的信心。常有编辑抱怨，选题都给人做完了。其实，内容资源是海量的、取之不竭的，关键在抢先发现、善于发现，关键在有效甄别、有效选择，关键在举一反三、创出新意。大众图书市场上最近涌现的学术普及热,就其内容资源而言,可以说无数人研究过、出版过,但由于针对市场需求有了新的策划、新的呈现形式,因而产生了顶级畅销书。这样的例子举不胜举。

第二要机制创新。一是领导机制,要成立集团大众出版领导小组,定期研究和解决与大众出版有关的重大问题,为大众出版提供组织保障。二是考核机制,对现行出版社的考核评价标准进行重新审视,分类设置考核评价指标,加重对大众图书的考核权重。三是驱动机制,加大对大众出版的扶持力度。集团决定设立2000万元的大众出版专项资金,对看得准、有市场、有影响的好图书、畅销书和核心板块加大资金投入。四是激励机制,要对大众出版的成功项目和组织者、编辑和营销策划人员进行重奖。特别是在分配机制上大胆突破、勇于尝试。

第三要营销创新。一是要真正把全程营销的理念落实到内容生产的全过程,从内容资源的发现和选择开始,将营销渗透进每一个环节,直至把图书推广到读者的手中。二是要加大对营销环节的成本投入,提高投入的有效性和针对性。三是要市场细分,研究目标群体,瞄准特定对象,在细分市场中扩大营销。四是要拓宽视野寻求新市场。在研究国内图书市场营销的同时,我们还要积极地让图书"走出去"。美国总统布什今年发布了中文和阿拉伯文的外语教育计划,准备用1.14亿美元在明年启动。我们可以在海外市场中营销我们的对外汉语教学读物,可以通过大众读物满足海外了解中国文化的市场需求,增大市场空间,扩大营销总量。五是要全面提高销售队伍素质,逐步使营销人员既了解市场又了解图书,既爱书懂书又精通经营之道。

第四要创新队伍。一是要树立人才是第一资源的观念,认识到一切创新都归结于人才的创新。二是要大胆破格起用人才,用其所长、不拘一格,绝不求全责备。三是要事业留人、感情留人、待遇留人,建立有效的选人用人机制。四是要培养、引进人才,对管理、编辑、营销等各类人才都要重使用、重培养、重激励,把优秀人才送出国培训,并为他们营造干事业的良好环境。总之,要使他们成为有文化理想、有商业头脑、热爱出版、献身事业的优秀出版人。

第五要创新品牌。要结合自身实际,针对市场需求,集中力量打造支撑集团品牌的出版工程。从已有的共识看,汇集团之力,集各社之长,聚多方智慧,把"凤凰文库"打造成品牌出版工程的时机已经成熟。"凤凰文库"应该是有其文化之魂,具备凤凰特色,联结凤凰出版的过去与未来,既对过去集团精品书做提炼汇集,又展开未来出版的开放式构架。既有继承荟萃,又重创新力作,做到成体系、成系列,有规模、有分量、有特色、有影响。构建"凤凰文库",是集团提升大众出版、做精专业出版的重要举措,是对内容生产的一项中长期规划,对集团的内容创新和未来的品牌建设意义重大。要集思广益、充分论证,在年底前勾勒出"凤凰文库"的总体框架,确定先期进入的学科领域,细化选题项目,并纳入各单位明年的选题计划,统一组织实施。同时,对"凤凰大众文库"等具有品牌意义的创意,也要抓紧论证。要先议后做,边议边做,逐步完善。

四、关于创新教育出版的思考

教育出版是集团强势板块,要依靠内容创新,使这一板块优势更强、领域更宽、总量更大,使教育出版具有更加重要的战略位置。

我们的总体目标是:(一)建立基础教育教材出版基地,确立基教领域教材出版的领先地位。(二)创建全国职业教育教材出版核心基地,确保在全国地方出版集团中位居前列。（三）全面推进中等职业教育和高职高专课程和教材建设。全面推进幼儿教育课程和课程读物建设。（四）形成高等教育教材、社会教育教材的多点高端突破。（五）实现教材与配套教辅、同步与中远程教辅、省内与省外同步教辅、助学读物与助教读物的"四组结构体系"。

要实现上述目标，**一要坚定不移地加强教材建设**。进一步加强基础教育教材建设的主体地位，全力组织课标教材的修订，力争全部教材二次送审通过，并通过送审、并购、长期租赁等多种方式，构建更为完备的学科品种体系。要抓住职业教育教材建设的有利时机，把握《课程纲要》这个制高点，突出重点学科和主干专业，加大对职业教育教材的研发工作，建设以若干精品教材为主要支撑的立体化教材解决方案。

二要进一步加强市场开发力度。要拓展省外市场，组建凤凰教育发展有限公司，力争基础教育教材在全国市场的覆盖率达到20%，教辅销售收入年增长率不低于10%。要稳固省内市场，确保省内教材（含租型）的占有率提高5%~10%，集团教辅销售收入年增长率不低于7%。要充分做好教材出版发行招投标的应对工作，确保应标工作全面成功。要充分发挥集团维护市场的整体功能，依托发行集团建立专人协助各地新华书店维护教材教辅市场工作，形成社店联系更加紧密、信息和利益互为一体的机制。

三要加强教育出版的研发与支撑。要建设好教材服务的网络平台，通过网络实现教材培训、课件开发、资源积累等后续服务工作，为打好教材市场的持久战提供技术支撑。要以教学研究为中心，筹建教育出版研发机构，聘请一批有全国影响的课改专家和一线骨干老师，申请一批国家重点课题，进行系列高层次的学术研究，规划、协调各出版社的研发工作，为各类教育出版提供专业支撑。要着力发展好三大教育报刊群，即基础教育助学类报刊群、幼儿报刊群和教育研究报刊群，为教材尤其是基础教育教材提供学术支撑。

四要理顺教辅出版秩序，打造结构合理的品牌教辅体系。

第一，理顺系统教辅出版、发行秩序。各单位与其他社会力量在省内市场进行系统教辅方面的合作时，必须坚持以下原则：坚守出版法规；不得涉及试卷、练习册性质一类的同步教辅；对已有合作项目，要严格控制市场规模，主导市场运作；对其他社会力量已经占有的市场，以收复为主，收编为辅，收编必须以我为主，实现利益最大化；坚决禁止对集团内部形成冲击，防止牺牲自己的核心利益，防止集团内出版社"空壳化""边缘化"。要研究与民营渠道的合作方式，创新经营机制，掌控市场格局。

第二，加强核心教辅建设。对于集团版核心教辅，要进行市场调研，不断修订，打造"正宗、无差错、高性价比"的品牌教辅。按照集团核心教辅规划，探索针对不同需求层次、不同区域市场、不同使用功能等的细分市场，打造系列核心教辅。

第三，打造市场化品牌教辅和教育理论读物。要改变中远程教辅薄弱的现状，必须加大考核力度，给予优惠政策，促使出版社加强中远程品牌教辅的建设。要以"面向教材，面向教学，面向教师"为基本取向，对教育理论教师读物进行规划，形成结构，形成系列，形成影响，形成品牌，争取三年内进入全国前列。

五、关于创新专业出版的思考

专业出版反映着人类思想创造、科学发现和技术成果，是出版内容创新的重要方面，是集团品牌的重要支撑，是集团高端竞争力的集中体现。在当今图书市场，专业出版一方面向着更高端、更前沿发展，一方面向着大众化、通俗化发展。世界著名科学家霍金的《时间简史》《果壳里的宇宙》畅销不衰，就是专业出版大众化的典型案例。

从市场角度看，专业出版潜力巨大。在欧美发达国家，专业出版与教育出版是出版产业的两个最重要的利润点。在我国，由于市场发育程度低，专业出版没有受到应有的重视，相对较弱，但专业出版是提供专业信息的主要渠道，具有受众稳定、定价高、利润高、扩展力强的特点。随着科学技术的进步、社会分工的细化，社会各领域对专业信息的需求将会越来越大，可以预计，专业出版将成为我国出版产业中一个非常重要、极具增长潜力的领域。用前瞻的眼光看，专业出版掌握了未来市场竞争的重要内容资源，是一个国家出版业的核心竞争力。世界最大的专业图书出版公司里德·艾尔斯维尔集团，依靠其在专业内容上的强大实力，延伸发展出多元信息服务，2005年电子信息业务收入达到33亿美元，年销售收入达到90亿美元。

我们要认清这个重要的发展趋势，深入发掘专业出版市场的潜力，以更为广阔、更为长远的战略眼光来推动专业出版。要以做精专业出版为取向，提高专业出版的学术档次，进一步扩大集团在专业出版领域的影响力和认同度。

做精专业出版，一是要利用专业出版与学术创新、学科研究前沿的紧密联系，抢占内容创新的制高点。二是要集中力量发展优势领域，形成细分市场的品牌特色，而不盲目求量的扩张。三是要充分挖掘专业出版与大众出版融合的附加值，挖掘资源潜力，围绕学术通俗化、普及化做大文章。四是要建立创新型发展支撑体系，引入社会力量特别是政府的力量和资源，推动专业出版的发展。五是要加强与专家学者的合作与交流，巩固和扩大一流作者队伍，培养一批适应专业出版的名编辑。六是要创新营销模式，根据专业出版的特点，建立专业图书的直销渠道，培养专业的客户经理，建立专门的图书俱乐部，精选可靠的专业书店，全方位创新专业图书的营销模式。

六、强调几个问题

1. 内容创新必须坚持社会效益第一的原则，努力实现"两个效益"的统一。在市场经济条件下，大众出版主要被理解为商业出版，教育和专业出版也具有很强的商业属性。商业出版追求经济利益，是企业利益最大化的内在要求。但作为文化企业，我们必须肩负起传承文化的社会使命，必须在市场竞争中保持文化追求，坚持文化理想，在服务社会中引导社会潮流，在满足需求中注入先进文化，在市场竞争中坚守社会责任。参与市场竞争，但不失道德操守，争取企业盈利，但不唯利是图。日本出版大崩溃的原因之一，就是过分娱乐化导致被其他媒体替代，图书失却了文化之魂，从而产生了深刻危机。因此，在内容创新中，对于大众、教育和专业出版的属性，不能简单化，既要看到它的商业属性，也要把握它的文化属性；既要遵循它的商业逻辑，也要尊重它的文化逻辑；既按市场规律运作，又循精神生产规律思考。做到两个效益、两种属性、两个逻辑、两种规律的统一。

2. 内容创新，特别是大众出版的内容创新，切忌盲目冲动，不能大干快上。大众出版风险较高、平均利润较少，十本畅销书的风光经常掩盖着九十本图书的库存和亏损。我们一方面要积极推进大众出版的策划与出版，另一方面也要认真论证、审慎进入。一方面要有理想、有追求、有激情，另一方面也要忌虚名、忌盲目、忌跟风。一定要把狠抓与抓实相结合，将敢于创新与控制风险同考虑。

3.内容创新要有所为有所不为。一是不要全面铺开，而要扬长避短，差异发展，明确特色，重点突破，做出优势。二是不要全面推进、散点出击。比如江苏教育出版社，以教育出版为主，大众出版如何定位？三是集团各级领导，既要有所作为，运作到位，狠抓到底，求实务实，又要注意到位不越位，抓战略，抓结构，抓板块，抓机制、人才、重大工程等主要环节，注意发挥总部和各单位的积极性，注意调动各单位每个环节的积极性。中国常有这样的情况，领导不重视，好事办不起来，但领导重视过头，越位越时，好事却走向了反面。对此我们要注意总结，注意把握。

4.内容创新既要把握时代脉搏，着眼未来，又要立足传统，着力现实，坚持自己的优势。一个人不知道从哪里来，就很难明了向哪里去。创新不是对过去的全盘否定，不是对传统的简单抛弃，而是在继承中与时俱进，在坚持中创新发展。一个单位也像人一样，是有生命的，这就是企业的精神、企业的文化、企业的战略思考。昨天我们请几位老领导开讲凤凰论坛，就是要把过去与现在联结起来，在联结中更好地思考未来，更好地开拓创新。

同志们，创新问题不是出版业特有的问题。国家需要创新，企业需要创新，每个员工都需要创新。创新需要理想和激情，需要规划和目标，需要机制和措施，更需要创新的人才和创新的实践。今天的大会，是集团推进内容创新战略的动员会和部署会。内容创新的目的，说到底就是出好书、出效益、出人才。内容创新一样要以人为本，一样要以实践为中心。在座的各位同志都应该是集团内容创新战略的实践主体，你们中间应该产生出一批凤凰集团自己的、具有创新能力的出版家、管理专家和营销专家。凤凰的希望在同志们身上,凤凰的未来在每一个人的肩上,只要我们这些人战略正确、目标明确、措施到位、勇于创新、敢于竞争、持之以恒,就一定能够不断深化内容创新战略。

2. 百亿集团的内核是一批好书*

凤凰出版传媒集团近年来在中宣部、新闻出版总署、江苏省委和省政府的领导下，全面落实科学发展观，奋力推进"六大战略"，取得了较大进展。2007年，集团年销售超过90亿元，今年（2008年）上半年，在宏观经济形势比较紧张，出版的环境变量多、压力大的情况下，我们仍然保持21%以上的增长速度，有望在今年年底突破百亿。

处在这样一个高位运行的阶段，凤凰集团开始集中思考若干重大问题，并逐步将这些思考凝结为六大发展战略，其中内容创新战略成为集团发展的核心战略。凤凰集团越来越感到出版的本质是文化建设。从历史的高度看，出版是中华民族伟大复兴的一种知识力量、文化力量和精神力量。作为企业，我们追求经济指标，看重市场份额；但作为文化企业，我们更追求文化成果，更看重价值取向。

在酝酿和筹划"凤凰文库"时，我们逐步形成了以下一些认识。

第一，在经济全球化的背后是不同文化的冲撞与交融，是不同思想的激荡与扬弃，是国与国的往来与竞争。从历史演化的经验看，交流、融合是大趋势，一个国家、一个民族、一种文化总是在坚持自我特质的同时，向别的民族、别的国家和异质文化吸取养分，从而与时俱进，发展强大。因此，"凤凰文库"要放眼世界，立于人类文化成果的高端与

---

* 这是2008年9月在"凤凰文库"首批图书出版发布会上的讲话。

前沿，使文库具有全球视野，成为中西文化交流的桥梁。

第二，中国工业化、城市化、市场化、国际化的背后是中国国民素质的现代化，是与工业文明相适应的精神文明的建设，是与城市化相适应的现代文明的建设，是与城市化发展相联系的先进文化的发展。在中国特色社会主义的伟大进程中，对于世界而言，中华民族必将展示新的实践，产生新的经验，形成新的创造，导致新的思想成果和学术成果。因此，文库要面向全国，着眼于中国现代化的新实践、新总结和新的理论概括，具有时代精神和中国气派，成为中国思想界、理论界、学术界和文化界的创新平台。

第三，理论从实践中来，又服务于社会实践。出版的任务是在理论与实践之间，在作者与读者之间，在研究与市场之间搭起推介的桥梁，图书的文化影响和社会效益往往体现在市场推广上。因此，"凤凰文库"应该致力于理论成果的通俗性和普及性出版，致力于营销策划和市场运作，让好书有更大的市场影响，有更多的读者群体。

出文库是有风险的。从历史上看，成功的少，遗憾的多。但有风险也就有希望，回避风险也就回避了成功。从中国由农业文明走向工业文明，从传统社会走向现代社会这样一个大视角看，从中国现代化在世界现代化中的独特性看，中国已经并将更加鲜明地形成自己独特的道路和经验，中国的知识界也一定会形成独特的见解和创新的理论，这是我们出版"凤凰文库"的信心所在。

总之，"凤凰文库"的指导思想是面向全国，放眼世界，做中西文化交流的桥梁，建中国理论与学术的创新平台。它的特点是坚持原创，坚持品位，坚持围绕中国现代化这条主线，坚持理论成果的普及。它的框架是开放式、系列化、主题性。它的目标是有影响、有规模、有效益。

我们计划"十一五"时期末实现 300 个品种,"十二五"时期末实现总量 600 个品种的出版。希望经过多年的努力,"凤凰文库"成为中国出版界继"中国文库"和"世纪文库"之后又一个大型的综合性文库,真正成为凤凰集团培育内容创新能力和文化影响力的核心产品。我们的基本想法和做法有三点。

第一,不图虚名,立足创新——这是我们的目标。当今是全球化、新技术背景之下的大变革的时代,是大转折的时代,也是新思想不断涌现的时代。变革的时代亟需创新思想提供理性和方向。"凤凰文库"立志于创新思想的呈现,在图书的结构比例上,新书和重版书应达到 6∶4,希望通过这个比例的控制,努力搭建一个内容创新的平台。

第二,强调品位,产生影响——这是我们的追求。现在的文库很多,但要经受住读者的审视和时间的检验并不容易。因此,"凤凰文库"出书品种宁可少,不要滥,我们将更多地立足于 20 世纪 90 年代以来在中西文化的激荡中涌现的西方名家经典。在今后的选题中,我们会继续坚持宁缺毋滥的原则,绝对不贪大求全,力争使文库经得起读者和时间的检验。

第三,掌握资源,锻造品牌——这是我们的期待。"凤凰文库"要通过机制创新,将优秀的作者、译者、编者团结起来。凤凰集团有高度的使命感,力求站在文化建设的高度,通过产业发展,找准发展方向。今年以来,我们正在进行一些重大的并购和重组。这些活动的目标是通过并购连接资产和资本的通道,实现出版产业的规模化发展,从而实现一流的出版资源和作者资源的融合,以锻造凤凰品牌。

"凤凰文库"不只属于凤凰集团,它是一个开放的平台,更属于各位专家、中国学界、广大读者。凤凰集团对"凤凰文库"在资金上的投入坚定不移,在编辑出版方面的服务坚定不移,前提是做品牌毫不动摇。我们希望让社会看到百亿集团的内核是一批好书,是一批时间越长分量就越重的好书。

3. 努力打造标志性出版工程*

作为江苏十大文化工程之一的"凤凰文库"自策划、出版至今,已经三年多了。三年多来,在大家的共同努力下,"凤凰文库"共出版"马克思主义研究"等七个系列的图书178种,其中新书94种,再版书84种;已通过选题151种,其中新书选题128种,再版书选题23种,在社会上产生了一定反响,受到了领导和专家们的好评,市场表现总体上看,也是好的,已取得阶段性成果。三年多的出版实践说明,"凤凰文库"指导思想和出版宗旨明确、结构和定位明确、内部分工协作明确以及各级领导的重视,是我们做好前段文库出版工作的主要原因。

但是我们也应看到,"凤凰文库"的出版还存在一些问题和不足,还有相当大的提升空间,主要是"凤凰文库"的品牌效应还不够明显,知名度、美誉度还不够高,销售量还不够大,市场覆盖还不够宽。这就要求我们认真总结回顾三年多来的工作情况和经验,在充分肯定已有成绩的同时,充分分析当前的出版态势,找准"凤凰文库"在出版运作中存在的问题和不足,明确今后的工作思路,采取恰当的对策和切实的措施,在明年凤凰出版传媒集团成立10周年之际,努力使"凤凰文库"的出版尽快提升到一个新水平,出现一个新局面。

---

* 这是2010年10月18日在"凤凰文库"第八次工作会议上的讲话。

一、认清形势，高度重视，充分认识"凤凰文库"在集团整体战略中的重大意义

众所周知，中国出版业正处在大变革大调整的关键时期，"十一五"即将结束，"十二五"规划正在积极酝酿之中。凤凰集团在"十一五"期间，应该说取得了优异的成绩，在各个方面都达到了历史最高水平，成为中国首家百亿出版集团，为我们带来的各种收益正在逐步显现，今年集团销售收入有望达到135亿元。在集团的各个板块中，出版板块是我们的核心，是我们的命脉，是我们的立身之本，取得了不小的成绩。但是，我们也清醒地认识到，虽然我们通过内容创新大会的充分动员，激发了创新的活力，得了不少国家大奖，虽然我们的教育出版、专业出版、大众出版进步很大，在零售市场的排名总体上位居全国第三，但我们整个出版环节仍然偏小，后劲仍然不足，重大选题、优秀选题的储备仍然显得捉襟见肘，部分出版社"空壳化"现象愈演愈烈，而外界经常诟病我们的出版偏软偏弱的局面没有得到根本的改观。在这种情势之下，"凤凰文库"作为全省十大文化工程之一，作为集团的标志性出版工程，责无旁贷，担负着集团内容创新的重担，承载着集团出版环节实现翻番的期待。最近，集团办公室给我找了一本书，《黄金时代：美国书业风云录》，我简单看了看，感受很深。这本书对我们的启示很多，其中最为重要的一点是：不管如何购并重组，不管怎样联合变换，提供内容、奉献精神产品始终是最为根本的使命追求，在这些令人尊崇的大编辑家、大出版家身上，我们看到了多少人类的经典脱颖而出，多少引领时代思潮的名著横空出世，这才是我们出版人的价值所在啊！现在国内各家出版集团，如中国出版集团、上海世纪出版集团、湖南出版集

团，也都是集中精兵强将，围绕自家的文库不遗余力，精心打磨，久久为功。我曾经说过，要让人们知道，凤凰集团的百亿背后是有一批好书的。书比人长寿，百亿是过眼云烟，后人不会记得凤凰集团的销售收入是多少，但会评论凤凰集团曾经出版了什么好书。这几年，我看了一些资料，认真了解江苏出版业现代化的历程，在充分理解、尊重几代出版人筚路蓝缕、披荆斩棘的奋斗历程的同时，也为他们当时所处时代的束缚多多、禁锢重重，连出版《张謇全集》、蔡东藩《中国历代通史演义》都要横遭指责，半途而废而深感遗憾。现在，应该说，出版环境大为宽松，凤凰集团实力雄厚，应该而且能够为社会提供一大批站得住、立得稳、传得久的精品力作。"凤凰文库"就是这样的一个载体，这样的一个平台，这样的一个定位，让我们共同努力，为完成这一有益于当代、无愧于后人的精品文库而不懈努力。

二、拓展内容，增加系列，使"凤凰文库"成为集团名副其实的精品集群

"凤凰文库"出版的意义不仅在于自身，更在于提高凤凰版图书的整体水平，提升凤凰版图书在出版界和全社会的形象，增强凤凰版图书的社会影响力和市场竞争力。因此，"凤凰文库"应成为集团各出版社共同打造的精品出版工程。一是要创造条件，逐步扩大参与单位的范围，改变目前只限于江苏人民、译林等少数几家出版单位的现状，有条件的出版单位都应参与进来，条件暂时不成熟的也应积极创造条件逐步加入。二是要拓展出版内容，凡代表集团出版水平的，符合"四新"，即传播新知识、介绍新思潮、树立新观念、建设新学科的人文、社科、科学类图书都应涵盖进来，凡可能在国内国际形成一定影响的，在学术理论、艺术思想、研究方法及创作方法上有所突破的图书也应加进来。

总之，教材教辅、纯音像、纯技术性、纯资料性及纯摄影绘画作品外的其他图书都可以进入"凤凰文库"。三是要增加若干系列，适当扩大规模，进一步扩大影响。"凤凰文库"已出的七个系列要进一步巩固提高，同时要有计划地逐步增加科学文化、传统文化、教育学、心理学、美学、文艺理论及文学等系列。根据需要和可能，当前特别要策划好、出版好经济、历史两大系列。有关单位要设计出较为详尽、具有可操作性的方案，明确相关人员和责编的职责，尽快落实。

三、坚持标准，严格程序，加强选题的论证和管理，确保"凤凰文库"的整体质量和品位

1. "凤凰文库"质量的关键在选题。选题管理首先要坚持入选标准，防止和克服"不好不坏，又多又快"的现象，坚决把那些无新意、无价值的平庸之作拒之门外。文库选题的确定，要瞄准当今文化的高端和前沿，面向全国，放眼世界，既要注重全球化背景下的文化交流，积极吸收外国异质文化的养分，采撷当今世界的优秀文化成果，更应注重在建设中国特色社会主义进程中展示出的新实践，产生的新经验，形成的新的学术和思想理论成果，使选题能够具有强烈的时代特色和鲜明的创新精神。其次，选题管理要严格论证程序。各系列的项目执行人除认真准备较详细的申报材料外，还需向文库办公室做口头汇报，经办公室及出版社相关人员集体论证后做出决定，上报出版委员会最后确定。意见不一致或没有把握的选题应请教学术委员会或国内相关专家，在认真听取他们的意见后，经文库办公室及项目责任人、执行人讨论后，报出版委员会确定。选题论证，原则上每年两次。特殊情况，随时讨论。

2. 抓好本土原创重点书，提升"凤凰文库"的知名度。"凤凰文库"

的出版宗旨是：在经济全球化和文化多元化的背景下，忠实记载当代国内外尤其是我国改革开放以来的文化积累和学术成果，促进中西文化的交流，繁荣和发展我国的学术和思想，推动先进文化建设，为我国现代化事业提供有益的学术参考、创新的思想资源、丰富的实践总结和科学的价值理念。基于此，我们应把国内原创重点书的策划和出版作为内容生产和创新的重中之重，抓紧抓好落实好。应该说，在这方面我们已经有了一定的基础，确立了一批较好的选题。如《中国哲学史》(学术版)及《中国美学史》《台湾史稿》《十五世纪以后的世界》等，其撰稿人几乎都是国内相关学科的领军人物，这些书稿出版后极可能在全国造成较大影响，提高"凤凰文库"在社会上的美誉度、知名度。希望有关出版社加强与作者的沟通，督促作者按时完稿，争取早日出版。已定的原创著作要尽快落实，开辟新的出版资源同样重要。在规划选题、编辑出版的过程中，文库办公室成员、各社主要负责人、项目责任人、执行人，要树立起强烈的策划意识，加强同各学科专家学者的联系与沟通，了解他们的工作和科研状况，掌握学术和理论研究的新动向，具备识别价值、甄别良莠的判断力，努力把体现我国当代理论学术成果和文化积累的优秀原创图书尽可能多地纳入文库的出版计划中。

3. 精心挑选、稳步扩大翻译类图书的社会影响。经济全球化背后是不同文化的激荡与交融，是不同文明的相互借鉴和竞争共存。"凤凰文库"应具有全球胸怀和国际视野，认真汲取外国思想理论和学术研究的最新成果，为建设我国先进文化提供参照，为我们现代化建设少走弯路、减少成本提供借鉴。文库在翻译国外具有学术价值的人文社科著作方面已取得初步成绩，形成了一定的社会影响。如"人文与社会"系列、"政治学前沿"系列、"海外中国研究"系列，受到理论界乃至社会各界的普遍赞誉。但是我们绝不能满足现状，要进一步优化上述系列的选题，同时根据当前我国三个文明建设的需求，设计并落实新的系列。西方学术界作者良莠不齐，既有认真从事理论研究、学术态度较为严肃的学者，也有招摇过市、唯利是图的文化骗子和学术掮客。他们出版的作品中，既有分析中肯的精品力作，也有庸俗低下的思想垃圾。我们要确立批判精神，精心挑选那些有借鉴意义和理论价值的著作，同时要注意兼顾市场营销，挑选我国现代化事业急需的著作，防止过冷过偏的选题。

四、加强协调，集中精力，确保"凤凰文库"出版任务在"十二五"期间高质量完成

"凤凰文库"以集团下属出版单位为实施主体，由集团统一规划、领导和协调，制订详细计划，分阶段组织实施。文库出版能否保质保量，关键在各出版单位的一把手。当前相关出版单位的一把手要亲自过问，要认真参与、指导本社出版计划的制定，对各个环节和岗位，要落实人员，明确责任，加强协调，组织实施。要树立强烈的责任感，自觉主动地抓好"凤凰文库"的出版工作，要把集团资助作为促进工作的动力，集团将适当考虑把"凤凰文库"出版的落实情况作为对各社主要负责人考核的一项内容。"凤凰文库"办公室成员要改进作风，积极主动地加强与各出版单位的沟通协调，做到上情下达、下情上传。要强化督促检查，及时了解各社文库出版的进度和情况，并及时通报各社。发现问题后要认真协调，帮助解决。对重点选题，要积极配合各社进行调研，必要时也要参与组稿及生产的全过程。

"靡不有初，鲜克有终。""凤凰文库"的组织出版，任务艰巨，意

义重大，使命崇高，我们要振奋精神，再接再厉。"凤凰文库"的出版已经有了一个良好的开局，并取得了一定成效，我们要善始善终，把它越做越好，确保"凤凰文库"在"十二五"期间高质量完成任务。让我们大家共同努力，力争在明年集团成立十周年之际，有一大批"凤凰文库"图书与读者见面，使文库迈上新台阶，提升到新水平。

4. 明确出版定位是最核心的问题*

今天是集团出版业务部组织的一次调研活动，由集团分管出版工作的领导带队，到世界图书出版公司调研出版主业和内容创新方面的情况。听了大家刚才的汇报，我有两点突出的感受。

第一点感受，是深入基层单位调研这种形式很好，应该成为集团今后一种基本的工作方式，而且要成为一种稳定的工作机制，并在这种机制中培养集团的领导力、服务力、协调统筹指导力。领导力的本质，体现在服务能力上。只有深入基层、了解基层，才能知道该服务什么、该怎么服务。稻盛和夫讲："现场有神明。"他的意思是，要到基层一线去找想法，找到我们的思想元素、思想材料。搞好集团总部建设，眼光要经常往下看，步子要经常往下走，这也是"走转改"的要求。

第二点感受，是世界图书出版公司做了一个全面的、深入的工作汇报。汇报中有激情、有理想，也有冷静的思考，有项目、有举措，也有保障的机制和举措，对我是有启发的，对我们从集团角度想问题也是有很多帮助的。

今天我重点讲一件事，就是我们世界图书出版公司怎么定位。

在中国文化当中，"命运"这两个字一直是存在的。命是什么？一个"口"加一个"令"，可以理解为一种先验的、注定的"密码"，需要

---

* 这是 2012 年 8 月 1 日在世界图书出版公司调研时的讲话，根据录音整理。

我们不断去解码。命与定位是什么关系？命就是定，就是出版主业，位就是在出版业的位置和作为。定位定好了，才能自觉地、坚定地认识和把握自己的命运，通过不断运作、创造、创新，达到新的高度。如何把定位做好？基本点是要把定位的思考方向找清楚，知道从哪些方向、哪些维度去思考我们的定位，这样定位才能定好。具体到世界图书出版公司来说，要从四个维度找定位：第一，要在世图的业务板块与整个出版业同类板块的关系中找定位；第二，要在中国出版集团的成员单位之间找定位；第三，要在与集团总部的战略关系之中找定位；第四，要在自己的现在与过去、与未来的关系中找定位。确定了这样几个维度，在这样几种关系之中找定位，定位才能准确，也才有意义。

所有的定位，都是在与自己有关的各种关系之中确定的。1941年太平洋战争爆发，毛主席发表文章说，从今天开始中国抗日战争的意义就完全不同了。他是从中国与世界的联系的角度讲出这样深刻的道理的。他既是在讲意义，也是在讲定位，非常了不起。凡是伟大的事业，必然都隐藏着一个基于判断各种关系的定位问题。如果我们凭空做一个定位，也不能简单说不好，但意义往往不大。你说你跟同行都没有一个比较，和集团成员单位、和集团战略意志之间都没有找到联系，那你这种定位能有什么意义？反过来，在这样那样的关系中去找定位，就会发现自己的存在拥有不一般的意义。所以，定位问题一定要弄清楚。

集团所有的岗位，都要在出版板块、艺术板块、进出口板块的业务中找定位，在集团战略中找定位。只有在前面所说的几个维度中把定位定好了，集团才是一个有机的整体，否则大家都是无机地凑在一起，那还要集团干什么？你看我这个膀子，与我是有机联系在一起的，我动弹起来就很自如，也很轻便；但如果是分离状态呢？这就是有机和无机的区别。如果成员单位找不到与总部的这种有机联系，集团的存在就没有意义；而成员单位也会失去集团背景，以单体社的形式去竞争，力量薄弱，会很困难。

研究定位问题，本质上是研究集团化与专业化的关系问题——从集团的角度看就是要研究集团化问题，从成员单位角度看就是要研究专业化问题。

我们集团要发展得好，一定是从集团的层面上谨慎地考虑多元化。为什么谨慎呢？你集团的多元化一定跟你过去的"命"是相关的。你的"命"是什么？就是积累下来的资源。集团所有的多元化都应该建立在所掌控、所积淀的资源的基础上，而不是凭脑子发热去想。假如现在我们遇到一个发财的项目，也能融资，也能做医药，你说我们能做吗？我看是不能做的，那一定是要失败的。为什么？因为你没有掌控资源，特别是没有能够掌控项目的成熟的人才。没有这个，你怎么敢做呢？前一阵我们到英国，嘴上说要对英国和欧洲大陆的资产进行兼并，实际上心里想的完全是另一回事。在我这支掌控资源的队伍还没建立起来的时候，即便你把那些都送给我，我也不要。你想想看，西方人比我们先进，他们都玩不了，我们凭什么玩呢？这就是说，我们的定位要考虑现实和历史状况，集团要谨慎地多元化。这是第一个层面。

第二个层面，集团所有的成员单位都要更加专业化。集团多元化的基础是成员单位的专业化。离开这个，集团层面的多元化是没有基础的，是空的。那专业化是不是要把我们的成员单位做小呢？我们在强调做大做强的同时，不排除做小、做特、做精、做专。但是从长远来看，真正的专业化最后一定是规模化。这个规模化不是从资产结构去扩大规模，而是从专业领域内部去扩大规模。如果我们把专业领域的前景细化了、分解了，规模化的空间是非常广阔的。第一，专业化的产品是可以规模化的，而且对我们图书来说，产品的本质是内容资源的掌控。规模化的产品，意味着内容资源掌控的规模化。第二，这些内容的传播方式是可以多元化的。现在互联网给我们展现了这样广阔的前景。你想想看，如果第一形成了内容资源掌控的规模化，第二形成了资源发布和传播的规模化，那么必然带来第三条，就是市场效应或者市场规模的规模化。你想，这里面会有多大的文章可做！比如你们讲，世界图书出版公司在医学图书上很强，在全国属于前几名。如果确实是这样，那么你们不妨按照这三个层面想，一是资源掌控，二是传播方式，三是市场。你们想想看，用十年能做到多大的规模化！如果能做到，那你们就胜利了。刚才还讲到将教育出版变为教育服务，这也是专业化里面的规模化。所以，我们讲成员单位的专业化定位，不排除专、精、特、小，但我们要更加注重在专业化基础上扩大规模。

说到多元化，我们要注意，统计数字告诉我们，多元化失败的比成功的多。为什么呢？就是没有关联性。没有关联性的多元化，可能看上去很好，但结果一定很差。那么关联性是什么呢？从我们出版来讲，关联性就是所掌控的资源和新布局的产品线间的联系。那么这个资源最重要的又是什么呢？第一，当然是内容资源；第二，是能够运用和创新这个资源的人；第三才是资金。如果新的产品线能够在内容、人才这两个最核心的要素上找到关联性，我们多元化的步子就可以迈得大一点。

总之，我们集团应该是横向的、谨慎的多元化，而成员单位是在专业领域里面纵向的、积极的多元化。也就是说，我们所有的产品、服务、产业等的多元化，都是依托我们的专业资源和专业能力来拓展。这样，既有一个总的战略的想法，又有战术的推进；集团是一个战术合成，各单位是战术实体。这样我们这个集团就有点意思了，成员单位的意义也会大不相同。因此，在定位的问题上，我们必须慎重思考。

这次调研活动结束之后，要开集团的内容创新大会，第一个要回答的问题就是，各出版单位在整个集团的内容生产中的战略定位是什么。回答定位问题，既要急，也不能太急。凡是重要的问题，不经过一段艰苦的、彻夜难眠的思考过程，是找不到答案的。短时间内找到也没用，因为你的理解和掌控能力不到位。所以，我觉得应该集中一段时间和力量来讨论这个问题。集中精力讨论好我们的定位，这是我们召开内容创新大会的一个基本前提。

思考战略定位问题，我有这么几句话，也许可以作为你们思考的方向。

第一句话，更加专业化。我们指的是成员单位的定位要更加专业化。

第二句话，有效规模化。我们前面讲到了规模化存在的危险，所以一定要强调有效性。凡是无效的东西，想都不要想，包括那些对别人有效、对我们无效的东西，也都不要想。有效规模化，刚才我讲了几个层面，文章够大了，天地够大了，问题是我们能不能做好。

这里顺带讲一下危机感。我们经常说我们是"国字号"。对这个"国字号"，我们要辩证地看。市场化的本质是什么？市场化的本质就是消灭特殊地位。马克思讲，商品是最大的平等派，资本的本性是消灭贵族。对这点我们要想清楚，要有危机感。当然从另一方面讲，资本的积累最终要走向文化的积累，资本积累比文化积累容易得多，而我们现在拥有文化积累，这是我们的优势。但如何把我们的文化优势转化为市场优势，特别需要有危机感、紧迫感。

第三句话，努力市场化。有时候碰上问题，我们向上级领导机关申请一下、想想办法，可以不可以？当然可以。但是能真正解决问题吗？解决不了问题。真正能解决问题的是市场化。对于国家平台，我们要珍视它，跟国家要政策、要资金，这都没问题。但是一定要想清楚，这一手一定是软的，即使看上去资金量巨大，可它还是软的，因为真正使企业强的是市场。我们转为企业以后，一定要把思想贯注在市场的研究上面。我们所有的机制、定位、资源，都应该借重市场眼光，把市场化当作一个重要的考量尺度。

第四句话，致力于品牌化。市场化运作到后面，真正高端的是品牌化。大家都有这个体会，比如说一般穿一件衬衫，一百多块、两百多块，很好啦。可是人家有品牌，就卖三千、五千。如果按成本，一件衬衫怎么会值这么多钱呢？这就是品牌的力量。我们做书也是这样。你看中华书局、商务印书馆，他们做到这个份上，别人一找某一类的书就会去找中华书局、商务印书馆。我们刚才讲到专业化，那么专业化的前景、专业化的希望、专业化奋斗的目标在哪里？在品牌化。一旦实现品牌化，就能更好地实现市场化和规模化。

我们所有的出版单位，都要思考自己的定位。如果能在集团的战略框架之内，在自己的专业领域之内，找到自己的位置，就能够清楚自己有什么样的作为，就能够看到三五年以后的希望。当然我们还会面对机制问题、改革问题、人才问题等，但是核心是定位问题。对于我们来说最重要的事情是什么？是定位，定位，定位！定位定好了，路线就清楚了，方向就正确了，事业就能健康发展。

5. 努力出版扛鼎之作*

明年是中国出版集团成立十周年，这也就意味着我们将开启新的十年。对集团尤为重要的两个问题，一是人才问题，二是内容创新问题，我们将会在明年适当的时机召开两次大会。如果抓住了人才强企战略的高地，抓住了内容创新的战略高地，我们就可以在原有的基础上，又好又快地持续发展十年。

今天这个会既是一个年度选题会，也是集团面向新的十年，在内容创新上的一次预热会，是思想的再准备、选题的再准备、内容创新方面各种力量凝聚的再准备。在座的各位肯定能形成这样一个共识：在未来的十年，中国出版集团要一如既往地致力于为文化做贡献，这件事情再怎么说都不为过。

一、要充分认识中国出版集团在内容创新上肩负的特殊使命

我们集团成立快十年了，现在是什么情况呢？我们拥有全国最大的出版物进出口企业，每年达成书刊版权贸易1000多种，每年进出口各类出版物20多万种，书报刊进口和出口分别占全国市场份额的62%和30%。我们拥有海外出版社、连锁书店和办事机构28家，海外业务遍及130多个国家和地区。虽然这张网还有待加强、巩固，出效益的空间会

---

* 这是在中国出版集团2012年度选题工作座谈会上的讲话。

更大，我们对它的要求会更高，但毕竟有了这么一个网。和其他的出版集团相比，这是一个优势，或者说是潜在的优势。我们还拥有商务印书馆、中华书局、三联书店以及"人字牌""国字头"的各种品牌。2002年以来，在历届国家级出版物评选中，集团公司获得中宣部"五个一工程奖"12项，国家图书奖71项，中国图书奖48项，中华优秀出版物奖30项，中国出版政府奖60项，获奖总数在全国出版集团中位列第一。

今年，集团"走出去"项目达到了416个，也是全国第一。今年，集团图书零售市场占有率达到7.1%，连续九年稳居全国第一。昨天我看这个稿子，"稳居"两个字后来我没改，没改是因为我刚来，时间长一点要改，不能提"稳"字，"稳居"里面没有隐患意识。任何事情都在变化，稍微一放松追兵就上来了，稍微一放松第一就失去了。同样在今年，入选国家"十二五"出版规划项目达到103种，比"十一五"国家重点出版规划颁布时的78种，增长了30.05%，入选数量为全国第一。29个项目入选第一年国家古籍出版项目，占整个项目比的32%，也是全国第一。11个项目入选2011年国家出版基金项目，也是全国第一。15本原创图书入选第三届"三个一百"出版工程项目，还是全国第一。303种出版物入选2011年"农家书屋"必备书屋品种，仍然是全国第一。第二届中国出版政府奖中，集团获得了39个奖项，也是全国第一。

对我们集团成立以来内容生产方面的成绩，我觉得要充分肯定。这是我们未来的基点，这是我们竞争的前提，也是我们发展的优势，因此，要十分珍惜。我重复一下，对我们自己已经取得的内容上可以称得上卓越的成绩，要充分肯定，高度重视，十分珍惜，要把它研究好。这种成绩的取得离不开中央主管部门的正确领导，离不开集团全体员工的艰苦奋斗，也离不开集团领导班子抓改革、谋发展、促繁荣的坚强领导。

我来以后,在调研、在阅读有关资料,我内心深感敬佩。大家听了这一串的"第一"以后,也应该是精神振奋,信心增强。我们虽然在有些方面还有短板,在有些方面还需要努力,还需要艰苦奋斗,但是这些成绩说明我们已经处在竞争高地。问题是我们怎么继承好,怎么研究好,怎么进一步地把它转化为市场效应。

在我脑子里面印象特别深的是三句话:**一是我们有非常好的品牌,我们的压力是如何更好地把品牌转化为企业的经济效益;二是我们有很好的出版资源,我们的压力是如何把这种优势转化为市场竞争优势;三是我们有很好的人才队伍,我们的压力是如何把人才的能量转化为这个集团有活力、有生机、有创造力地持续发展的优势。**

今天我们主要出版机构的主要领导都在,这三个话题希望我们共同研究。这不是一两句话能说清楚的。说清楚了,也不一定能做清楚。做清楚了,也不一定能做出成效。但是,中国的经验告诉我们,中国的文化告诉我们,只要严谨,只要认真,世界上的事情都能办成,何况这三件事。如果我们这帮人思想集中在这三个问题上,去攻一攻,找到解决问题的办法,这个集团将了不得,不得了。其实我们一定会这样想问题,出版主业既是我们的使命所在,更是我们未来长期发展的战略安排。我们集团是"国家队",在政治导向、文化导向、文化传承、文化创新上确实有比较明显的特殊性。我们应该这样认识:中国出版集团所处的地位,决定了我们理应成为文化高地、出版高地,必须突出出版主业,强调内容创新,自觉地、主动地肩负国家责任、社会责任和文化责任。

在调研中大家经常跟我交流,慢慢地让我形成了这样的想法:**政治**

导向第一，社会责任第一，国家使命第一，应该成为我们始终不渝的主流意识、主导方向和主要追求。我们要充分认识到我们的地位、我们取得的成绩并明确我们今后主要的作为。

二、要把内容创新放在更加突出的战略位置，也就是把出版、内容生产、内容提供放在更加重要的战略位置

这儿强调的是内容创新。我非常赞成很多同志的共同认识：我们集团在内容上有很多的优势，但是有一个明显的问题，就是我们回溯性的东西分量很重，创新性的东西显得不足，而文化贡献恐怕主要不是传承，而是创新。

去年7月起，集团整体上转企改制，可以说法律上和制度上的问题基本解决了，人员也实现了身份转换。市场经济主体逐步开始确立，现代企业制度也在积极地筹划构建之中，但是在这个时刻，在座的所有同志要经常提醒自己，转企，企业化、市场化、商业化都很重要，但是灵魂是文化，是文化贡献，在转企的时候千万不能因为市场化而把文化导向弄丢了。在企业化的过程中，千万不能因为经济指标的压力，而忘掉了政治导向。没有政治和文化导向，所有的数字毫无意义，所有的经济效益毫无意义。

我们看到，现在外部对我们的主要压力是产业竞争正在呈现出新的态势，由于时间关系我不展开了。区域竞争也呈现出新的特点，读者需求呈现出新的期待，国际交流和合作也呈现出新的机遇和挑战。去年1月份我在江苏凤凰出版集团研究工作，当时我跟同志们商量一件事："十一五"各个出版集团竞争的是什么呢？有很多，但归结起来是规模和实力。"十二五"还是这个吗？一百亿跟两百亿有多大区别？没有太

大区别，竞争点应该在国际拓展上。它呈现的机遇和挑战是交融的。从我们内部看，我们集团主要面临着四个方面的压力：**一是生产规模；二是市场占有；三是出版机构；四是产业基础**。这四个方面是决定我们的全局和长期工作的四个主要方面，存在着不确定性和薄弱环节。外部竞争和内部压力，使得我们集团必须加快建立现代企业制度，推进股改上市，从而更好地解决历史欠账，争取发展资金和发展机会。但是我们仍然要说，上市不是我们的终极目标，多元化经营、产业化发展也不是我们的终极目标；我们的终极目标应该是突出出版主业，进一步擦亮出版品牌，壮大出版实力，打造更多国家级重大出版工程，为当代和后世留下更多文化经典和传世之作。

因为今天是内容创新的会，也因为这件事情在中国出版集团的长期发展当中是重中之重，所以我们要反复地谈。尤其是面向新的十年，在这些问题上我们必须十分清醒。我们要充分认识到文化产业的本质是文化，而不是产业。文化是魂，产业是体，没有魂，这个体没有用。我们即使实现了一百亿元，在国家企业的盘子当中也只是大海里的一滴水，可以忽略不计。同样，出版企业的本质是出版，而不是经济。出版是体，经济是用。我们要把产业做大，但我们的战略眼光是把文化做强；我们要把企业做强，但我们的根本追求是把出版做优。在转企改制上市的进程中，我们会坚定不移地把产业做大、做强，但我们首先要考虑的是把出版做大、做强。中国出版集团应该有志向，就是我们要做出版商，更要做出版家，我们要努力打造百亿集团，但必须清醒地看到，**百亿集团的内核不是经济数字，而是一批好书，是一批能够传久传远的好书**。近代意义上的第一部文库，现在大概不会有人记得它的盈利数额是多少，可是它的文化影响仍然在，它所包括的图书人们仍然记得，它的文化影响已经转化为国民素质的构造，同时转化为对经济社会发展的贡献。所以我们要有一个明确的目标，一定要坚定不移地打造大型出版航母，这讲的是经济问题。但是一定也要坚定不移地高举先进文化的旗帜，要努力构筑出版高地，努力搭建文化高峰。

三、要坚持正确出版导向，把围绕大局、服务中心作为我们的根本任务

如果我们知道文化企业的主要贡献是文化，同样我们也应该知道文化的核心是导向问题，泛泛地谈文化是没有意义的。文化只有在导向当中才能体现出它的价值。**我们应该有这样的认识：出版企业的本质是出版，而出版的本质是选择。选择的本质是什么呢？是导向。**这就是我们这些出版人的价值所在。我们不是对读者进行一对一课堂式的教育、引导，而是通过我们这种特殊的方式，也就是通过有意识的选择，把有价值的东西用多种方式呈现出来，传达给他、引导他、感化他、陶冶他、提升他，这就是我们的价值。但是，选择的本质是导向，导向在现代社会是丰富的，如果我们在导向上的眼光太狭隘，仅将导向看成是政治导向，或者扩大一点，看成是文化导向，我们就无法满足市场的丰富需求。因此，导向有政治导向、思想导向、文化导向以及生活方式、消费方式、娱乐方式方面的导向，包括审美陶冶、修身养性等内容。可以说，有内容就有导向，导向无处不在，只是在各种导向当中我们始终要清醒，政治导向是核心，思想导向是主导，文化导向是主体。

如果这些事情我们很清楚，我们作为"国家队"，就能够做到政治导向鲜明正确。政治导向含糊的问题必须坚决杜绝，我们应该在战略思考的层面，在编辑思想的层面，在制度和管理的层面，确保防患于未然，确保不出大问题，不出中问题，也不出小问题。因为中国出版集团

是"国家队",在这个地位上,小问题可能演化为大问题。同样一本书,同样一句话,放在某些社,没人注意到,即使注意到了,影响可能也没那么大,但是我们这个集团的地位就决定了小问题可能变成大问题,一般问题可能放大成严重的问题。导向很丰富,说起来有不少内容,今天咱们强调政治导向。我们必须在思想上清醒、制度上明确、管理上严格、措施上得力。同时,纪律上要严明,过去经常讲学术研究有自由,出版工作有纪律。过去的实践告诉我们,政治导向是管用的,是不能忽视的,忽视了会出问题的。

在这件事情上,我相信,我们这群人思想上是有警觉的,政治上立场是坚定的,管理制度和方法也都是得力的。但是我们今天之所以要强调导向,是因为我们要转企,我们要上市,我们的经济指标越来越成为日常的追求,这在客观上会程度不同、领域不同、时间不同地干扰我们对导向的把握。这件事情千万千万不能麻痹大意,千万千万要抓紧、抓实、抓具体。

1. 坚持导向,服务大局,围绕弘扬社会主义核心价值体系做好出版工作

学习十七届六中全会会议精神以后,大家会感觉到社会主义核心价值体系是一个丰富的面,里面包括四大块,而四大块又可以分解为若干块,这里面蕴含着丰富的选题资源。不能一讲到社会主义几个字,就觉得好像有问题;不能一讲到价值观这个事,就觉得好像有问题。什么问题?市场不接受。其实不是这样的!我们要经常提醒自己,因为中国人已经有惯性,中国改革开放30多年了,一些人自觉不自觉地用西方标准在看待我们的发展问题,无形当中都用了一个价值标准。但是另外一面

告诉我们，中国改革开放 30 年多年了，始终得益于"坚持党的领导，坚持社会主义道路"。在邓小平同志这两句话的指引下，中国不仅没有像西方人说的那样垮掉，而且还超出了他们的想象，甚至还呈现了比他们的状况更好的趋势。这实际上提醒我们考虑，中国在经济强大以后，文化上是不是要找回自己的标准？当然，我们拥有开放的心态，找回来的标准已经融入了人类现代的知识和一切的创造成果。中国特色的道路，从世界现代化的角度看，就是现代化的另一个样本，它不仅仅是意识形态问题，更是经济发展模式问题。如果这样来想问题，我们的选题应该有更辽阔的领域。

所以在围绕中心、服务大局方面，我们应该谋划一些植入社会经济、文化发展的研究成果。如果这样做，我们的选题就能够逐步改变回溯性多、创新性少的状况，逐步增强我们对趋势的跟踪和把握，逐步积淀出传世之作。如果我们的选题都是古代的，都是传统的，都是 20 世纪三四十年代的，当然也是贡献，但是没有为我们这个时代贡献出新鲜的东西。出版中重要的一点就是要有时代感，要跟社会经济的发展趋势相合拍。我们绝不反对少量读者感兴趣的选题，因为我们知道，这个社会只有多元才有活力，才丰富，才精彩，才有幸福感，但是我们一定也要知道，从古到今，从中到西，从来没有一个社会没有主流价值。如果没有主流，没有主导，就可以说这个社会没有精气神。围绕大局，配合中心，我觉得一定不是嘴上说说而已，而是要我们联系到出版工作、联系到选题工作上去，要逐步把握、深入研究。

2. 要做好体现国家意志、代表国家水平的重大项目

我们既要抓好知识文化的普及，也要不断地提升我们对这个民族、

这个国家、这个历史时期的文化贡献率。我们说正确的导向、文化的贡献，一定不是空洞的。作为"国家队"，各个成员单位是不是可以做好以下几点呢？

第一，每年应该有一本有影响的书，有较大影响的书。每个成员单位有一本有较大影响的书，这个要求应该说不高，但是也别觉得它低了。想一想，如果把我们这么多的成员单位加起来，中国出版集团一年会有多大的影响啊。所以，这看上去是一个不高的要求，但真正做到了，对集团的文化影响和文化积累会有重要作用。这个事情请各个成员单位、集团出版部、集团分管领导研究一下。

第二，每三年都要有一本有重大影响的图书。这个要求高不高？可不可能？能不能做到？

第三，每五年都应该有扛鼎之作，都应该有压轴之卷。搞规划一般搞五年，一个五年规划下来，在文学、古籍、辞书、美术、音乐等领域，能不能有集大成的，能不能有压轴的，能不能有扛鼎的？如果这样想问题，一年、三年、五年下来，就能产生比较厚实的图书，最后算账的时候就能有点、有量、有质。

总之，我们现在就要想："十二五"结束的时候中国出版集团是什么样的，它的产业规模应该是什么样的，它的基础设施应该是什么样的，更重要的是，它的内容创新应该是什么样的？经常向自己发问，我们这群人在五年当中是否能给社会奉献出厚重的、硕果累累的文化作品？

6. 弘扬正确导向，加强内容创新，为实现出版"中国梦"奋斗再奋斗*

去年的今天，我们在这里以人才强企为主题，庆祝集团成立十周年，同时开启了新十年的发展征程。今天，在集团成立十一周年之际，又召开内容创新大会，进一步明确新十年关于内容创新的若干战略思考。这是将党的十八大精神转化为实现出版"中国梦"、打造国际著名出版集团的切实举措；是推进"三六构想"（即通过实施内容创新战略、品牌经营战略、集团化战略、数字化战略、国际化战略、人才强企战略这"六大战略"，努力实现"现代化、大型化、国际化"这"三化目标"），探索中国出版集团特色发展道路的重大部署；也是我们作为出版"国家队"文化自觉、文化自信和文化自强的理性体现。

在集团未来十年的发展战略中，内容创新是我们"六大战略"的主体战略和根本战略，具有基础性、全局性和长期性。内容的建设和创新，决定着集团的定位，决定着集团的发展。围绕这一主题，最近我们先后组织了近二十场不同类型、不同专题的调研会、座谈会和研讨会，深入了解情况，广泛听取意见和建议。经过两个多月的紧张工作，形成了《中国出版集团公司内容创新战略实施意见（征求意见稿）》。在此基础上，总裁办公会多次深入研究。我现在的这个讲话，是研究成果的小

---

* 这是 2013 年 4 月 9 日在中国出版集团公司内容创新战略大会上的报告。

结，是集体智慧的结晶。下面，我讲三个问题。

一、我们的传统与使命

鉴往知来，是中华传统历久弥新的文明密码。中国出版集团是一个有历史渊源、历史传统和历史使命的集团。在我们努力创新之际，首先应该知晓自己的历史，把握自己的传统，理解自己的使命。

清明刚过，慎终追远，我们不能不想起张元济、陆费逵等老一辈中国现代出版业的开创者和奠基人；不能不想起百余年来中国出版从传统到现代，从官办到洋办、民办，又到股份制的风雨历程；同样也不能不对自己的传统和使命进行思考。一个企业集团是有生命的，它的过去决定着它的现在，也将影响着它的未来。

在中国出版的百年历史中，有几个重大的转折，即启蒙与救亡、革命与建设、封闭与开放、计划与市场。在这些转折之际，诞生了商务印书馆、中华书局和三联书店，诞生了人民文学出版社、人民音乐出版社和人民美术出版社，诞生了一批"国字头"，诞生了由众多出版机构聚合而成的中国出版集团。经过绵延相继的不同历史时期，中国出版集团先天地形成了自己的光荣历史、光荣业绩和光荣传统，也先天地形成了自己的历史使命。

一是始终自觉地将出版行为与国家命运、时代精神和文化情怀融为一体。无论是张元济先生"昌明教育平生愿"的誓言，陆费逵先生以书业改良教育、以教育富国强民的理想，还是商务印书馆"为国难而牺牲，为文化而奋斗"的呐喊，无论是三联书店"竭诚为读者服务"的出版宗旨，还是人民文学出版社"古今中外、提高为主"的文化视野，莫不指向国家富强、民族振兴、人民幸福这样的大道正途。

二是始终自觉地将出版行为与以人为本的原则融为一体。前辈们始终把作者、读者和员工视为产业发展的根基。蔡元培、鲁迅、郭沫若、胡适、叶圣陶、茅盾、郑振铎、巴金、老舍、曹禺等中国现代文化的开创者，邹韬奋、胡愈之、冯雪峰、舒新城、钱君匋、黄洛峰、周振甫、姜椿芳、陈翰伯、王璟、秦兆阳、韦君宜、陈原、邵宇等著名的学者、文艺家和翻译家，许多是我们重要的作者，许多同时是我们杰出的出版家。国际上恐怕没有任何一家出版机构像我们这样人才济济、蔚为大观；而前辈们投资兴建的涵芬楼、东方图书馆、中华书局图书馆等公益机构，更是成为一代读者心目中的文化圣殿。作者、编者、读者，三位一体，以人为本，莫不指向国家富强、民族振兴、人民幸福这样的大道正途。

三是始终自觉地将出版行为与现代企业运作和科技创新融为一体。1912年以前，商务印书馆占据教科书市场90%的份额。之后，中华书局通过"教科书革命"，一度"几乎独占了中小学教科书市场"。1934—1936年，商务印书馆共出新书1.2万种，占全国出书总量的48%，占全国市场份额的52%。商务印书馆和中华书局两家的出书品种数占到了民国时期总品种数的1/3左右。这样的市场业绩，得益于敢为人先的现代企业运作和文化科技创新：商务印书馆是我国第一家实行股份公司制、引进国外资本的著名文化企业，它通过兼并重组，在全国各地开设了36家分支机构、1000多家代销机构；中华书局通过一系列资本运作，迅速涉足教育之外的众多出版领域，成功进入现代印刷产业。这一系列的制度、文化、产业和科技创新，更好地解放和发展了生产力，莫不指向国家富强、民族振兴、人民幸福这样的大道正途。

以上三条传统的本质是**"文化为魂"**与**"产业为体"**的高度统一、

制度革新与科技革新的有机结合、文化传承与文化创新的互融共进。正因如此，我们的这些著名品牌才成为中国现代出版业的源头，商务印书馆才能和北京大学一起被当作中国现代学术文化的"双子星座"，才被誉为中国知识分子的精神家园，才拥有他人难以企及的社会文化影响。

使命是一个产业集团首先要追问自己的问题。使命决定方向，决定道路，决定战略。明确了使命就明确了行业定位、产业方向和企业性质，也就明确了与其他企业不同的社会责任、时代角色和发展作为。

中国出版集团今天的使命，就是以人为本，文以载道，商以传道，创新弘道；就是通过实施"三六构想"，成为具有一流的综合竞争力、文化影响力和国际传播力的国际著名出版集团；就是以多元出版的形式，为国家富强、民族振兴、人民幸福提供精神食粮，为中华文化"走出去"凝聚独特的出版力量。这是我们光荣传统的时代传承，是出版"国家队"的时代责任，是致力于文化自觉、文化自信、文化自强的集团意志。

同志们，当今世界的大潮是创新，当代中国的主旋律是创新，**中国出版集团在明确了使命、道路、战略之后，迫切需要构建自己的创新体系**。我们要在回顾光荣历史、光荣业绩、光荣传统的基础上，认真把握形势，对照时代使命，找准自身问题，不断理清思路，努力革故鼎新。

二、我们的忧患与思考

如果我们用近现代史的眼光来审视自己，用当下国内外出版的发展情形来对照自己，用我们自己的使命、道路、战略来追问自己，用领导和读者的要求来解剖自己，用"老字号""国字头""人字牌"的定位来衡量自己，恐怕在座的大多数人都会感到心中不安；再仔细想想，恐怕就会坐立不安；再深刻地想想，恐怕就要寝食难安。

让我们不安的主要忧患主要存在于以下三个方面。

首先是思想层面。我们的人文情怀是否已不像前辈们那般深厚博大？我们的思想是否还具有深刻性和丰富性？我们在文化上是否还称得上有大视野和大格局？我们对时代脉搏的捕捉是否充满热情并且敏锐？我们的创新追求是否已少了敢为人先的锐气和进取精神？发出这样的质疑是基于如下的事实：一是我们图书的总体重印率固然比较理想，但新书重印率却在持续下降。二是反映当下中国重大社会现实、人民关切且具有一定深度的选题少之又少，在各种新书市场排行榜前三十名中很少见到我们的产品。三是在不少单位，所谓自费出版或资助出版但质量平平的品种越来越多，这种低效率的图书不仅严重挤占了我们有限的生产资源，更严重窒息着我们的创新能力。

其次是机制层面。我们的内生动力是否强劲？我们的产业运作是否给力？我们集团的扩张与竞争是否得力？我们在工具书、文学、历史、音乐、美术等版块的专业化程度固然很高，但也面临着被蚕食、被分化的风险，一流作者、优秀作品流失的现象正日益加剧。此外，我们在政治、财经、管理、法律、少儿、科技等方面的短板也十分明显。我们的图书零售市场占有率虽位居全国之首，但长期徘徊在7%左右，追兵的脚步日益逼近；我们的产业布局还比较单一，产业链尚未形成，经营的潜在风险不小；数字化、国际化水平也令人十分焦虑。这些现象究其原因，都在于用人、分配、经营等机制的活力不足。

最后是操作层面。我们的运作是否有利于企业化与市场化？我们在资源的维护与竞争、渠道的开拓与保护、新品种的竞争与营销等方面，放不下身段、走不出老套、创不出新招的现象十分突出,躺在既有资源、品牌、规模上吃老本,按陈规行事的现象不在少数。全球版权交易的明星产品落户集团的不多,风靡市场的畅销新作加盟集团的很少,富有成长潜力的新人、新团队进入我们队伍的更少。这些现象,无不说明我们的运作能力离现代企业与现代市场的要求还有相当大的距离。

以上三个方面的忧患指向三个问题:一是转企改制后,思想文化性与企业商业性的统一问题;二是集团化后,专业化优势、产业化扩张、集约化运作和商业化推广的协同问题;三是实施现代企业制度过程中,顶层设计、制度创新与激发全体员工创造力、内驱力的融合问题。有问题并不可怕,"问题是时代的声音",是时代发生变化后提出的新情况、新要求,可怕的是发现不了问题,意识不到问题,解决不好问题。

讲问题有两种态度,一种是埋怨,责怪,不看主流;一种是全面,辩证,分清主次。去年,我们在这里回顾集团十年发展历程,总结了集团的六大成绩和优势。这六大成绩和优势是我们的主流,是集团的基本面。今天我们集中谈问题、讲忧患,说得重,是希望引起大家的高度重视,使内容创新有的放矢,击中要害。各单位领导班子和编辑、营销、管理骨干,要正确把握集团十年来发展的主流和优势,并围绕这三方面的忧患,共同思考,想方设法,努力破解。在这个过程中,要注意把握好六个重要关系。

第一,内容创新与弘扬导向的关系。我们对导向应该有更加积极、更加丰富的理解。导向不仅是出版工作的底线,也是内容创新的富矿;不仅是集团的生命线,也是企业的发展线;不仅有政治、思想、时代的导向,也有文化、审美、情趣、生活的导向。**文以载道**的重要内涵就是,通过正确导向教育人民,引导社会,促进发展。创新要有方向,有原则，有意义，有品位，这就需要正确的导向；导向要生动，要活泼，要吸引人，要感化人，这就需要内容的创新。内容创新服务于正确导向，正确导向影响并为内容创新提供深广的思想资源。

第二，内容创新与商业运作的关系。这两者并不天然对立。只重内容创新，不求商业运作，内容创新的效益难以最大限度地发挥；只求商业运作，不重内容创新，文化品质很容易稀释甚至丢失。我们要学会用商业的方式策划选题、加工产品、拓展市场和打造品牌。**商以传道**的重要标志就是，通过商业运作，让更多的精品力作和文化经典广为人知、广被传诵，进而以书立人，以文化人。

第三，内容创新与历史传承的关系。这对关系的本质是"扬弃"，继承中与时俱进，守正中创新发展。在中华文化传统和我们自己的出版传统中，一个重要的法宝其实就是与时俱进，创新和守正一样是我们光荣传统的真谛。**创新弘道**的重要表现就是，既要传承历史使命和光荣传统，更要肩负时代重托和社会责任；既要盘活存量资源，更要做大增量规模；既要让文化传统弘扬光大，更要让创新精神转化成产业发展的不竭动力。

第四，内容创新与规模扩张的关系。对文化企业来说，扩张需要创新，创新指向扩张，而扩张说到底是为了扩大文化影响力。盲目扩大规模不是我们的选择，但有效的规模扩张是企业化的基本取向。具备有效的规模才能占据市场，这种规模的体量越大，市场份额就越多，就越能长期赢得市场。我们既要重视品种规模，更要重视单品规模；既要重视销售规模，更要重视利润规模；既要重视经济规模，更要重视文化规模。

第五，内容创新与业态更新的关系。忧则变，变则通，通则久。出版业在新技术的影响下,正在发生层出不穷的变化,但我们坚定地认为,持续不断的内容创新才是出版业永恒的主题。无论未来出版呈现出怎样的业态,优质内容始终是出版之魂,其他种种终究只是体,真正的出版人永远都是优质内容的提供商与服务商。我们要努力实现出版业态的更新,但切不能因此而模糊内容创新这个主题。

第六,立足内容与跳出内容的关系。立足内容,就是要立足内容的思想性和价值观、内容资源的巩固和挖掘、内容的创意和创新、内容的品质和品位、内容的广度和深度;跳出内容,就是要跳到时代大潮大局之中,跳到市场的走向和需求之中,跳到体制、机制、科技、人才、资本这些生产和管理要素之中,促进内容与时代、与市场、与上述要素的融合。我们既要创新选题策划、生产加工、营销推广,也要创新与内容生产相关的各种机制,加快内容传播的数字化、国际化进程,探索内容与相关行业、相关产业的融合,从而不断释放公司、组织和个人的能量,让内容创新从内到外获得不竭的动力。

三、我们的梦想与"创新十策"

一个人、一个企业、一个国家应该有自己的梦想。**"中国梦"就是国家富强、民族振兴、人民幸福的梦,"出版中国梦"就是出版强国的梦,而中国出版集团的梦是实现"三化目标",建成国际著名出版集团。**

这个梦想,不是脱离国情的虚空幻想,不是脱离集团情况的好高骛远,更不是脱离集团广大人心的乌托邦。这个梦想,应该随中国梦的大局而起,因集团发展的走势而为,在集团全体员工长期共同的奋斗中成真。这个梦想,是集团历史的梦,更是现实的梦;是集团"六大战略"的指向,更是集团各方人心所向;是集团发展的梦,更是人人出彩的梦；是造就集团、造福员工的梦，更是成就人才从而成就集团的梦。它是理性的，更是需要实干的，需要坚持不懈、百折不挠、脚踏实地、艰苦努力才能实现的。正像哈佛大学的一条格言所言：此刻打盹，你将做梦；此刻学习，你将圆梦。就集团现在的发展状况看，我们可以说，此刻无为，只能做梦；持续创新，终将圆梦。

要实现我们的梦想，必须加大创新的力度。内容创新是我们主业的主题，是我们产业的主线，是我们所有创新的主旋律。内容创新涉及指导思想和思路，涉及战略定位和目标，关联着资源、人才、营销、业态、资金、结构、组织、品牌、指标、机制等十个方面的重大问题。推进内容创新，既要立足内容，又要跳出内容；既要抓住关键，又要统筹兼顾；既要抓有形，又要抓无形；既要抓战略，又要抓实招。周虽旧邦，其命维新。根据大家的实践、思考、经验和意见，我们理出了具体措施，可以称作今后促进集团主业发展的**"创新十策"**。

第一策：扎实推进"资源拓展计划"。

作者是出版最重要的资源，渠道是传播最重要的因素，读者是实现"双效"最重要的终端。拥有了高端作者，就站到了竞争前列；拥有了有效渠道，就掌握了广阔市场；拥有了广泛读者，就赢得了文化传播。我们要敬重作者、维护渠道、关心读者；要坚守存量资源，拓展增量资源；要打造集团合力，改变攻守态势；要打好资源的保卫战和攻坚战，看家护院，开疆拓土，抢占资源竞争的高地。

一是实施**"重点作者拓展计划"**。各有关单位要遴选不同领域的学科带头人，包括著名学者和新锐作者，有针对性地通过文化联谊、平台共建、股份合作、买断著作权、建立工作室、签订长期协议、提供优质服务等多种形式，聚集一批重点作者。特别要维护好、开发好重点作者的整体版权，开展多语种、多样化的版权营销，进行多载体、多形态、立体化的增值开发。**二是实施"重点经销商拓展计划"。**各有关单位要在全国重点市场、潜在市场遴选有实力、有品牌、有信誉的实体渠道商和网络渠道商，通过市场奖励、兼并重组、建立战略联盟、重点产品优先投放等方式，培育一批重点经销商，拓宽、做实有效渠道。**三是实施"荣誉读者拓展计划"。**各有关单位要在行业专家、政府领导、各界名人和大众读者中遴选一批人文素养深厚、公众影响较大、黏度较高的优秀读者，通过精品推荐、定制阅读、价格优惠、书友沙龙等方式，积聚一批荣誉读者，或将之转化为重要作者，或通过他们的社会影响扩大读者群，提升传播能力。

第二策：扎实推进"百名优秀编辑人才计划"。

编辑决定产品，产品决定市场，市场决定"双效"。要尊重各类各层编辑的创造性劳动，尤其要重视对编辑策划能力的培养。这是一种点石成金的能力，是内容创新的发动机，是出版企业的重要生产力。

一是造就百名优秀编辑。要在3~5年内，通过公平遴选、重点培养、动态调整等多种手段，努力造就100名思想导向正确、文化情怀深厚、市场眼光敏锐、职业品质优秀的编辑。尤其要培养一批创新思维活跃、选题视野开阔、精于市场运作的策划编辑。同时，要培养一定数量的具有冷思维、冷眼光，坐得住冷板凳，专注于精品力作、扛鼎之作的"三冷"编辑，以所谓"养士"的办法，让他们更有条件重思想、忌浮华，重学术、耐寂寞，重文化、轻炒作，重宏观、略琐务，重积累、避跟风。**二是创新人才培养机制。**各有关单位要发挥导师制、专题培训、编辑沙龙、技能竞赛的"知识充电"作用，构建学习型创新团队；要鼓励中青年骨干人才坚持在职学习，将特别优秀的人才送到国外实习培训。集团将在今年 5 月份启动境内外、多批次、各类型的骨干编辑培训计划，并逐渐形成常态机制。**三是创新人才激励机制**。有条件的单位要推广首席编辑制和骨干编辑工作室制，搭建"海阔凭鱼跃，天高任鸟飞"的创新平台。对于优秀人才，尝试实施文化津贴、学术休假、带薪考察、"岗位特区"及"薪酬特区"等倾斜政策，积极稳妥地探索智力入股、期权激励、个人项目持股等激励方式。

第三策：扎实推进"百名优秀营销人才计划"。

营销决定市场份额，进而影响到产品活力与企业命运。营销工作贯穿于出版全流程，渗透在出版各环节。我们要根据网络化、数据化、互动化的时代特点，全面创新营销模式，提高精细化、立体化营销水平。

一是培养百名优秀营销人才。要在 3～5 年内，遴选和培养 100 名吃苦耐劳，作风严谨，能打硬仗，具有较强的市场开拓能力、渠道创新能力、及时回款能力的营销人才。**二是创新营销渠道**。进一步夯实传统渠道，特别要扩展二三线城市的实体渠道，做大网络渠道，做强农家书屋、政府采购、系统发行等多种专有渠道，提高利用微信、微博、网络社区等新兴媒体营销的能力。**三是加强营销统筹**。集团要加快建设顺义物流发行基地，尽早形成统一的物流和信息流；以"中版好书榜"、经销商大会、重点书展等营销平台，提高重点产品的市场知名度和覆盖率。各有关单位要科学确定造货、发货和备货的比例，密切关注在途商品动态，建立监控预警机制，努力降低退货率，合理控制库存规模。

第四策：扎实推进"百名数字化国际化人才计划"。

数字化是出版业发展的未来方向，代表新兴业态；国际化是企业发展的光明愿景，代表新兴市场。在新的产业形势下，数字化和国际化互为支撑，既是内容创新的双雄，又是主业腾飞的两翼。

一是培养百名数字化国际化人才。加大数字化人才的培养引进力度,培养一批精于出版、娴于技术、长于运营的数字出版人才;加大版权经理、外向型编辑和文化贸易人才的培养引进力度,培养一批具有国际视野、创新精神、开拓能力并精通外语的国际化人才。**二是加速数字化转型**。建设集团数字出版资源总库,优化数字出版盈利模式。加快推进大佳网、大众平台、国际平台、音乐平台、工具书平台、语联网平台和 ERP 管理等七个平台建设,努力实现数字化内容的聚集、传播、交易和服务功能,推动产业转型升级。**三是开拓国际市场**。加强文学、艺术、人文、对外汉语等门类的外向型产品线建设,打造更多国际知名产品。加强与海外重点渠道的战略合作,加快海外分支机构建设,适时推进海外兼并重组,深化欧美传统市场,开拓新兴国家市场和非洲市场,壮大周边区域市场。**四是加强数字化与国际化协调互动**。以重点数字产品打通国际渠道、国际市场,以国际资源提升数字运营水平、运营效益。抓住当今世界数字化与全球化的历史新机遇,推动集团现代化与国际化建设。

第五策:扎实推进"三重资金扶持计划"。

重点团队是集团兴业之基,重点版块是主业壮大之本,重点项目是产品建设之魂。在资源配置上,我们要有所为有所不为,坚持以重点团队带动普通团队,以重点版块带动一般版块,以重点项目带动常规项目,促进集团出版主业的结构性增长。

一是实施"三重资金扶持计划"。要加大对重点团队、重点版块、重点项目的资金扶持力度。集团专项出版资金将主要投放于畅销潜质好、再版能力强的重点版块、重点图书和核心产品。提高各类国家出版基金项目的申报质量,主要用于重点团队具有全局性、带动性、标志性的项目和创新工程。鼓励在重大项目和畅销书等运作中，按照风险共担、收益共享的原则，积极引进风险投资、私募基金、版权抵押贷款、文化产业基金，逐步形成多元投资、分类扶持的投入体系。**二是完善项目研发机制**。各单位要建立学术项目研发论证机构，一要研究国家大势、时代走向、社会热点和读者心理，开发新项目，提高项目设计的前瞻性、科学性和可实现性；二要论证成型项目，提倡匿名评审，最大限度地减少"人情稿""关系稿"和一般"课题稿"，使有限的生产资源向重点项目积聚。**三是加强重点项目管理**。集团要建立重点项目库，推行重点项目公开竞标和项目负责人制度，加强资源统筹和动态管理，强化绩效评估和追踪问责，确保项目执行有力、成效显著，发挥重点带动作用。

第六策：扎实推进"产品线评估激励计划"。

产品线建设，蕴含着专业化能力和品牌经营水平，体现着产品质量和出版结构，决定着市场格局和出版方向。我们要改善宏观调控，完善微观运行，更好地发挥产品线的方向引领作用和结构优化作用。

一是优化产品线布局。集团要在现有产品线基础上，根据各有关单位的资源、优势和成长能力，不断优化产品线布局。既要继续扩大文学、历史、古籍、音乐、美术、百科、教辅、工具书等传统产品线的全国领先优势，又要逐步培育壮大政治、财经、管理、法律、少儿、传记、科技等新兴产品线的市场竞争地位；既要巩固现有教材的市场份额，又要推进教育资源整合，做开教育出版。**二是加强运营支持**。各有关单位要加大对各级产品线的培育扶持力度，将重要资源、重大资金、重点项目向其倾斜，精耕细作，不断提升专业化生产能力。**三是建立评估激励机制**。集团每年要对各有关单位产品线建设水平进行考核评估，对市场贡献率较大的单位予以表彰嘉奖。

第七策：扎实推进"组织再造计划"。

组织再造是激发企业创新活力的重要手段，也是推动集体创新的先导力量。组织再造的目的是解放生产力，关键是释放创新能量。

一是推动扁平化管理。近些年集团部分单位积极试点内部组织变革，积累了一些成功经验。对此，各单位要因地制宜，实事求是，不搞一刀切。有条件的单位可以进一步探索分社制、事业部制、副牌实体化、期刊独立法人化，在总体可控的前提下，赋予二级实体独立运营的责、权、利，激发微观主体的创新能力。**二是明确两级职责**。各单位要围绕战略规划、产品布局、重要投资、年度考核等方面，建立、健全二级法人管理办法。二级实体应主要负责产品研发、团队管理、市场推广、品牌建设和经济增长。**三是加强流程管理**。各有关单位要推动流程再造，尽快实现ERP管理，贯通编、印、发、财各环节的信息，缩短生产周期，改善生产质量，提高生产效率。

第八策：扎实推进"品牌扩张计划"。

品牌经营的基础是维护品牌美誉度，重点是提升品牌价值，主要是开展"五跨"（跨国、跨所有制、跨地区、跨行业、跨媒体）运营，目标是锁定规模有效扩张。

一是推动"五跨"经营。集团要加强"老字号""国字头""人字牌"的品牌规划，鼓励开展"五跨"经营，加大政策、资源、资金、项目的扶持力度；各有关单位要加大品牌激活、品牌创新、品牌延伸、品牌兼并、品牌投资力度，积极探索品牌价值链营销、品牌跨界融合，释放品牌集群效应，扩大有效生产规模，进而实现品牌有效扩张。**二是完善合作机制**。要按照"以我为主、合作互利、共同发展"的原则，积极稳妥地与优质民营文化企业开展项目合作、渠道合作、兼并重组，既完善产品和营销结构，增强竞争活力，又有效管控风险，防止空壳化和品牌泛化，坚决杜绝体外循环，牢牢掌握出版经营主动权。

第九策：扎实推进"指标管控计划"。

指标体系是检验内容创新成效的试金石，是进行内容创新的着力点。我们要建立一套科学的内容创新指标体系，明确内容创新的具体目标，完善内容创新的评估机制，提高内容创新的整体质量。

一是明确内容创新考核指标。在 3～5 年内，集团在全国图书零售市场占有率要努力"进 8（8%）争 10（10%）"，出书品种年递增率不低于 5%，出版营业收入总额及利润总额年递增率不低于 10%，退货率低于 15%，当年 10 万册以上新书不低于 10 种，入选国家级大型项目、获奖项目、"走出去"项目的总量继续保持全国第一。**二是完善"双效"业绩考核指标**。细化考核评价指标，加大内容创新指标与"双效"俱佳的图书及项目的考核权重，注重刚性和弹性、分类和分层、整体与局部的有机统一。**三是明确资金投入指标**。集团对重点出版项目的资金投入每年不低于 2000 万，并保持适当速度的增长；其他各类专项资金的投入也要力争实现逐年增长。

第十策：扎实推进"机制创新计划"。

上述九个方面的计划都贯穿着机制创新的主线。我们既要学会"弹钢琴"，更要善于抓"牛鼻子"。抓住了机制创新，就抓住了内容创新的关键，就抓住了它的"牛鼻子"。

一是构建机制创新系统。我们的"机制创新计划"包括人才选拔、人才培养、分配激励、项目论证、生产经营、市场营销、资金投入、规模扩张、结构优化、业态升级和指标考核等机制。其中最核心的是用人机制和分配机制。集团近期将出台专门的改革意见，以带动、促进各种机制的创新。**二是营造机制创新氛围**。机制创新必然涉及原有秩序的调整与重构，必然触及一些旧有的习惯和格局。我们既要大胆改革，又要善于改革；要善于舆论先行，转变观念，大力营造鼓励机制创新的企业文化氛围；要善于一个阶段抓住一两个重点，带动一般和局部，循序渐进，分段操作；要善于把握改革的有效性，看准创新的红利，兼顾全局利益和局部利益、长期利益和当前利益。

以上"十策"中，人才是核心，资源是关键，机制是主线。这三条是"十策"中的主策、要策。各有关单位要根据自身实际，因时、因地制宜，因人、因事制宜，科学安排各项工作的轻重缓急，扎实有效地推进内容创新战略，逐步形成具有中国出版集团特色的内容创新体系。

同志们，党的十八大报告把"创新驱动发展"放在了国家发展的战略层面。我们的内容创新战略，既顺应时代的要求，也紧扣集团发展的主题。创新需要理想、思考和激情，需要机制、措施和办法，更需要人才和实干。静之徐清，动之徐生。希望大家解放思想，求真务实，勇于创新，持之以恒，为推进"三化目标"，创建国际著名出版集团，实现"出版中国梦"奋斗再奋斗！

7. 立足中国特色，贡献中国思想*

我们集团有一个好的传统，就是始终把内容工作放在重中之重的位置。今年以来，我们开了三次会，第一次是春节之后的关于出版工作导向的会；第二次是围绕内容创新体系的会；今天的会议主题是在内容、导向和创新基础上的重点话题、重大选题问题。我们认为导向很重要，但是如果没有重要的选题来支撑，导向就只是在我们嘴上经常说，而不能落到实处。我们讲创新很重要，但是如果没有重要项目来承载，这个创新十年以后也一定还是基本陈旧的。所以话题、选题、重大的课题研究对我们集团的内容创新是非常重要的。

从2011年下半年开始凝聚了这么几个话题，当时是有点担心的。担心什么呢？这几个话题是比较难做的。比较难做，我觉得原因有几个方面：第一，中国的发展还在一个过程当中，学术的成果是逐步显现的。也就是说，在中国巨大的现实变化当中，初步呈现了一些经验性的东西，但它们还没有完全呈现，而且这些经验性的东西要上升到理论性和学术性高度，会有一个过程。第二，我们各个领域的学者把握、了解、挖掘、思考这些中国素材，最后形成成果，也会有一个过程。我们的出版跟学术界是一种互动的关系，如果没有学术成果的积淀，我们出版创新也是很难的。

---

* 这是2013年4月25日在中国出版集团公司出版专题座谈会上的讲话，根据录音整理。

尽管如此，我们觉得这个话题还是应该抓住，所以今天我们开这个会。今天是内容创新大会以后的贯彻性、落实性的工作会，同时邀请各位专家来，也是思想交流会、座谈会。

我跟大家交流这么几个想法。

第一个想法，就是我们要知天时、懂天命。

一方面我们感觉到这个话题是有难度的，另一方面则感觉到这个话题是有希望的。"知天时，懂天命"是中国古老的话语体系，但是我们近代学习了西方话语体系后，就把这个丢掉了，甚至批评它是一种迷信的话，这是错误的。天时怎么不存在呢？在《周易》里有两个重要的字，一个时，一个位。六十四卦从来没有离开时和位的变化，六十四卦的变化都是位的变化，而这个位的变化就是这个时。这个扯远了，天时就是我们看不到的背后的一种规律。对于今天的中国来说，天时来到了。从世界范围来讲，全球化已历经五百年，五百年来相继形成了九个强国，现在还要诞生一个强国。这个强国是谁不知道，但中国有可能。中国人要努力，这就讲到天命。

中国具备什么条件呢？我觉得第一个条件就是五千年的文化和文明的积淀。这件事情不能小视，我们已经搞了一套文化的书，我是非常赞成的，当时我也是很主张这个事的，但是要把它做好不容易，真正能归纳一些什么东西？有人归纳过，也归纳得不错，但是从现在的眼光来看还得努力。第二个条件，也是很重要的条件，这是很多后发国家没有的，就是近一百五十年来，中国历经苦难。这是一笔重要的财富，激发了一批中国人，产生了一批中国的巨人，毛泽东是代表，共产党是代表。所以，我们在构思这套"中国发展道路丛书"的时候，立足点要清晰，要始终围绕中国的话来说。当然我们也可以说一点西方的话，我们不排外，一点不排外，但是如果我们完全说西方的话就是嚼了别人的馒头，没有任何新信息，西方人不会听。那么中国人的价值在哪里？中国人的价值是经过一百五十年，现在有说话的条件。我们中国共产党人是说出了一些话的，以后在世界上一定会有影响的。

在改革开放问题上，邓小平讲改革开放是基本国策。他没有多少学术性、理论化的话，但是他抓住了本质。他不片面性地讲，他同时也讲一句话。这就是，既讲改革开放，又讲四项基本原则——四项基本原则他也讲一句话，说核心是坚持党的领导。这句话一些人不理解，只说明他们对中国社会不了解。这句话说到根上去，没有中国共产党，就没有中国这几十年的一切。这就是历史结论。但我们这样简单地表达的时候，别人是不相信的，因此关键是要上升到学术的研究上来。现在有一些学术研究，自觉不自觉地用西方标准看中国的一切，因此中国什么事情都是有问题的。这样对不对呢？我觉得是有对的一面的，因为我们在现代化的过程当中向西方看是必要的，少不了的，在向西方看的过程中我们也得益很多。但如果仅仅简单地向西方看，我们就忽略了自己最大的现实。

形而上地讲，中国的经验是什么？我看是大家都知道的，就是始终把中国的实际作为中心问题，而不是把西方的标准和理论简单、机械地作为我们的发展教科书，是将其中有益的东西有的放矢地放在中国的实际上。中国领导人最了不起的，就是始终抓住中国的最大的实际，运用各种有利于推动这个实际发生变化的理论来推进社会的发展，进而取得了改革开放的大成果。

这一百五十年当中有深痛的苦难，教育了一批中国人，同时也透露了中国的希望。这个问题看得最早的，先是孙中山，后来就是毛泽东。

应该讲毛泽东是看得更加全面、更加深刻，才形成了自己的一套东西。任弼时给他总结过了。他讲，毛泽东最大的本事就是能够形成力量。在中国，没有农民的力量，还有中国的希望吗？毛泽东能。他把它变成了一种革命的力量。所以，中国的天命，一条是一百五十年的苦难，一条是五千年的文化，一条是三十多年的新积淀。

命是中国的话题，佛教里面也有这个话题，它是什么呢？实际上就是因缘相结。因是什么呢？因就是历史的东西，但是我们往往只知道因和果，其实因果中间有个缘，缘就是我们现在的努力，我们现在的各种社会条件。因缘相结形成的果就是命运。在21世纪，我觉得我们在研究这些话题的时候，一定要把立足点找好，否则这套"中国发展道路丛书"没有价值。你看西方人说什么你就说什么，这没有价值。我为什么讲天时，就是中国人到了能向外面说中国的话的时候了。能不能说出来我们可以等待，但一定要说中国的话，否则这套书站不起来，没有地位，甚至可以说没有价值。

这是我跟同志们交流的一个观点，一定要认清天时、天命，我们讲使命，使命就是天命。就是过去的因已经决定的部分和现在的缘要努力的部分，最终达成我们的天命，达到我们的使命。

我理解"中国梦"就是中国命。这是历史已经决定了的，而且还是一种趋势。只要我们的选择正确，只要坚持党的正确领导，全国上下共同努力，一定会实现"中国梦"。这就是第一个想法，我们做这套书一定要有基本的立点、基本的观点、基本的视角。

今天非常高兴，也很欣慰，相关出版社的主要领导都到了，请大家都高度关注这个事情，但是大家一定要防止一个事情，如果我们的基本立足点没有找到，这个事情就是劳而无功，开始构思的时候就失败了。

这个请同志们一定要把握好。

毛泽东同志讲,要有正确的立场、观点和方法。结合我们今天这个话题,就是我们一定要有一个基本的立足点,这个立足点是中国特色的道路。中国著作不讲中国特色的道路,还有什么独特性呢,你在世界上基本上没有话语权。人类智慧到了最上面都是相通的,但是它表现出来的时候都是有各自的特性的,这就是《周易》中"一阴一阳之谓道"所讲的道理。差异性中表现出共同的趋势,而共同的趋势一定是有不同的个性表现的,这是基本的哲学观点。所以我们的基本立点,请同志们务必把握好,一定要在开始时就想清楚,我们在做一件什么事,这件事的价值最终由什么来考量,如果这个东西失去了我们还有没有必要做。这是第一个要交流的。

第二个想法,既要抓当前,更要看长远。

我刚才讲了,这套书是有难度的——第一是有希望的,第二是有难度的。难度在哪里?就是中国还处在现代化的过程中,中国特色的这些话题,开始部分地有了学术价值,可以总结了。因此对我们这套书的要求是什么呢?对当前已经形成的成熟的东西我们要抓紧,当前还不太成熟的东西不要着急。我们是在做一个中国的学术成果,是中国问题的学术成果,所以做学术都不要急,因此对我们这套书,我是建议各个社研究一下,我觉得是要建立一个有基本立足点的、面向未来的、开放式的格局,恐怕不宜现在就规划好30本、50本、60本,这个恐怕不宜,因为我们不是做回溯的东西。我们是做未来的东西。

在心态上,我觉得我们要坚持两条。第一条,要有中心。我们可以是开放的,开放意味着什么?它既意味着对未来开放,也意味着对西方开放,但是中心在哪里?中心一定要把握好。我们现在经常会有一种自己意识不到的问题,就是做了很多事情,没有中心思想,那有什么价值?其实一本书、一套书有一个中心思想,你讲一万句,讲十万句,立意是差不多的,不在于厚薄,关键在于中心话题。一方面现在有大量图书出来,它们确实创造了繁荣,也贡献了思想成果,但是另一方面它们也带来了问题,其实很多书都是没有中心思想,说了半天不知道说什么。我建议大家思考一下,要搞一个开放的体系,但中心话题一定要抓住。**第二条,要有耐心**。既然是一个开放性的格局,就一定要有耐心。一本书不成熟,不要着急。习近平总书记讲了一句话,我觉得很能代表我们的心情,叫"功成不必不在我",做了很多事情不一定结果在我这儿。我们这个集团生命还长得很,我们这个集团在内容生产上,在这些话题上,一代一代做下去,凡是大事都是要跨年代、跨时代的,我们要立志做一件比较大的事情,不是做一个短期工程,不是做一个短期政绩,那样做是没有任何意义的,那样做我们搞一个宣传性的活动就够了。

第三个想法,既要学术性,更要大众化。

我们一方面要尊重学术话语体系,因为它有它的好处,但是它也有局限性,因为它是对着少数人说的,所以要能够用大众的语言来讲学术的问题,这是对我们出版工作的更高要求。

其实这个事情前人做了很多,我们现在看老子也好,孔子也好,孟子也好,其实他们使用的都不是多么艰涩的语言。德鲁克是管理学的大师,经常讲研究和学术性的东西,但都是用非常直白的大众化语言,我在看他的著作时经常想到毛泽东,两个人在语言风格和思想深处有惊人的相似。德鲁克写的是学术书,但是他表达的方式以至社会影响都和一般的学术书不一样。怎么开发好这套图书?在表现的风格上,我们既要尊重学术体系的话语，也要注意研究和开发好大众的用语。我们发现了一个有趣的现象：用词多的时候思想就少，用词直白的时候思想反倒显而易见了。这种例子太多太多，往往是思想不够的时候用大词、重词来烘托它，但是你沉积下来一看就是那点想法，并没有多深刻。

我现在还记得，在我们比较年轻的时候，看鲁迅的书比较多，其实你看鲁迅很多的话都是很直白的，而他主张白开水，但是他为那个年代贡献了很多思想。今天有关编辑也在，希望大家在这个方面有所突破。没有大众语言，我觉得在走市场、在社会影响上会有很多局限，我们不是讲学术的语言不好，我们不一概而论，但学术的语言会有局限性，这是肯定的。

第四个想法，我们既要坚持尊重、联系好作者，也要坚持选择、培养好我们的编辑。

什么意思呢？就是说我们做这套书，各个社要有一个认识，书不仅是一个产品，它也是我们打造强社、名社的一个重要载体，要在这个平台上培养一些有学术眼光，有研究中国问题的能力，又有案头工作的能力，能够跟作者进行比较通畅交流的编辑。一个比较好的出版社，它一定会有这么几个重要的编辑，在重要话题上知道重要的作者在哪里，并且可以和重要的作者进行沟通。从这个角度看，我觉得我们这套书能不能成功，第一，就是看我们能不能找好作者。刚才听到，有些书找到的作者还是很好的，应该说可以代表中国在某一个方面的最高研究水平，并且还有进一步提升的潜力。第二，就是看我们的编辑。从某种意义上来说，编辑的重要性一点不亚于作者。为什么？编辑决定了我们出版社今后的可持续性。在这个产品平台上，我们选择和培养好了一批编辑，今后我们的持续发展，编辑就会发挥很大的作用。

希望各有关单位不仅把这套书作为产品看待，作为我们强社、名社建设的一个重要平台来看待，而且要通过这套书的建设、出版培养一支队伍。我们每个单位的领导，应该经常勉励自己，提醒自己：我们对这个单位最大的贡献就是为未来的发展准备好一批人。如果我们有这个思想，我们的单位可能就比较兴旺。

我今天跟大家交流了四个方面，现在总结一下。

第一个，所谓天时天命，我觉得就是一条，要立足中国使命，这个立足点一定要站住。如果在这套书中我们只不过是介绍大量西方的理念，那它肯定不成功，没必要做，文不对题。

第二个，所谓立足长远规划当前，就是要面向中国未来来搞出版，我觉得很可能这套书的希望更主要的是在未来。刚才有位专家讲到一个观点，我是非常非常赞同的，就是在前九大国的崛起当中，虽然西班牙、葡萄牙、荷兰这些国家比较小，但是它们都在人、制度、机制等方面对世界有重要的贡献。这是一种规律，只要是大国崛起，一定会带来思想、文化、制度的成果。所以中国一定会为整个世界提供近五百年来，再往上五千年来没有的现代化案例，也就是我们13亿多人口的案例。现在最大的案例来自美国，而美国只是3亿多人口。近代主要话题无非就是城市化、工业化、信息化，这些话题都是跟人相关的，3亿多人口的国家和13亿人口的国家能一样吗？对世界的影响会一样吗？所以刚才一些专家讲的话我是非常赞同的，一定会有很多诺贝尔奖，我们一定会有大政治家，以及方方面面的杰出人才。因此我们出版的希望在这儿，我们要面向未来做出版。

第三个，所谓的学术和大众化，就是讲我们要形成中国的学术成果。艺术上是这样，文化上是这样，其实我们学术成果也是一样的道理，只有有个性的东西才是对世界有贡献的东西，才是有真正话语权的东西。世界上有些东西是趋同的，是必然的，但是在趋同的同时一定会表现出各自强烈的个性，这也是必然的。费正清（我觉得这个史学家语言表达很好，就是大众化语言，非常实际）说他始终讲不清楚为什么个人主义在西方，集体主义在东方。后来他在飞机上突然想清楚了。他1946年坐飞机从北平到南京，然后回去印证他的观点。他查了一下资料，中国70%的人口在面积只占30%的沿海土地上，这是一个表象；然后他得出一个初步结论，中国大量人群是集中生活、工作的，中国人比较倾向于研究好人与人之间的关系，因为研究不好，生产力就没有了，研究好了社会就和谐，就有生产力。因此他想到美国，为什么个人主义在美国，因为土地广袤，星星散落几户，一户三到五口要面对蛮荒的自然，因此更重要的是解决人和自然的关系，因此强调个人主义。总之，在费正清看来，东西方是有不同的文化个性的。

我在最后为什么要强调东西方不同的文化个性呢？我们研究西方，西方个人主义当然有好的方面，而且推进了整个现代文明，但千万不要简单地说集体主义不好，我们不要停留在过去那个观念当中，这个好那个就一定不好。不是的。事实上，在个人主义的好当中有不好，在集体主义的不好当中也有好的。这正是中国传统文化所持的观点。西方文化讲非黑即白，中国文化不是这样。中国太极图里面就表现了白的里面有黑的，黑的里面有白的。所以现在回过头来讲，**中国学术成果在世界上最有话语权的就是两条**，我希望大家来开发。**第一条就是对中国传统文化的当代阐释**，这一定是世界话语权，现在汉学家做了大量的工作，有的比我们做得好，但是从根上来讲，对中国文化的体悟，西方汉学家始终是隔靴搔痒，应该是中国人自己做，应该是吃着大米的人、吃着五谷杂粮的中国人来做。**第二条是中国道路的学术表达**。我们在世界上的话语权，实际上就是三十多年来形成的这一套关于想法和做法的中国道路问题。如果我们围绕这个话题**能讲出一些学术性的东西**，将是对人类思想的一种贡献，同时对后发国家会有强烈的吸引力。因为在目前的这种世界格局下，任何国家显然都不可能走欧美路线了。我们一方面看到美国的软实力对世界是有影响的，但是后发国家中已经有部分国家觉醒了，走欧美的道路是没法走的。很多国家走了，走了以后走不下去了。我们讲中国特色社会主义道路，从世界范围讲，实际上是人类迈向现代化的另一条道路。

第四个，我们培养作者和编辑就是要造就我们中国的大社、名社。大社、名社一方面当然要做产业，要有经济指标，但是最重要的是：重大话题、重大选题，你抓住了没有，抓好了没有，能不能形成效应？如果我们一个单位抓了一个好的话题，做出一套好的书，形成广泛的社会影响，它一定是大社、名社，因为它不仅把书作为产品，也将其作为自身建设的重要平台。

8. 文化为魂，产业为体 *

中华书局的百年盛典，是中国出版界、学术界乃至文化界的一件大事，更是我们中国出版集团的一件大事。值此之际，我谨代表全集团广大干部员工，向中华书局的百年华诞表示热烈的祝贺！向长期以来亲切关心、热情指导和大力支持中华书局发展的各位领导、各位专家，向持续奋斗在中华书局的各位同仁，表示深深的敬意和衷心的感谢！

中华书局的百年，是创业创新的百年，是爱国自强的百年，是文化传承的百年，也是顺应时代的百年。她的宗旨是开启民智，她的理念是守正出新，她的精神是坚守执着，她的风格是专一强毅，而她成功的标志是文化的产业化与产业化中的文化传承、文化积累、文化创造和文化贡献。现在，已经很少有人知道，在 20 世纪初到 20 世纪中叶，中华书局的印厂就已领先亚洲，令当时"出版界不胜艳羡，印刷界为之动魄"；她的产业涉及了文具仪器、标本模型、运动器械、教育用具；她的产品包括了三用复印机、华文打字机、八用日历钟、语言留声机片；她的机构广布四十多个大中城市，跨海直达港台地区和新加坡。比《康熙字典》更加丰富、近代最早、规模最大的《中华大字典》，集百人之力、二十年之功的百科工具书《辞海》，大型古籍丛书《四部备要》和《古今图书集成》等一大批丛书，虽历百年变迁，然而今天的文化人却无不

---

* 这是 2012 年 3 月 22 日在中华书局成立一百周年庆祝大会上的发言。

知晓,仍从中受益;她的教科书、少儿书、译介书、杂志群和近代名人新著,更是开启民智,影响深广,至今流传,令读书人爱不释手。产业造就了"中华","中华"成就于文化。她的创始人陆费逵先生早就用一句话揭示了中华书局成功的秘密,他说:"我们当刊行一种书的时候,心地必须纯洁,思想必须高尚,然后才可以将最有价值的结晶体,贡献于世。"这就是中华书局的传统,是她之所以成功的文化理念、民族责任和国家使命。

回顾中华书局的百年历史,总结她的基本经验,我们得到几点最为突出、最为重要的启示。

第一,文化产业的本质是文化,而不是产业,出版企业的本质是内容创新,而不是经济增长。我们要把产业做大,但我们的战略眼光是把文化做强;我们要把企业做强,但我们的根本追求是把出版做优。在企业化、股份化和市场化的过程中,我们应该有这样的志向,就是要努力成为出版商,更要努力成为出版家。我们应该有这样的意识,就是出版集团的内核不是经济数字,而是一批好书,是一批能够传之久远的好书。我们应该有这样的追求,就是坚定不移地打造大型出版航母,同时更要坚定不移地高举先进文化的旗帜,努力构筑出版高地,奋力搭建文化高峰。

第二,出版企业的本质是出版,出版的本质是选择,而选择的本质是导向。在现代社会,内容的导向具有多元性和丰富性,但在丰富多元的导向中,政治导向是核心,思想导向是主导,文化导向是主体。作为具有近代以来优良传统的中国出版集团,我们在企业化、股份化和市场化过程中,必须在战略思考的层面,在编辑思想的层面,在制度和管理的层面，弘扬文化传统，坚持正确导向，坚守社会责任。在经济指标日渐成为企业运行的直接追求、商务活动日渐成为日常工作的基本内容之际，努力使"正确导向第一、社会责任第一、国家使命第一"成为我们始终不渝的主流意识、主导方向和主要追求。

第三，在文化产业化中，文化是魂，产业是体，产业得文化而有魅力，文化也因产业而更具影响力。文化企业的文化影响力必将在产业化中，以商业运作的方式，经常地、广泛地、艺术地、大众化地表达出来，从而使其社会影响更加深广。我们要继承先辈守正出新、坚守执着的优秀传统，奋发图强，改革创新，与时俱进，勇于开拓，努力做大经济规模，做强综合实力。为此，**我们未来长远的战略定位是**：努力成为国际一流的出版传媒集团。**今后十年的战略目标是**：努力成为现代化、大型化、国际化出版传媒集团。**"十二五"期间的主体战略是**：内容创新、品牌经营、集团化、数字化、国际化和人才强企。**产业发展的战略思路是**：一要坚持正确出版导向，坚持文化价值追求，坚持两个效益统一；二要明确聚焦出版，聚焦新媒体，聚焦文化产业的投资方向；三要探索跨国境、跨地区、跨媒体、跨行业、跨所有制的发展路径；四要打造资本运营、品牌扩张和高端人才的竞争优势；五要形成体制创新、机制创新和组织创新的内生动力；六要构建结构调整型、投入拉动型、数字技术提升型的增长方式。

各位领导、同志们，在庆祝中华书局百年华诞之际，我们更加深刻地感到了历史责任和文化使命。中国出版集团应该是一个有大局意识和文化自觉的团队，一个坚持传统又不断创新的团队，一个着力当前又憧憬未来的团队，一个立志做大做强，但更注重文化贡献和社会责任的团队。我们相信,在各级各方领导的关心、指导和支持下,中华书局将会得到更多的关注、更多的资源和更好的发展,以迎接她的下一个百年。中国出版集团也将会在十七届六中全会精神的指引下,迎来又好又快的发展,为文化强国的建设做出应有贡献!

9. 文以载道，商以传道 *

中华书局的百年庆典刚过，三联书店的八十华诞又来。这不能不再次唤起中国出版集团的集体荣誉感，激发我们的时代责任感，振奋我们为全面建成小康社会而努力奋斗的文化使命感。短短数月之间，两度隆重庆典。这次三联书店的庆祝活动得到了多位中央领导同志的高度重视和亲切关怀，今天中央领导同志还要发表重要讲话，这是对三联书店、对中国出版集团全体干部员工的巨大鼓舞和鞭策。作为中国出版人，我们由衷感谢党中央、国务院领导对出版产业的高度重视，由衷感谢中宣部、新闻出版总署、财政部等各界各方对中国出版集团和三联书店的关心，由衷感谢三联书店各届领路人和几代出版同仁的长期奋斗，并向同志们表示热烈的祝贺和崇高的敬意！

在中国近代以来的出版业，三联书店可谓独树一帜。她个性鲜明，品格独特，文以载道，志向高远；她在共产党的长期领导下，传播马列主义理论，引领思想潮流；倡导文明新知，促进社会进步；推崇先进文化，建设国民精神。她传播先进文化因而成就于文化先进，她得力于文化名人因而造就了文化经典，她致力于服务大众因而赢得了大众口碑。在中国现代出版史、思想史、文化史和学术史中，三联书店事功卓越，

---

* 这是 2012 年 7 月 26 日在生活·读书·新知三联书店八十周年庆典上的发言。

影响卓著。

三联书店八十年的历史，也可以说是一部出版的教科书。她的影响、她的贡献、她的成功都明确告诉我们，时代性是其生机，她既是时代的产物又是时代的号角；思想性是其灵魂，她既受先进思想洗礼又为思想创新传道；经典性是其品格，她在传播经典中锻造了一个出版经典；大众化是其生命，她在服务大众中确立了自身的文化价值。时代性、思想性、经典品位和大众口味，是三联书店成功的基本经验，是三联书店发展的优秀传统，也是对我们当今做强出版企业、做大文化影响的极其珍贵的启示。

出版单位企业化，企业经营市场化，这是出版业发展的必然要求，是中国出版业近十年来通过文化体制改革发生的巨大进步。但现实也提醒我们，企业的逐利性有可能不自觉地挑战思想性，市场的竞争性有可能无意识地淡漠经典性，而时代性和大众化也有可能被商业思维混淆成了媚俗化、庸俗化甚至低俗化。三联书店的历史经验告诉我们，传播文化首先要鉴别文化，宣传理论关键在理论武装，而顺应时代服务大众的根本是引领潮流、引导大众。文以载道，商以传道，是出版企业壮大自身，从而服务社会、推动发展、引导读者的根本之道。

在庆祝三联书店八十周年之际，我们要进一步深入学习贯彻十七届六中全会的精神，深刻领会贯彻胡锦涛总书记的"7·23"讲话，自觉以中央要求统筹集团工作，善于用产业发展扩大先进文化的有效影响，学会靠资本和科技的力量促进中华文化的国际传播，努力以正确的导向和优异的成绩迎接十八大的召开，以科学发展和文化贡献为社会主义文化强国的建设尽职尽责、尽心尽力！

10. 努力争当出版标兵*

今天，我们以一种俭朴而又隆重、简约而不简单的方式，在人民大会堂庆祝人民音乐出版社六十周年华诞！首先，我代表中国出版集团，向一直以来关心、指导集团和人民音乐出版社的中宣部、新闻出版广电总局、中央文资办等各有关部门的领导表示衷心感谢，向一直以来关心、支持人民音乐出版社的老领导、专家学者、音乐家、作曲家和社会各界的朋友表示崇高敬意，向一直以来辛勤耕耘在人民音乐出版社的历届领导和全体同志表示热烈的祝贺！

六十年来，人民音乐出版社筚路蓝缕，艰苦创业，从无到有，由小到大，现在已经成为一个文化影响广泛、地位作用独特、经济效益显著的品牌出版企业。在出版界，它唱响了时代的主旋律，出版了一批扛鼎之作，体现了中国音乐出版的国家水平。在音乐界，它研发了行业标准和国标教材，影响了数以万计的中国音乐人，成了中国当代音乐界的出版重镇。不仅如此，六十年来，特别是集团整体转企改制以来，它还在企业发展和市场竞争中取得了一个又一个突出的成就：一是中小学音乐教材市场占有率全国第一，遥遥领先；二是经济效益逐年成倍增长，已经成为音乐出版领域国内第一的大社强社；三是造就了钱君匋、赵沨、孙慎、黎章民、潘奇、邬析零等一批著名出版家和一支优秀的骨干人才

---

* 这是2014年10月11日在人民音乐出版社成立六十周年暨繁荣中华音乐座谈会上的讲话。

队伍；四是成功地将一批中国当代作曲家的优秀作品输出到了欧美主流社会。在这些成绩的背后，我们可以感知到，人民音乐出版社探索出了一条独具特色的专业化发展道路，形成了一种朴厚隽永、卓然而立的文化品格。我们大家都知道孔子"在齐闻《韶》，三月不知肉味"的故事。《晋书·乐志》里也说，音乐可以使人温良而宽大，使人方廉而好义，使人倾隐而仁爱，使人乐养而好使，使人恭俭而好礼。这些都说明音乐是人们的精神食粮，具有感化人、塑造人、教育人、激励人的特殊精神作用，具有陶冶情操、含弘素养、净化灵魂的修身价值，具有移风易俗、敦化人心、辅弼国治的社会功能。可以说，哪里有人群，哪里就会有音乐，哪里就会有音乐世界里的精神生活。

十八大以来，习近平总书记对于弘扬社会主义核心价值观，对于增强国家文化软实力等文化宣传工作做出了一系列重要指示，中央领导同志先后对集团的发展提出了"努力建设国际著名出版集团"的战略定位和"希望中国出版集团在全国出版界成为一个标兵"的明确要求。这就要求我们的出版工作要从实现"两个一百年"的奋斗目标和中华民族伟大复兴的中国梦着眼，从践行社会主义核心价值观着力，履行好出版的文化责任。在人民音乐出版社成立六十周年之际，我们希望人民音乐出版社按照中央领导的指示精神，在全集团、在全国出版界争当四个方面的标兵。

一是践行核心价值观的标兵。歌以咏志，曲以育人，要始终坚持正确出版导向，大力唱响时代主旋律，积极做好主题出版，更加生动形象地诠释和传播核心价值观，不断增强人们的文化自信和价值自信。

二是弘扬中华文化的标兵。文以载道，乐以传道，中国传统音乐中流淌着中国人的文化血脉和精神基因，红色经典歌曲中蕴含着党的奋斗理想和优秀传统。要进一步立足现实生活，扶植民族音乐，传播革命音乐，融贯中外经典，做强音乐教育出版，做大期刊音像群，培育更多蕴含"传统情"、彰显"华夏风"、歌唱"中国心"的精品力作，更好地弘扬中华优秀文化，提升大众文化修养。

三是推进改革与融合的标兵。新兴出版，音乐先行。音乐产品在互联网时代具有天然优势和竞争能力。要进一步加大改革力度，创新运营机制，优化出版结构，释放内生动力；以音乐数字化平台为基础，加大手机出版、网络出版力度，探索编辑和营销线上线下一体化运作，推动传统音乐出版与新兴音乐出版融合，持续增强整体发展实力。

四是推动中华文化"走出去"的标兵。音乐无国界，四海为一家。音乐蕴含着人类共同的情感和梦想，见证着人类思想和精神的共融共通。要进一步加大音乐版权输出、乐谱租赁和国际合作，通过中国音乐"走出去"来丰富中国文化"走出去"，向世界传播中国的好声音，向各国传达中国的精气神，为提升中华文化在国际社会的影响力做出独特的贡献。

11. 关键在人、在思想、在机制 *

今天会开得好，各位是用自由讨论的方式、随机的方式，不是用成文的方式、机械的方式，真挚地表达了自己的想法。这说明我们对选题有一种认真的态度。过去毛主席讲，世界上怕就怕"认真"二字；后来乔布斯讲，苹果之所以能做成，是因为他们能够一天 24 小时地研究这个问题。因此，这个会开得好，反映了人民文学出版社的风格，反映了我们集团在选题上认真的风格。其实我来的时候，我是想听什么呢？我觉得第一想听希望。集团的命运是由选题决定的，一年的选题不好，就像一把种子不好，秋天的收成可想而知。第二是来听信心的。人民文学出版社这么大的品牌，这么高的平台，如果我们的作品不能影响社会的某些部分，不能产生长期的正面的影响，那我们自己就感到要打折扣，所以我要来听信心。第三是来听思想和导向的。我们真正的底气是说出来的事情有道理，讲出来的故事很生动、很感染人、很能引导人，让人家感觉到我心里是认同的。第四是听市场，听市场的潮音。我问管士光社长今年的选题怎么样，他说总体不错，比去年好，亮点比较多。由此可见，大家很认真，有信心，这是一个标志。

大家知道，我没有在出版社干过，我没有编过一本书，我对选题没

---

* 这是 2014 年 12 月 2 日下午在人民文学出版社 2015 年度选题论证会上的讲话，根据录音整理。

有感觉。那我就想，我到选题会上应该说什么呢？我想了三句话，是对人民文学出版社提出的目标。

一、希望人民文学出版社努力成为全集团学习习近平总书记在文艺座谈会上的重要讲话精神的标兵

我不敢讲做全国标兵，而是讲做我们集团的标兵，因为总书记的重要讲话主要是针对文艺创作这一块。那么，我们如何领会习近平总书记重要讲话的要点？

第一个要点是文艺在社会中的地位和作用问题。这实际上是讲什么呢？是讲我们的使命感和责任感问题。记得以前我在一个会上讲了一个想法，如果我们的孩子都被那些庸俗的东西引导，今后还怎么成才呢？今天，如果我们为了一些小利，搞这样的作品，影响了一代人，我们于心何安呢？我们这个平台要么不做，要做就得履行好铁定的责任和使命。

第二个要点是文艺的本质。文艺从本质上讲，是反映人民生活的，是为人民服务的，也是从人民当中来的。所谓"人民"就是大多数人，这和我们为读者服务的宗旨不是完全一致的吗？我们了解文艺的历史，它一定是对生活的揭示、反映，也是对生活的矫正、引导，否则文艺就不可能在青年人当中那么受欢迎，因为青年希望有生活的导师，文艺可以在一个人的青春时段充当这个角色。

第三个要点是文艺的灵魂。总书记讲，灵魂是中国精神。我的理解就是，在全球化的视野下，我们要思考中国处在什么位置，中国的命运是什么。中国在20世纪初走到了最低谷，再往下无处可走了。那么，中国现在的命运是什么？就是往前、往上、再往上。中国的经济已经走到

全球第二位了，这也带来了一个文化上的必然性。我们从西班牙、葡萄牙开始看，再看英国，一直看到美国，都有一个必然性，那就是经济大国的崛起一定呼唤并造就一个文化大国的崛起。那么在国际上，中国人有没有自己的精神，有没有自己的话语权，有没有自己的故事可说？是只说过去的中国人扎个长辫子，还是说当代的中国人奋发向上？这就是角度的问题，也是立场的问题。你从不同的角度来看问题，得到的结果是不一样的。如果你硬要站在美国的立场看中国，那中国肯定存在一些问题了。可是你站在中国人的立场，你就会看到，在问题当中蕴藏着希望，问题本身就造就着解决问题的人。你看，中国经济跟美国经济完全不是一条路走出来的。是邓小平同志振臂一呼，造就了一批人。造就了什么人？人民。改革开放的第一瓢水是安徽凤阳小岗村的农民洒出来的。如果用这样的观点来看，用这样的视角或者立场来看，我们就看到了社会的主潮。

第四个要点是文艺的中心环节。中心环节是什么呢？是作品，优秀作品。

第五个要点是文艺的生命。文艺的生命是创新。

第六个要点是两个效益的关系。我们搞文化的人心里要有个辩证的认识，要谋求矛盾的转化。比如我们经济效益低，就要改革，要事业转企业。我们看到了，事业转企业是可以成功的，好莱坞的电影走的就是这个路子。我们要跟美国人学习产业化，但我们要体现中国人的精神，要讲中国人的故事。

第七个要点是文艺名家的建设。现在社会上文艺作品很多，总体评价是在进步，但是细细分析也有退步，比如崇尚奢靡的文艺作品为数不少。你想，一个家庭走向奢靡会怎么样？一代人走向奢靡会怎么样？

一个国家走向奢靡会怎么样？你说像人民文学出版社这样的主流出版阵地，不应该去矫正这样的风气吗？如果我们只为了赚点钞票，就跟着崇尚奢靡的潮流走，那是不可以的。

第八个要点是优秀文艺作品的标准。优秀的文艺作品应该有思想性、艺术性或审美性，以及观赏性。

第九个要点是文艺工作保持正确航向的根本保证是坚持党的领导。

我们学习总书记重要讲话，一要领会其精神实质，二要将其转化为工作指导思想，三要转化为工作的动力。我们先来看看做内容生产的人要具备哪几种能力。

第一，时代判断力。怎样具备时代判断力？我的理解是，要从时代前进的角度来判断所有事物，而不是从书斋、编辑室、个人爱好的角度。

第二，思想的洞察力。所有的国家在崛起的过程中，在社会多样化的过程中，都会有这样那样的声音，因此我们就要加强学习，加强思想的鉴别。刚才多位同志讲到主题出版，事实上主题出版是不容易做好的。从内部来讲，它要求我们的编辑有时代的眼光，有思想的深邃度，能够站在高处看问题。从外部来看，需要有一些作家通过对生活的感知去把握。不能把握生活的主流的作品不一定不是好作品，但是它一定不是大作品，这是可以肯定的。

我有一个朋友，是个艺术家，专门研究蚂蚁。他拍了很多东西，配上他优美的语言，注入了人性人情，但是他的作品一定不是大作。我对他说，这样的作品适合我退休了以后在家里面慢慢看。我也可以与蚂蚁对话，但是现在我不可能把这件事作为我的主业，因为它对社会不起重大的影响。同样，我们的人民文学出版社应该出版更多对社会思想有重大影响的作品。

第三，审美能力。这一点不多讲。

第四，市场感应力。以人民为中心的出版，和我们改革以后企业化、市场化的方向是内在一致的。为市场，为读者，为人民，不都是相通的吗？不过，出版的复杂性在于，它既有经济属性又有文化属性，既有一般读者又有高端读者。我们的上帝就是读者，我们怎么能够感应他们？感应了以后，我们的追求是什么？我们要做价值的引领者。

以上几点，怎么做到两极互通？大家可以想，凡是成功的事业，凡是成功的人，大概都少不了两极互通。他们知道，两极是一个事物的两个方面，是对立统一的。如果打通了这几点，对选题的把握大概会更准确一点，更能够体现时代的声音，能让以人民为中心的话题更加突出出来。

二、希望人民文学出版社成为立足当下、精品多、力作响的标兵

在我们整个集团和人民文学出版社的整个出版结构当中，尤其要突出当下选题，体现中国精神，唱响主旋律，传播正能量。

抓选题抓产品本身是对的，但是还有另外一个方面，就是古人讲的"功夫在诗外"。什么意思呢？我概括起来是三句话，抓好的关键在人，在思想，在机制，特别是机制。具体如下。

一是要以习近平总书记重要讲话精神为思想指导。如果不以此为指导，就可能犯政治导向错误，而我们人民文学出版社尤其不能在这个问题上有丝毫的闪失。

二是要以优秀作品为中心环节。

三是要以重要作者为创新资源。

四是要以激励机制为重要抓手。

五是要以优秀编辑为主要依靠。

不仅如此,还要把机制问题拆分开来。我们东方人的优点,就在于能把很多事情归结起来,能够抓住一两句话,能够掌握要领。但是缺点是什么?缺点是往往落实不了。西方人的科学思维发达,科学分析就是将一个问题切得碎碎的,所以它越来越深,越来越落实。我们的机制也要这样,我们先用中国传统思维方式来看,第一要把机制这个问题抓住,第二要学习西方,再把它拆分开来。选题机制问题可以从三个方面来拆分。

其一,在外部资源的争取上,我们的机制怎么拆分?

首先,发现机制。我们怎么知道一个时期内我们好的作家在哪里?我去中国民主法制出版社时讲了一个观点,讲资源的获得要学习淘宝的思路。淘宝有一个很重要的特点,就是它提供海量的资源,让你自己做主。这跟我们的作家资源发现机制是有关系的。我们发现十个用了两个,和我们发现十个用了十个,命中率有什么区别?在某种程度上,资源的数量决定着命中率,决定着选题的高下。这不是绝对的,但一般情况就是如此,所以要有淘宝的思路。

其次是签约机制。现在面临一个问题,在市场经济条件下,我出五十万元,别人出一百万元,作者选择了别人,人民文学出版社的品牌在他心里面不如一百万元。我们不去批评他,但是要认真想:这样的情况下要怎么办?

再次是维护机制。

最后是资源再生机制。

我觉得这是外部资源的四个机制，要研究清楚。

其二，对于内部出版资源，用什么机制把它激活？

首先是人才的培养机制。

其次是压力机制。真正的人才是压出来的，真正的好选题、大作品是逼出来的，所以要有压力机制。大家都会有感觉，如果一个时期比较舒服，那个时期一定比较庸俗；如果一个时期比较紧张，那个时期产生的思想和精神的力量就不可估量。从某个角度讲，我们企业的内部改革都是围绕着压力机制做文章。

再次是激励机制。

最后是成就人的机制。一个好的出版社，一个好的出版集团如何来评价？无非就是三句话，出了一批好书，造就了一批人才，对社会产生了好的影响。内部机制的关键是，我们怎么能够在造就产品的过程中造就人才，以人才的造就来扩大我们对产品的造就。

其三，就是集团总部、股份公司总部和各个社之间的联动机制。我觉得也有四个方面。

首先是我们上下联动、合力策划的资源共创机制。

其次是瞄准当下、择优扶重的资金投入机制。刚才几位都讲了资金的困难，你们以后提这个话题就要理直气壮，为什么？集团成立是干什么的？集团成立就是要想办法掌握资金，支持重要的生产单位，但是有个问题你们首先要回答。你们要告诉集团，这个资金给你们，会有好的"双效"。我们的资金支持方式不是计划经济体制下事业单位的拨款制，而是投入机制。投入就必须有产出，总体上要求所有的产品投入都有经济效益和社会效益，当然有些产品有良好的社会效益也可以了。但是，总体上看，有良好的经济效益才会有良好的社会效益。

再次是整体营销、重点推广的品牌推广机制。这一点我们社里面已经做得比较好了，还要和后方总部联起手来，共同谋划。

最后是引导阅读、深化阅读的读者组织机制。市场建设最基本的是读者队伍建设，我们有些单位包括人民文学出版社做了一些这方面的公益事情。我觉得这是有长远眼光的，知道我们做一些公益，可以换来良好的形象，可以换来很好的品牌，从而换来好的经济效益。

以上讲的是我们做好产品"功夫在诗外"，关键在机制。机制要拆分开来。大家都有体会，当你快要发现一件事情的本质的时候，一定是黎明前的黑暗，那个时候是最痛苦的时候。但是你就把握一条，凡是你最艰难的时候，大概曙光也快出来了。我们思考机制问题要有这样的精神。

三、希望人民文学出版社成为传承品牌、弘扬品牌、运作品牌、扩张品牌的标兵

我们比较习惯于传承品牌、弘扬品牌，但真正对传统品牌的继承和弘扬，应更多体现在运作品牌和扩张品牌上。我们集团就有成功的品牌扩张例子。我们4月开会的时候讲了一句话，叫"品牌是我们的核心竞争力"。我们是认真琢磨了以后才敢说这个话，又经过了半年多认真的调研和集思广益，才召开了品牌经营战略大会。大会上，我们又说了一句话，"把我们的品牌做响、做强、做优"。希望人民文学出版社围绕做响、做强、做优品牌发力。如果我们要运作品牌，要扩张品牌，就少不了以下面三句话作为我们思想的方向。

第一，要始终坚持以事业的眼光做文化。出版产业做得再大都不能忘记，文化是本。要做事业，就要有更长远的眼光，为社会做贡献的精

神。有这样的心理,就不会为钱所干扰,这才是做文化的态度。

第二,要以市场的思路提升影响力。

第三,要以资本运作的方式做市场。荣宝斋的方式实际上就是一种资本运作方式。资本运作瞄准的是什么?瞄准的是市场份额;再往下,市场的局部垄断;再往下,通过垄断带来的行业话语权。

第四,要以综合的方式做品牌。综合的方式包括"五个融合",也就是说,品牌与内容、与品质、与市场、与科技、与资本的融合。如果我们这样来思考集团的问题、人民文学出版社的问题,文化和经济可能就交融得更好一些,影响力和市场的竞争力可能就会同步提高,对我们的选题和产品的开发可能会有更强劲的支撑和引领的作用。

最后希望人民文学出版社对今天调研中谈到的问题做一个研究,到集团总裁办公会做一次汇报,讲一下未来三年,未来"十三五"期间人民文学出版社会是个什么样。集团在此基础上再来研究怎么对社里的目标给予支持,怎么对社里的项目给予支持。因为我们越来越感觉到,集团如果没有若干个像人民文学出版社一样真正强起来的单体,这个集团就是软的。明年整个集团的一个重要话题就是集团化,集团化归结起来就是两点:第一化什么,第二怎么化。化什么很清楚,各种资源。怎么化也很清楚,第一要化得我们品牌单位更强、更优、更响;第二要化得我们的公共部位、公共资源更集约,成本更小,总体效益更高。我们希望人民文学出版社在这个方面是第一家,然后整个集团再一家一家来研究。

12. 选题决定着集团的命运*

今天的选题论证会开得很好，既呈现了中国出版集团的传统，也秉承了中国民主法制出版社的优良风格。

一、慎终追远的传统

我们在内容创新方面讲一个观念：慎终追远。"慎终追远"是《论语》里面曾子的话，原文是："慎终追远，民德归厚矣。"慎终追远是指对我们的历史要经常回顾、总结，在里面找到规律，找到我们的命之所在。我们的老祖宗告诉我们，要慎终追远，要很虔诚地对待我们的过去，去研究、去分析，然后就可以找到规律，继而对未来进行规划。如果我们对过去追得深，我们看未来就看得比较深远、比较清晰。这是我们集团的一个特性，所以我说今天的选题论证会体现了我们中国出版集团的传统。

最近有部影片，是美国的《星际穿越》，拍得非常好。我建议看过的人想一想，没看过的去看一看。它用相对论的理论视角相对性地告诉观众，如何到达彼岸星球。影片中，地球环境越来越恶劣，人类需要转移到其他星球去。鉴于从地球到彼岸星球往返的时间相对性问题，真正的星球迁移方案是把人类的精神送出去。这部片子实际上提出了人类的

---

* 这是在中国民主法制出版社 2015 年度选题论证会上的讲话，根据录音整理。

意义何在，它告诉你：人类的意义在于繁衍后代。古人讲"不孝有三，无后为大"，其意义也正在这里。通过观赏影片，我们可以看到中国目前在科学精神、科学思维、审美眼光等方面与美国的差距，同时也看到我们传统文化的根源里面潜存的具有普遍意义的文化基因。"慎终追远"就是中国文化能代代相传的一个密码。

为什么古代几大文明（有的人讲四大文明，有的人讲七大文明）中只有中华文明没有断？原因就在于中华文明中具有慎终追远的传统。我认为，慎终追远是在总结的过程中学习，是通过学习发现规律，是通过规律来开创我们未来的命运，也基于此，我们才能把自己的规划做好。从明年开始，我们就要正式进入"十三五"规划的阶段。如果我们看未来的时候，不知道自己是从哪儿过来的，也就不知道现在所处的方位，对未来的规划就可能比较肤浅。

二、中国民主法制出版社 2015 年年度选题特点

我们现在的选题有几个特点。

（一）主题突出，政治使命感很强。主题出版是政治含义很重的出版。因此，需要同时注意两个问题。

（1）我们是用完成政治任务的态度来出版，还是用别的某种态度来出版？政治是信仰，也是社会生活样态。如果我们关注到当前中国方方面面的社会生活，我们的主题出版就不应该是形式的、机械的。政治是原则，其实也是经济。政治是方向，对我们企业来说，其重点则是产品，关键是要落在市场上。总的来说，搞主题出版，要有这样一种对待主题出版的辩证看法。

（2）中国出版集团一定要有自己的特色。主题出版要专业化，进而

学术化，这也应该是我们努力的方向。如果我们能以专业的眼光、学术的水平来做主题出版，我们的书就应该是长效性的。我始终认为，从世界范围看，跟西方发达国家相比，我们有两个方面的话语权是特有的。第一，我们对古代文化的现代阐释。这是西方国家没有的。虽然有很多汉学家在研究中国，但是，他们对中国文化的思维还是不甚了了。就像一首古诗，再好的外文翻译也翻不出其中的意蕴。第二，我们对中国道路的学术表达。中国经历了三十多年的改革开放，形成了自己的道路、理论和制度。目前来看，我们更多的是从政党政治的层面对这些方针政策进行总结，把握经验，阐述路线，但是没有抓到学术的东西。对中国问题的研究，站在英美等外国立场上进行，效果一定是不好的。我觉得林毅夫研究得好——他始终是借东西文化之精神成果，站在中国的土地上研究中国问题。这两个方面的话语权实际上给我们做出版提供了很大的空间，客观上也提出了一个明确的要求。现在提升中国软实力的关键是把握话语权，如果不在学理上去论述问题，你发出的声音恐怕是难以让人相信的。

以上就是第一个特点，整体是很好的，但还需要再努力，在学术化的水平和市场化的决心上努力。如果这两个维度能把握好，主题出版就可以做得长远、做出成果。

（二）产品特色鲜明，法律产品线实在。就我们要达到的目标而言，中国民主法制出版社还有很大的努力空间。一家企业始终要想自己的目标是什么，办企业就是要寻找这个目标。我一直在想，我们这个企业的指标到底怎么设置。所谓指标，就是指对政治、内容、文化到底怎么看。其实，这个问题早就解决了。因为我们要的文化不是闷坐书斋的文化，而是具有市场传播力的文化。如果没有市场的环境，我们的文化只能是孤芳自赏的文化。我们的使命,中央讲得很清晰,就是以人民为中心的出版,换成我们自己的话,是以读者为中心的出版。我们出版产品,如果读者不知道,或者知道的人很少,表现出来的经济效益很差,我们就没有完成使命。我们要在同类出版社当中找到自己进位争位的目标,诸如一年能达到什么样的位置,三年能达到什么样的位置,五年能达到什么位置。

(三)多元多样,图书结构良好。

(四)探索新途,出版数字化喜人。

这是给我留下深刻印象的四个特点。在这四个特点里面,我能感觉到我们这个群体的自信自强的精神、开拓创新的思想、专业务实的思考和认真敬业的作风,尤其是认真敬业的作风。今天全天的会,是这样的一种作风的充分体现。

关于主题出版,集团经过研究认为,要用专项资金去支持。但是专项资金怎么使用呢?不能回到过去只是要补贴的老路。专项资金的使用方向,第一要专业化。让我们的主题出版专业化,通过主题出版培养专业化的人才,由专业化的人才来设想学术化的路径,这是第一步,就是通过平台造就人才。第二是市场品牌。你说你书好,你说你人才好,最终还得读者来判断到底好不好。出版社始终要把着力处放在市场。老话说,得道多助。这里说的道,是市场之道。得市场之道,就有读者来助你。自信自强,开拓创新,专业务实,认真敬业,就是得道。得道多助,不是得邪道。得市场之道,才是企业真正的道。这是我们讲的第二层意思。归结起来,就是感动上帝的方法。上帝在市场,市场是上帝,读者是上帝。

三、选题决定着集团的命运

选题决定着集团的命运，是由中国出版集团特色发展的道路决定的。我们的道路是什么？就是咬住主业不放松。所谓咬住主业，就是更加专业化。在专业化的基础上，实现规模化，在规模化的基础上，实现数字化、国际化、市场化。大家想一想，我们这个集团，我们这个社，如果选题搞不好，实际上就什么都没有搞好。如果我们对未来还有所希望的话，根子就在选题这儿。它是决定着咱们命运的，既决定着我们平台的高低——平台高低不是由级别决定的，而是由产品决定的——也决定着我们经济素质的高低，因为专业化意味着我们的主要经济来源都是跟产品密切相关的。我建议出版社从这个角度来统一思想。选题是一个出版社最最关键的问题。那么如何做好选题呢？我觉得要从这六个方面着手。

（一）要有"玩索"的精神。"玩索"两个字是孔子讲的。孔子讲，他五十岁以后开始研究《周易》。他的方法是什么呢？是"玩索而有得"。怎么理解孔子的这个方法呢？第一，玩是反复。"玩"的古代写法是"翫"，左边的"習"是指一只鸟在天上飞。这鸟飞着是干什么呢？是练自己生存的能力。对它来讲，飞翔是最要紧的本领。所以玩索的"翫"，它的本义就是要反复地练习。第二，你翻来覆去，不能离开本，不能离开根。所以右边是个"元"。第三，仅仅是盘旋吗？不是，还有探索。此外，还有一个潜藏的意义。孔子没有讲对《诗经》《春秋》等用玩索的方式理解，但对于《周易》讲玩索。这实际上隐藏着实践的含义。因为对于《周易》，如果不去"玩"卦和爻，就很难把某个观念性的东西变为你认识的东西。所以"玩"的过程就是实践的过程。实践就会有真知。反复地想,反复地"玩",反复地实践,才会有真知。所以,自孔子注《周易》以后,《周易》作为六经之首的地位就确立了。

孟子怎么说呢?孟子传承的是孔子儒学的正宗,但有他的特点,更加庄严化。他讲:"困于心,衡于虑,而后作。"人们的思想要达到成熟,一定有一个"前夜"。这个"前夜"的状态就是,你感到心里很堵,你感到心力交瘁。没有这个过程,你就没有成功。这叫作"困于心,衡于虑",然后才能"作"。实际上就是三思而后行。我们选题也是这样的。选题要像"玩"卦和爻一样,经常在心里盘来盘去。要像孟子说的,感到有心得,感到一会儿清晰一会儿糊涂,一会儿想清楚了,一会儿想不清楚。好,这样就接近成功了。

(二)要有淘宝的思路。如果在法律类、经济类中有很多的选择余地,比如50本中选择其中5本,这就是淘宝的思想。它的一个根本特点,跟我们的出版是相关的,就是选择性。我们讲出版,可以讲出它很多的特征,其中最重要的特征就是选择。而选择的前提是拥有众多的资源。我知道有些基金做得非常好,我就问他们为什么做得好。结果很简单,一年选择2000个项目,投100个。这和出版是一样的。而理解选择对于出版的重要性,可以参考孔子对《诗经》的贡献。《诗经》传到现在一共是305首,但孔子在修订《诗经》的时候面临的素材是多少?3000多首。选择一要有资源,二要有思想。孔子是有思想的人,他给《诗经》注入了什么思想呢?诗言志。为什么《诗经》能够代代相传?这个道理就在这儿,它有精气神。所以,我们能否通过选择给产品注入什么,就反映了我们的水平。这就联系到学习十八届四中全会精神,要学习好各种各样的思想资源,我们才可能有这样的选择能力。

（三）**要有专业的志向**。搞主题出版，一定要懂得自强，要树立一个专业人的信念：我们不仅是为这个专业服务的一个出版机构，而且在服务的过程中形成了自己的专业观念；我们有专业眼光，可以选择；我们有专业判断，可以注入精神，等等。我记得孔子跟师襄学琴的故事。孔子学弹琴，学了一段时间之后，师襄就说可以加深学习了。孔子说，未知其数。《周易》讲三个字，一个"数"，一个"象"，一个"理"。"数"在音乐上实际指节奏。如果音乐的节奏你都搞不懂怎么往前学呢？又过一段时间，师襄说可以往前学了。孔子说，还不行，未得其志。最后孔子理解到什么程度呢？他说："我终于知道了，你教我的这首曲子，是文王做的。不是文王做不出这样的曲子来。"师襄说，乐曲正是《文王操》。所以，孔子从音乐里听出了周礼，这就是一种专业的思想。我们如果像孔子学琴一样，有很专业的思想，就可以奠定我们专业的平台了。

（四）**要有专注的能力**。做任何事情都要专注。苹果数字产品之所以做得如此好，是因为乔布斯一天24小时研究它。我们能不能像乔布斯一样有这种意识？我们有没有这样的专注能力？其实很多人是没有这样的能力的。但是，很多事情告诉我们，你只要具备这样的能力，你就一定能够成功。

（五）**在出版的风格上应该是"大家品位、大众口味"**。我们依然非常尊重大家品位、学术独到之作。但是大家要想，我们处在企业化、市场化的环境下，如果我们没有大众口味，就没有大众市场。我们就不是把自己往大里做，而是往小里做。我们这个集团既要有大众口味，又要有大家品位。这八个字应该怎么理解？大家品位应该是庄重、厚重、凝重。我们过去的一些品牌产品，都有这些特色。如果是市场影响反响好的，它一定具有通俗、通行、通达的特征。如果不具备这"三通"，实际上就没有市场，也没有真正良好的社会效益。仔细玩索我们的品牌产品，你就会感觉到，其中透出的就是大气、神气和灵气。"大家品位、大众口味"是我们共同的追求。

13. 知天时，懂天命，建事功*

仲春四月，时维清明；雁栖湖畔，慎终追远。今天我们在这里隆重举行中国出版集团内容建设委员会成立暨首届编辑大会。首先，我要代表集团，对各位领导和各位专家的到来表示热烈的欢迎和衷心的感谢！

五个月前，同样是在这美丽的雁栖湖畔，中国成功地举办了第二十二次APEC领导人非正式会议。峰会成果，言犹在耳。实现中华民族伟大复兴中国梦的宏伟愿景，正伴随着全球化的浪潮，深刻影响着中国的发展，急剧改变着世界的格局。身处这样一个伟大的时代，我们中国出版集团的每一位同志，都深切地感受到了一种机遇、使命、责任和担当。

三年前，我们确立了集团发展的"三化目标"和"六大战略"，召开内容创新大会，推出了"内容创新十策"。三年来，我们逐步拓展了内容创新、人才强企、数字化、国际化、品牌经营等战略。从今年开始，我们将着力推进集团化战略。在中宣部、总局和中央文资办的关心指导下，近年来，集团加快了向现代化、大型化、国际化迈进的步伐。去年，我们连续第六年入选"全国文化企业30强"，位次从2011年的第9位上升到第4位；连续第二年入选"全球出版业50强"，位次从2013年从第22位上升到第14位；首次入选"亚洲品牌500强"，成

---

* 这是2015年4月7日在中国出版集团公司内容建设委员会成立暨首届编辑大会上的讲话。

为中国唯一上榜的文化企业；首次入选"中国经济最具发展潜力企业"，成为2014年度上榜企业的第一名。尤其值得我们重视的是，近年来在各类好书评选中，我们的参选数、入选数都印证了中国出版集团强大的内容生产和创新能力。这些成绩的取得是集团全体同仁特别是各级领导班子和一线编辑共同努力的结果。

在推进"六大战略"特别是企业化、集团化、市场化的过程中，我们不断地追问自己：我们企业化的本在哪里，集团化的根是什么？我们形成的共识是，根在内容，本是编辑。这个根本告诉我们，出版产业能否做大，关键在于内容能否做优，产品的竞争力能否做强。这体现在优秀的选题策划上，体现在一流的出版物上，体现在对主流文化的把握上，体现在对阅读风尚的引领上，还体现在社会影响力上。内容建设关乎集团的命运，这样的定位，决定了我们必须坚定不移地走出版专业化的发展道路，也就是要更加专注于内容，更加专注于出版，更加专注于文化影响。对我们来说，企业化、集团化和市场化就是要学会以企业的方式做文化，以资本的方式做内容，以市场的方式做影响。对我们来说，做大做强，就是要把文化影响做大，把文化产品的生产创新平台做强。

基于这样的认识，我们经过近一年的准备，决定成立内容建设委员会，其中设置顾问委员会、咨询委员会和工作委员会。聘请各界领导和专家，作为我们的良师益友，更好地把中央精神和政策的指导力转化为集团内容建设的生产力，将集团内外专家的真知灼见转化为集团内容生产的持续创新。

内容建设，编辑为本。纵观人类文明的传承和发展，编辑的作用可谓大哉。孔子筛选民歌3000余首，集305篇以成《诗经》，"诗言志、思无邪"的传统影响后世，以至于今。他作《春秋》，微言大义，仁义统之，中庸贯之，成国史之纲要，播思想于千秋。他还玩索《周易》，精作"十翼"，赋以哲思之魂，终成群经之首。孔子删诗、注史、释经的往事，有人相信，有人疑之甚而否认。其实，从文化传承的角度看，我们至少可以从中看到：编辑工作的本质在选择，在倾向，在思想。

编辑是一个崇高的职业。回望百年历史，集团旗下的出版机构的前辈编辑们，曾为推动中华民族的历史进程做出了重要的贡献。118年前创建的商务印书馆，103年前创建的中华书局，83年前创建的三联书店，无不在昌明教育、开启民智的过程中，承载过使命，担当过主力。他们的所作所为，奠定了中国现代出版业的基本格局；他们精心推出的大量出版物，有力地推动了中国的现代化进程。1949年以来，随着"人字牌""国字头"等出版单位的纷纷设立，我们的编辑队伍更加壮大，编辑的产品也更加蔚为大观。去年在集团的品牌大会上，我们初步梳理了集团第一批290种品牌产品，以"汉译世界学术名著丛书"及点校本《二十四史》《辞源》《管锥编》《鲁迅全集》《中国大百科全书》等为代表，展现了中国出版的水准，体现了中国文化的高度。

当前，数字出版逐步深入，网络媒体日益普及，信息铺天盖地，内容海量呈现。其中，健康的与颓废的并行，有益的与有害的共生，真善美与假丑恶同在。在纷繁复杂的网络世界，传统编辑的作用看似被边缘化了，实则更稀缺；看似无足轻重，实则更见功力。内容越是海量，选择越是困惑，传统出版的编辑优势就越是重要和珍贵。

江山代有才人出，长江后浪推前浪。作为中国出版集团的编辑，我们有前辈留下的荣耀，有丰富的遗产，更应有当代的作为。**要有当代的作为，首先要知天时。**天时是什么？就是经济、文化、政治、社会发展的主旋律。当前,中华民族正在经历伟大复兴的历史进程,和平崛起、"中国梦"、两个一百年奋斗目标、"四个全面"战略布局、"一带一路"倡议、亚洲基础设施投资银行等,每一个都是世界级的话题,都是世界关注的焦点。中国模式背后的思想因素,中国模式的世界意义,都是中外学术界探讨的重点,都值得我们高度关注。**要有当代的作为,其次要懂天命**。天命是什么?就是文化担当,就是出版使命,就是抓住时代意义的大话题,成就里程碑式的大作品,发出中国的时代声音,掌握世界的话语权。尤其是对中国古代思想的现代阐释,对中国道路的学术表达,这个话语权应该是在中国,应该由我们中国人来完成。**要有当代的作为,再次要建事功**。作为中国出版集团的编辑,要不断学习,以增强修养见识;要倾听时代声音,以回答时代问题;要在"四个全面"的领会中,关注重大话题,凝结重大选题,给社会以精神的动力、思想的引导和文化的支撑。同时,我们也要善于运用企业化的方式、市场化的手段、数字化的途径和国际化的方法来做出版,使中国思想、中国文化、中国实践、中国故事传播得更远、影响力更大。**要有当代的作为,最后需要弘扬匠人精神**。这就是一生专注,精益求精,持续创新,融会贯通,视专业为根本,惜品牌如生命。

各位编辑,生活、工作在这样一个时代、这样一个集团是一种幸运。历史给予了我们重大机遇和重要平台,但是机遇只钟情有准备的人。中国出版集团的编辑,要在学习和实践中进一步形成中版特色的专业出版风格。这种专业风格,可以概括成以下一些要素:一是终生的学习能力,二是职业的专注能力,三是深刻的思考能力,四是时代的洞察能力,五是发现、聚合优秀作者资源的能力,六是市场的竞争能力,或者更本质地说,是文化的传播能力。

我们在案头的涂涂改改中，有文字功底，有品位格调，见思想文化，见眼光胸襟，考验着知识面，透露着倾向性。对这几种专业要素，只要长期培育、集中锻造、反复锤炼、持久追求，我们就能应天时、行天命、建事功，就能文以载道、商以传道、创新弘道，使出版的思想导向力、内容生产力、媒体融合力和文化传播力转化为健康向上的社会正能量。

各位领导、专家，各位编辑，再有两天集团就13周年了。我们在这里举办内容建设委员会成立暨首届编辑大会，以此庆祝集团成立13周年。参加这次会议的有近300名编辑，我们除了邀请上级领导做指示，还邀请各位专家进行授课，安排优秀编辑进行经验交流，开展分组讨论，同时也把各成员单位的领导班子都请来了。这样做，就是要在集团上下营造一种重视内容、重视编辑的浓厚氛围。因为我们相信，培养一大批好编辑，造就新一代名编辑，成就一些中国出版业的大编辑，是我们推进"三六构想"的题中应有之义，是我们建成"国际著名出版集团"不可或缺的重要标志，是我们走开、走好、走成中国出版集团特色发展道路的根本所在。同时，这也是我们集团各级领导班子的战略使命。

最后，敬请各位领导和专家更多地指导我们的内容生产和创新，也希望各位编辑在这次编辑大会中学有所思，学有所感，学有所问，学有所得，将来学有所成。

14. 假如我是总编*

我们今天的主题，一个是导向管理，一个是主题出版。什么是导向管理？在我的理解中就是一句话。我们出版要说正确的话，出正确的图书，这就是导向管理。这既涉及政治层面，也涉及思想、社会、文化、舆论等方面。

导向正确就意味着我们要始终说正确的话，出正确的书；而主题出版是指我们说有高度的话、有影响力的话、有感染力的话，同样也要出这样的书。一个要正确，一个要有高度。

在政治导向上要把好、不留缝隙，另外，在文化创新上要放活；在制度的执行上要卡住，在举措发展上要放活。坚守导向不是硬邦邦地行事。硬邦邦的东西长不了，我们这个行业需要丰富的、多元的文化创造。导向是给人以有益、健康、向上的引导。比如说，核心价值观它是政治吗？是。它仅仅是政治吗？不是。它是整个社会生活的总概括。因此，还原到社会生活，它就应该是丰富的、有血有肉的、能够感染人的。

主题出版上，我觉得比较重要的是要说对话，要专业化，用专业的方式说正确的话。这可能是中国出版集团跟其他的出版机构在主题出版

---

* 这是在2016年第一季度总编辑会议暨导向管理、主题出版座谈会上的讲话，根据录音整理。

上的一个不同点。要专业化，就必然要有高度，就必然要求我们有长期规划。我们把这个问题往深处想，主题出版不是命题作文，不是官样文章，不是时令的应景。它应该是我们这些出版人都应该有的自觉。主题出版，第一，实际是围绕时代性的主要话题，抓住它是我们出版人的分内之事。第二，它是社会性的主要旋律。第三，它也是这个历史阶段人们的经验的总结和思想的沉淀。如果这样来想主题出版，它应该是我们内容创新的富矿，取之不尽用之不竭。

导向管理是说正确的话，主题出版是说有高度的话，难点、重点在于我们怎么在专业性的基础上体现大众化，让多数人能读懂。所以在主题出版上，建议各位总编确立一个内在的要求，要出有历史高度和市场传播力度的书。在这个方面我们要确立这样的目标。

我对编辑工作是外行，今天是总编辑例会，所以我给自己列了个题目，叫"假如我是总编"。如果我今天开始学当总编的话，我会考虑这几个问题。

第一个问题，要做到"三个审看"。我们现在的出书规模大，因此总编的工作和过去是有区别的，但是还是有一致的地方。所以我简单地想，作为总编，要有"三个审看"。第一，要审看重点选题。有些同志反映，我们现在个别总编连重点选题都不看。审看重点选题有几个事情要想明白，第一，就是政治导向问题，你不看也是你的责任。这是从消极的角度讲。从积极的角度讲，我们总编的基本职能、职业成就，其实就在于把关重点选题。第二，我们要强调，总编要做总编的事。总编、总编，尽量不做经营、营销等与案头、文字、内容无关的事。长期做，你就形成一种气，你就会做得越来越好。文气和商气两股气交叉起来做，我不敢说一定做不好，但是一定会有很大的干扰。我们自己也有体会，一段时间事务性工作比较多了，就定不下来看书，定下来了也找不到感觉，要有一段时间的恢复期。这其实是人才的浪费，总编就该做总编的事。第三，只有长期坚持，总编才能从职务性的工作上升到对编辑灵魂、思想的指导，对一个社的出书的思想影响这个层面。第二，要审看时政类选题。第三，要审看有疑问的选题。就是要分段治理，明确一审是什么责任，二审是什么责任，三审是什么责任。比如说一审，你把握不了没关系，但是你必须提出问题。二审，你不能决定没问题，但是你必须要提出解决这个问题的意见，可千万不能统统"请某某领导审阅"。那你想，你这个总编还怎么当？压力全都到你这儿来了。

第二个问题，要做到"三个明确"。第一，要明确出版社的定位。第二，要明确一审、二审、三审的具体责任。第三，要明确编辑思想政治建设和业务能力培训的年度性安排。我们各个总编想一想是不是这样，如果编辑思想上是比较明确的，在选题把握上就比较安全。如果他思想上不明确，甚至是糊涂，那你想，这个选题，报一个可能就是一个地雷。所以这"三个明确"，总编的脑子里面要想一想。

第三个问题，要做到"三个狠抓"。一是要狠抓作者资源。其实能否抓住作者资源，问题不在作者上。只要做出版的人都知道作者资源很重要，但是现实问题是，第一，经常抓不到，都知道这个事情很重要，但抓不到；第二，抓到了又跑了，这个情况在我们有些单位还是经常发生的，原因在于不够珍惜作者资源。二是要狠抓重点出版和主题出版，这是今天我们的主要话题，但是我们也不能放松传统的重大出版工程和重点出版项目。不能因为抓主题出版了，其他的就可以放一放、缓一缓。不是。其实从历史来看，这是我们看家的东西，我们之所以还有一点底气，主要是因为有这个。但是我们现在的短板是主题出版，叫

"成批量、不响亮",这话讲得有点挫伤积极性了。刚才讲的几本书,比如《火印》等,都是很好的,但是确实还没有做到影响巨大、社会广泛认同的程度。三是要狠抓内容创新、机制创新和人才创新。在这三个当中,核心是机制创新。抓作者抓不到,抓到了又跑了,这个问题也跟机制直接相关。我们集团有很多优点,但是机制是我们的短板。机制的问题不是认识问题,而是落实问题、创新问题。机制怎么创新?当然,我们各单位的社长、总经理主要考虑全社的机制问题。我们总编要积极地、主动地考虑出版流程的机制问题,让它能够活起来,有弹性;让它能召唤人的激情;让它激励我们潜在的人才浮出水面,在业内成为名家。

第四个问题,要做到"三个打通"。一是选题策划和营销策划要打通,不能分为不相关的两截。二是图书版权和数字版权要打通。三是图书出版和多媒体利用要打通。如果打通了,我们的步伐当中就有时代性了,如果不打通也不能说很不好,但是基本上停留在传统业态。最近我在想,大家都讲中国出版集团的内容丰厚,但是我们要问自己几个问题。第一,这本书的版权在我这儿是多长时间?选题是逐年增加,还是逐年减少?第二,图书版权在我们这儿,但数字版权在不在我们这儿?如果这几个问题说不清,其实就是对我们自己的未来说不清。有人总结说,出版中最重要的资源、最看家的本领就在于拥有版权。的确如此。我们现在有一些大社强社,其实就大在这儿,强在这儿。我觉得总编在这方面要多下功夫。

第五个问题,要做到"三个看重"。第一,看重围绕大局的社会影响。且不说我们是中宣部领导的,在大局当中有地位、应该有作为的一个出版集团,就说在市场上,如果你没有围绕大局的社会影响,就没有品牌。第二,看重文化影响的市场效果。我们讲文化影响讲得比较多,但其实我们更应该讲这种文化影响的实实在在的市场反应、市场销售、市场效果。第三,看重专业内容的历史高度。我把它放在最后,实际上是为了形成递进关系,这是最重要的。十年、五十年以后,当人们写出版史的时候会不会写到你这个社,会不会写到你这个社的某一本代表这个时期的高度的书。

第六个问题,要树立"三种观念"。第一,政治观念。上午讲了那么多,现在不讲了。第二,历史观念。就是刚才讲的,要有高度,在历史上留下痕迹,在历史上有地位。第三,人梯观念。总编当然应该对一个社的出版指导思想发挥重要作用,当然也应该直接抓一些重点项目,在职业生涯当中留下个人的印记,但最重要的是培养一批人,给他们提供平台,造就他们的职业生涯,让他们成为你这个社乃至整个出版业的明星编辑。这就是人梯意识,就是为了别人,造就别人,成就别人,为别人的成功而高兴。有这样开放的心态,这样的一种格局器局,你这个社不能不好,不好没道理。我知道很多的专业机构,包括我们的文化机构,一个很难解决的问题就是,如果选择一个人从事某方面的工作,他没有文化积淀、没有专业的能力,他做不好,所以一定要选有能力的。但是这个有能力的人一旦在位,他就和同类人形成了竞争,因为他有了权力就可能去限制别人。所以我觉得,要把一个社做大,我们的总编就要把自己的心胸做大。你能够包融真正的人才,你就能创造一批好书,你就能在自己的任上打造一个有品牌的出版社。

最后我再强调:第一,要把政治导向责任担起来。第二,要把文化贡献的使命放在心上,担在肩上,体现在人才培养上,落实在一本一本的好书上。我们的总编一定要想，书的背后是人，码洋的背后是人。我们要在做好书的时候，带一支好的队伍，我们这个社就会越来越兴旺，我们的好书就会源源不断，我们在社会上的吸引力也会增强。

15. 坚定文化自信，弘扬商务精神*

商务印书馆成立120周年，这不仅是中国出版界的一件大事，也是中国文化界、知识界的一件大事。中央领导同志和各位领导以到一线调研的方式亲临祝贺，既朴实无华，又庄重务实，这对我们全集团干部职工是一个极大的鞭策和鼓舞。首先，我谨代表中国出版集团，向一直以来亲切指导和热情支持商务印书馆的中宣部、新闻出版广电总局、财政部等各有关部门的领导表示衷心感谢，向一直以来热切关心商务印书馆的各级老领导、各界专家学者、各方社会人士表示崇高敬意，向一直以来默默耕耘的商务印书馆历届领导和全体干部职工表示由衷祝贺！

回顾商务印书馆的120年，她彰显了民族命运与企业发展紧密相连的历史，体现了出版企业践行时代使命的独特方式。 在启蒙与救亡、革命与建设、改革与开放的历史浪潮中，她始终坚持民族利益至上，秉承"为国难而牺牲，为文化而奋斗"的神圣使命，传播思想，译介新知，昌明教育，开启民智，整理国故，传承经典。她在时代激荡中引领风潮，又在潮流更迭中催生新知；她在格物致知中启迪民智，又在大众启蒙中倡导新学。她为传承中华优秀文化、融汇人类文明成果做出了艰苦卓绝的持续奋斗，为几代中国人的心智成长、中国社会的现代化转型提供了彪炳史册的精神支撑；她将红色文化基因、民族文化传统、外来

---

* 这是2017年5月9日在商务印书馆调研座谈会上的讲话。

文化养料和时代生活底色予以有机融贯，成为中国现代文化史上一个不可磨灭的历史坐标，成为全球文化格局中一个卓然而立的中国符号。

回顾商务印书馆的 120 年，她彰显了文化担当与市场运营"双效"合一的历史，体现了出版企业履行文化责任的独特路径。作为我国第一家现代意义上的出版机构，她最早建立了以企业化、股份化、市场化为基础的现代企业制度，率先引进和使用世界先进印刷技术，推行现代商业管理、运营、销售方式，设立了 36 个跨国跨地域经营的分支机构，有效整合了大众启蒙与市场运作、思想引领与技术创新等内容生产和传播的要素，以企业的方式做内容，以商业的方式做传播，以市场的方式激活资源，实现了文以载道、商以传道、创新弘道的有机统一。她重市场但不唯市场，重商业但不悖伦理，重师夷长技但更重技以载道，重产业扩张但更重文化影响。这是她的企业之道，是她的文化格调，也是文化融于企业、企业助力文化的成功之道。

回顾商务印书馆的 120 年，她彰显了文化理想与文化品质有机统一的历史，体现了出版企业独特的中国精神。她坚持以文化人、以书立人，出版了《四部丛刊》、百衲本《二十四史》、"万有文库"、《辞源》《新华字典》以及"汉译世界学术名著丛书"等一批影响深远、传诵不衰的文化精品。她生于忧患，克勤于邦，秉持自强弘毅、与时偕行的进取精神；她品察古今，博采中西，葆有兼收并蓄、厚德载物的开放精神；她寻章摘句，探赜索微，炼就淬金砺石、精益求精的工匠精神；她木铎启路，日新无已，常有敢为人先、勇于探索的创新精神。这种企业精神，是商务印书馆历经磨砺、含弘光大的主要法宝，是中国现代出版业薪火相传、生生不息的优秀传统，也是推动我们进一步做好出版工作、促进文化繁荣的精神财富。

今天，我们要继承好"商务"的文化传统和企业精神，就是要认真贯彻党的十八大以来中央各项部署，认真贯彻习近平总书记系列重要讲话精神，牢固树立政治意识、大局意识、核心意识、看齐意识，坚持以人民为中心的工作导向，坚持把社会效益放在首位、两个效益相统一，坚持把内容建设放在第一位，把质量放在第一位，把出好书放在第一位。中国出版集团尤其要在以下五个方面坚持不懈，一以贯之。一是坚持正确导向，弘扬主流价值，营造昂扬奋进、向上向善的社会文化氛围。二是积极服务大局，做响主题出版，打造更多叫好又叫座的精品力作。三是推动文化"走出去"，讲好中国故事，发挥当先锋、扛大梁的示范作用。四是深化企业改革，建立有文化特色的现代企业制度，创新生产、营销和管理制度。五是加快媒体融合，推动传统出版与新兴出版的一体化发展，积极打造具有国际竞争力的数字融合出版集团，为增强中华文化自信、建设社会主义文化强国做出新的贡献，以优异的成绩迎接党的十九大！

16. 认清形势，抓住要害，明晰方向*

今年集团的选题工作会，我参加了一些，更多的是看案头的材料。总体情况可以用这样三句话来概括。第一，选题工作方面，各单位很认真，很扎实，有成效，继承了我们这个集团的出版传统。第二，学术文化类选题有分量，主题出版类选题越来越多，大众读物类选题也逐步形成了规模。第三，仍然存在导向隐患、原创不足等突出问题。

总体来说，大家很辛苦，我代表集团对大家的选题工作给予充分的肯定，也表示衷心的感谢。这是我们集团的重中之重，抓住了今天的选题，大体上就是抓住了明年的出版工作。同时也希望大家精益求精，根据刚才各位领导和专家的要求进一步打磨。下面我讲三层意思。

一、认清形势

明年是十九大，中央的精神浓缩起来，就是稳中求进，稳是总基调。明年的形势怎么看，我这段时间学习下来，有这么几个观察点。

1. **国际上变**。国际上总体来讲一个特点就是变，而且是格局性的变化，用总书记的话说，我们处在一个世界的大变局之中。我不展开讲了，大家考虑工作的时候，这个"变"字要把握。

---

* 这是 2016 年 12 月在中国出版集团公司 2017 年度选题论证会上的讲话。

2. 政治上严。稳中求进，首先是政治大局要稳，社会生活要稳，经济发展要稳，而前提是在政治上要严，没有严就做不到稳。展开讲，我理解有五个"严"：一是政治生活严，你看政治生活准则出来了；二是导向管理严，这是政治生活严的必然要求；三是政治纪律严，党的十八届六中全会上监督条例也出台了；四是出版规范严；五是我们明年对自己要有政治上的要求，叫自觉自律严。这是明年形势的第二个特点。

3. 文化上优。这一点我们各家出版社可能都感觉到了，只有优，才能致胜。

4. 经济上稳。今年的数字都出来了，中央关于新常态、供给侧结构性改革、稳中求进这三件大事，其实都贯穿着这么一个基本的经济形势特点。

5. 资金上紧。中央经济工作会正式明确了，财政部的安排所涉及的各种费用都是从紧的趋势。

这几条不一定全，但都跟我们的出版有直接和间接的联系。

二、抓住要害

明年工作要害在哪里？我看主要是两个方面。

1. 把导向。刚才提了政治上严，落实到我们这里，就是严把导向。

第一是要"多过过筛子"。就是中央领导同志讲的，要用中央的筛子过，不是用自己的筛子过。有的时候就是这样，你用中央的筛子一过，问题出来了。实事求是地讲，有时候我们可能看不出问题，原因是从局部看，而没有从全局看，用的是自己的筛子。比如有的选题一般情况下看没问题，但放在国际上就成了外交问题。有的问题，我们看好像是一个文化问题，但是从全局看它就成了一个宗教问题、民族问题、国与国的问题。所以用中央的筛子多筛一筛，是明年工作的一个重点要求。否则，我们就是自以为在做贡献，实际上在惹麻烦。

第二是要"勤用放大镜"。既然明年有这个特点，就要用"放大镜"来看，似乎是问题似乎又不是问题。这样的问题，要放大了看。这一条很重要，不然弄不好自己感觉把关很严，实际上尺度不对，用了"平光镜"。明年要用"放大镜"，不能用"平光镜"。

第三是要"拉紧责任制"。责任制不能变空话，我们今天宣布一条，在过去的基础上，所有的出版单位，一把手、总编辑要对政治导向把关共同负责，至于三审制，你们怎么层层贯彻，你们自己去定。集团就是抓两个主要领导，一把手是第一负责人，总编辑是主要负责人。这是明年的一个要点。

2. 调结构。这既是中央关于经济工作、关于企业的主线，也是关于出版、关于文化的主线，明年调结构要在今年的基础之上真正形成主线。我主要讲几个重要关注点。

第一是内容结构。我们的责任和使命可以从各种各样的角度去表达，但是最后都落在选题、落在内容结构上。如果我们说我们很关注大局、很关注时代，但是在我们整个选题结构当中，这部分连1%都没有，那我们的关注就变成了一句空话。如果我们说我们的文化传承责任很重，我们有自己的传统，但相关选题所占比例是在减小，而不是在增大，那我们的文化传承就要打问号。内容的结构不仅是经济问题，也是文化问题。所以，第一点要考虑的是内容结构。今天在座的多数都是我们企业的当家人，自己心里要清楚，集团不做统一的结构比例要求，因为各家情况不一样，但是各家要很清楚，在你的结构中，传承类的要占多少，主题性的、时代性的要占多少，学术的、大众的要占多少，都要有合适的比例。结构就是不同要素的比例关系，总体上由你出版社的出版定位决定，但是光有一个定位是不够的，最后它都要体现在你选题的内容结构上。

第二是投入产出结构。别忘了我们始终是用企业的方式做文化，因此要有合理的投入产出结构，否则我们就不能持续做文化，这就是可持续发展的观点。

第三是生产营销的机制性结构。支撑、激活内容结构和投入产出结构的是生产营销的机制性结构，就是动力问题、改革问题。要用综合的思想来考虑结构问题，只考虑单一的因素总是不能调整好。

第四是业态结构。就是数字化，就是媒体融合问题。

我觉得从我们出版业现在的阶段来看，这四个结构是结构问题中最重要的。

三、明晰方向

我们要始终知道出版的基本方向、基本走向是什么。大家说了很多，我最近的体会是，如果我们把出版工作放在历史长河当中去想，其实就是两个字，就是文化，就是以文来化，化人以文。这是出版的终极目标，就是要脱离假丑恶，追求真善美。中国出版集团如果在市场化当中搞的一些东西，叫别人看了就骂，自己作为读者看了可能心里也不太安。我觉得这种钱咱们不赚，不要说小钱，大钱也不要。放在历史长河里面讲，我们出版的意义就是脱离假丑恶、追求真善美，就是要追求"说清形而下，探究形而上"，就是要说给人听，写给人看，就是要影响当代，传之久远。

我们始终要想，出版是以影响的大小论其名，我说的这个"名"是从褒义的角度来理解。司马迁总结过，这个世界追求的无非就是名利二字，但它有正反两个角度的理解。我从正面来理解。我们出版以影响的大小论其名，以影响的长短论其利，利国利民的"利"。出版的意义体现在你出版的产品能产生多么久远的影响。我们有一个很好的传统，现在继承着，也在发扬着，就是做常销书。因此，从某种意义上讲，内容生产其实就是一个版本的多年度表达，数字化是一个版本的多媒体表达，而"走出去"是一个版本的多国别表达。

所以对我们出版来说，就是要以影响的长短论其利，同时以化人以文的效果论高下。这是我最近学习的体会，如果把出版放在这种历史的眼光下考虑就是这样。我把它再提炼一下，就是出版要脱离假丑恶，追求真善美，政治的问题、经济的问题、市场的问题等，我看都在里边了。因此，我们在把握年度特点的时候特别要强调，我们出版人基本的方向始终是追求真善美。

具体地讲，怎么来明晰这个方向呢？

第一，重大题材、重要作者、重大影响，一定要放在我们选题的重要位置，特别是要放在我们主要领导的脑海当中，长期思考。

第二，追求选题的文化性、学术性、知识性，我们讲的真善美要体现在这里。

第三，提高出版物的编校质量、装帧质量、印制质量，其实还有一个手感质量，有的书抓在手上舒服，有的书抓在手上不舒服，过于重。当然也不绝对，有一些特别重的书抓在手上也很舒服。仔细想一想，如果是畅销型的书恐怕不宜重，浅阅读的书恐怕不宜重，因为它们携带阅读的概率比较高，但是真正做学问的、内涵深一点的书重一点无妨，因为它们主要是放在桌上展读。

以上这三个层面，概括起来就是强调"三重"，追求"三性"，提高"三种质量"。

另外有两个问题，我再强调一下。

第一是引进问题。我们不反对引进，但反对不加比较地引进。在导向正确的前提下，如果我有他也有，那就要平衡一下哪个好，如果我没有他有，那么引进基本上是畅通的。我在人民美术出版社学到一句话，什么叫美，美就是比较。好坏也是如此，不怕不识货，就怕货比货。其实，我们有很多的东西，国内的还是不错的，但是我们无形中会有一种成见，就是国外的好，著名大学的好，著名机构的好。其实真的不一定。即使是著名的人、著名机构的东西，也不是所有的东西都好，我们不能迷信。

第二是民国问题。首先，对民国时期那些做出贡献的文化人，我们是尊重的，但是历史的局限他们是没办法跳出去的。回头来看他们，第一种，把外国的东西改造引进来，引进之功是有的，撞击了中国文化，才刺激了我们现在的发展，功劳是有的，但是并不是说他们介绍的都是正确的，这个我们要看得非常清楚。第二种，有一些在近代可以算是大家，他们试图把中国的跟西方的融合。东西方文明碰撞了以后，他痛苦，他琢磨，他矛盾，他把心得写出来，这就高一层了。所以，对于民国的东西要做比较和甄别，我觉得是很有道理的。一个真正好的出版社，是心里面有主张的出版社，她不会盲从于市场，盲从于一些人的追捧。所以，我们讲选题选题，就是要做选择，就是要体现出我们的主张。

　　总而言之，主要是三条，认清形势，这是参考性的；抓住要害，这是要求性的；明晰方向，这是希望性的。希望大家都能按照这个要求来努力。

第三篇

立足两大话题，做响国际传播

1. 和而不同，一体多元*
—— 全球化背景下的华文出版

法兰克福与北京时差 7 小时，相距近 9000 公里，跨越这样的时空，来探讨华文出版的使命和未来，使人不由地想到这一问题在全球化背景下的特殊意义。

不管你赞成还是反对，全球化自世界近代史开端以来，已像汹涌澎湃的大潮呼啸奔腾了五百个春秋。在经济全球化的历史大潮中，不同文化、不同文明也经历了从接触到碰撞、从挑战到回应、从竞争到交融的历史过程。这一过程还在延续，还将呈现出对立统一、互通互融、多姿多彩的宏大格局。

第一，从历史的角度看，中华文明是世界上唯一没有中断、延绵不绝、贯通五千年的文明。这一文明有这样几个特点值得注意。

一是在王朝的更迭之中，它始终薪火相传；在国家分裂之时，它依旧生生不息；在少数民族入主中原之际，仍然奇迹般地化军事上的失败为文化的胜利。这种情况在中国历史的南北朝、元代、清代几度出现。特别令人难以置信的是，1840 年以来，列强纷纷入侵，中国积弱积贫，到 20 世纪初，一批中国最先进、最有文化的知识分子甚至高呼"打倒孔家店"，把中国落后的原因归结到中国文化上。这种呼声与认识一直延

---

* 这是 2009 年 10 月在法兰克福举办的世界华文出版论坛上的讲话。

续到20世纪80年代。但是到了90年代，中华传统文化从遮蔽中逐步彰显出来，从国外到国内、从市民到精英、从民间到政府，国学、汉学逐步恢复、弘扬、升华起来。

二是中华文明在五千年的发展中呈现出多元一体的特点。在与不同民族的融合中，不同文化经历了相互撞击、相互融合的过程，最后形成了主旋律，但各乐章是多元的，既具有中华文明整体性，又具有各民族独特性。

三是"和而不同"与"中和位育"的文化兼容性，这是中华文明的一个哲学理念，也是中华文明吐故纳新、整合升华、延绵不绝、不断复兴的根本原因，更是不拒绝别样文化，而是吸纳别样文化，提倡各种有价值的文化形态共生共存的至高理想。

这三个特点的因果关系清晰可见，正是因为有"和而不同"和"中和位育"的理念，才产生了多元一体、不走极端的格局，并造就了五千年生生不息的文化景观。

所谓"和而不同"和"中和位育"，就是强调人与自然、人与社会、人的内心世界的和谐，就是倡导不同民族、不同国家、不同文化的共存共生，就是秉持承认差异、求同存异、和谐发展的大同思想。这是中华文化发展昌明的历史经验，是当今世界不同国家、不同民族由经济全球化到文化全球化的宝贵思想财富。当西方历经近六百年的现代化过程，正用后现代的思想自我修正和补充的时候，中华文明恰恰可以提供取之不尽的精神资源。德国伟大的哲学家海德格尔晚年用后现代的思想批评现代西方工业文明的时候，就沉迷和求助于中国古代伟大的思想家老子。

自然和历史的知识都告诉我们，活力源于多样，同一趋于衰亡。这一自然和历史的法则指明了世界不同文化相互交融、一体多元的客观规律。在这个规律当中,我们深刻地感受到华文出版的使命和未来。

第二,从现代化的角度来看,不同国家的发展道路各不相同,即使是西方,不同国家的发展模式也各有特色。在中国,由于广大农民的普遍存在,由于东西部发展的不平衡性,由于收入分配的历史性差异,一句话,由于从农业社会到工业社会、从农耕文化到商业文化、从传统文明到现代文明的重大转型,中华民族走出了具有中国特色的现代化道路。对这条道路,最初不仅外部世界很少认同,而且国内的不少人也缺乏信心。但是,经过三十年的从农业到工业,从乡村到城市,从经济到政治、社会、文化的全面改革,中国经济高度发展,中国国力日益强盛。

现在,无论别人如何评说,中国式的现代化道路已经被经济总量的不断跃升,被人民收入的持续提高,被国际影响力的逐步扩大,反复证明了它的客观性、必然性和正确性。这条道路对世界现代化是一种丰富,对西方国家主导了几个世纪的现代化,既有学习、吸收和借鉴,也有鉴别、选择和创新。中国特色的发展实践必将发出自己独特的现代之声。这条道路将随着中国经济的持续增长、中国社会的科学发展,日渐显示出它的世界意义。

总而言之,我认为中华文化的独特性和中国现代化道路的独特性,决定了华文出版的使命和未来。华文出版应该肩负起弘扬中华优秀传统文明和传播中国现代化经验,承担起中西文化交流、中西现代化模式交流的历史使命;应该为人类的文明进步做出独特的贡献。出版是知识、经验、文化和智慧传播的载体,随着中国的和平崛起,华文出版的这一使命将更为突出,华文出版的未来也将愈益光明。为此,华文出版必须快速地市场化和集团化，以增强自己的活力和竞争力；必须勇敢地数字化和国际化，以扩大发展空间与文化影响力。

世界正在了解中国，中国也正在走入更广阔的世界。中国已经从"中国之中国"变为"亚洲之中国"，也必然会全面地成为"世界之中国"。在这一历史进程中，华文出版任重道远，前景宽阔。

2. 积极探索"走出去"新路径，不断提升出版文化国际影响力*

　　凤凰出版传媒集团在2008年提前实现销售收入超百亿目标，成为国内首家超百亿文化产业集团。2010年突破135亿元，综合实力大幅提升，凤凰集团在行业内外的影响力显著增强。在对外合作方面，凤凰集团积极贯彻落实外宣精神，实施国际化战略，以"走出去"作为凤凰集团外宣工作核心，以外向合作作为提升集团外宣工作能力与实力的战略目标。在省委省政府的大力支持与推动下，立足本省优势资源，突出集团自身特色，坚持整体推进，分解实施，把"市场拓展战略"和"外向合作战略"紧密结合，通过对定位、策略和机制的调整，使集团的"走出去"战略落到实处。集团"十一五"版权输出数量较"十五"实现翻番；被国务院新闻办"中国图书对外推广计划"工作小组确定为首批成员单位，被新闻出版总署列入出版"走出去"第一方阵。2010年，集团进一步拓宽出版"走出去"的广度和深度，积极参与构建由版权、产品、实体、资产等多种形式、多种载体构成的出版"走出去"新格局，不断提升江苏文化的国际影响力。

---

* 这是2011年1月在江苏省全省对外宣传工作会议上的交流汇报。

一、围绕外宣内核，让反映江苏政治经济文化的图书"走出去"

图书是文化和智慧传播的载体，图书的海外推广是极具成效的外宣举措。

2010年，集团共进行版权贸易607项，其中向非华语国家输出版权125项，较上年增长52%。一批反映江苏当代政治经济文化的图书被输出到海外。如由省外宣办组织编写的"江苏文化丛书·风物系列"（12卷）输出到了韩国；《改革开放30年的苏北发展》《和谐发展在江苏——社会主义和谐社会理论建设在江苏的实践探索及典型经验研究》等输出到了越南；反映江苏知识产权保护成果的《加强版权保护对中国南通家纺产业发展的影响调研报告》，与世界知识产权组织合作出版了中英对照版。而江苏作家的作品则被输出到了美国、法国、德国、瑞士等国家和地区。

集团借助国家外宣平台，大力推荐反映江苏优秀文化的出版物。年度24种图书入选国务院新闻办"中国图书对外推广计划"推荐书目，包括《苏南发展的缩影：昆山农村60年大变迁》《江南古典私家园林》等。共有50种图书出版项目分别获得国务院新闻办翻译出版资助，入选国家新闻出版总署"经典中国国际出版工程"。集团与全英文版、面向海外发行的 *China Book International* 杂志紧密合作，每期都有反映集团发展、图书产品、图书作者及重大出版活动的专稿。

二、铺设外宣渠道，以品牌书展带动文化和产品"走出去"

（一）主动出击创建品牌，以"江苏图书展"带动成品图书走向海外

海外书展是中国文化直接进入海外华人社区的重要方式。凤凰集团

认为，书展以图书为纽带，凝聚海外华人情感；以展会为媒介，传播中华优秀文化；以交流为主旨，提升中华文化影响力。"江苏图书展"瞄准海外华人华侨市场定期举办，不仅促进了江苏出版物的成品出口，也为图书版权贸易、了解国际业界最新动态、学习同行先进经验搭建了平台，更与海外华人华侨加深了联系，使他们能够更为全面地了解祖国的发展。"江苏图书展"得到了省政府文化引导资金的支持，成为集团文化外宣的重要品牌项目。

2010年，凤凰集团成功举办了美国"第十二届江苏书展"、澳大利亚新西兰"第十六届江苏书展"、西班牙"第八届江苏书展"、英国"首届江苏书展"和巴西"首届江苏书展"。书展不仅直接带动集团书刊成品出口1000多万元（较2009年增长10%），也开拓了两类产品的出口：（1）江苏版教材教辅。江苏版教材教辅不仅在澳大利亚的中国书店长期陈列，还打进了当地的中文学校；美国的一些中文学校已经固定使用凤凰版助学读物。（2）凤凰版期刊。江苏少儿社的《东方娃娃》和《东方宝宝》两种杂志，已经打入新加坡中文期刊市场，每期代理出口6000多册。

（二）注重实效，用好品牌，利用国内外重要国际展会，推出江苏主题出版物

参加国际展会是凤凰集团推进"走出去"和对外宣传的基础性工作。凤凰作为中国出版"走出去"的第一方阵的核心成员，2010年共参加14个国际重要展会。其中希腊国际书展举办了中国主宾国活动，而北京国际图书博览会和法兰克福书展分别成为集团"走出去"的主场和客场平台。北京国际图书博览会期间，中央领导同志视察了凤凰集团展区，对凤凰"走出去"工作给予了充分肯定，并提出"希望你们继续努力，一方面大力挖掘和整合国内丰富的文化资源；另一方面紧紧抓住国际大市场，进一步加大力度，把更多的精品力作介绍输送到海外去"的要求。凤凰集团通过参展工作，不仅取得了相当可喜的版权贸易和对外交流成果，而且通过图书展示了江苏文化的魅力。

三、拓宽外宣思路，以资本为纽带创建本土化的海外文化阵地

海外投资——孔子学院项目。凤凰集团是中国第一家参与投资国外孔子学院建设的企业；通过搭建国际教育平台，开发中国文化主题出版项目以服务出版主业。

凤凰集团投资建设的美国佩斯大学孔子学院2009年正式揭牌成立，运营至今已产生良好的社会影响。招生规模逐步扩大，各类文化活动受到华尔街商贸人士的欢迎。集团与佩斯大学以及联合国中文组合作的汉语学习教材编写工作已经展开。12月，集团作为中国唯一真正参与孔子学院建设的企业，受邀参加第五届全球孔子学院大会并在"孔子学院与企业的合作"论坛上发言。

借船出海——中法合资项目。凤凰集团与名列世界第三大出版集团的法国阿歇特图书公司成立由中方控股的合资公司，这一项目被认为是贝塔斯曼出版业务撤出中国后的首个中外合资案例。通过此次合作，集团的国际影响力得到显著提升。

在新闻出版总署领导和法国大使的共同见证下，2010年8月31日，凤凰阿歇特（北京）文化发展有限公司正式揭牌。公司将以每年5%的增长幅度，利用阿歇特集团的发行渠道，向国外推出中国文化产品。这

标志着集团建设高端出版资源引进平台和稳定有效的外向型出版拓展平台的目标开始逐步实现。

四、树立外宣形象，良好的品牌形象极大提升企业的海外知名度

作为肩负外宣重任的省重点文化企业，凤凰集团始终认为，健康良好的企业形象是对外宣传的无形名片。

"十一五"以来，凤凰集团每年销售收入以10亿元的量级快速增长，2008年率先在全国出版业突破了100亿元，2010年已经冲上135亿元平台。在国家统计局公布的全国各行各业1000家大型企业的排行中，凤凰名列第398位。在世界品牌实验室公布的500家中国知名品牌中，凤凰名列第243位，是全国同业中排名最靠前的。

2010年，凤凰集团六项主要经济指标在全国出版业中继续保持排名第一，出版能力和出版能力的成长性在全国排名第一，首届出版政府奖正式获奖数在全国排名第一。在2010年中国首届新闻出版产业调查中，凤凰集团总体经济规模和实力评估再次位居第一，国家一级出版社数量与中国出版集团并列全国第一。

集团还通过加大"请进来""以进带出"力度推进外宣。年内亚洲投资项目公司总裁、哈佛商学院出版社执行主编、著名图书网站DailyLit首席执行官、美国书业研究会执行主任，以及国际知名文学经纪人等来到凤凰访问，通过看江苏经济社会的发展面貌，感受了江苏文化的魅力；通过看凤凰集团的发展状况、能力与实力，拓展了彼此间的深度合作；通过举办专场讲座，加深了彼此间的了解和互信，为凤凰未来在国际市场开展并购业务奠定了基础。

五、规划外宣路径，不断提升文化企业的国际影响力

融入世界成为国际化出版传媒企业，是凤凰"十二五"期间的战略目标。我们真切地看到，世界正在关注中国，中国也正在步入更广阔的世界。随着中国的改革开放，中国文化"走出去"和世界文化"走进来"已成为国际文化交流中的一道美丽风景。中国现代化的独特性和中国文化的独特性成为国际社会关注的热点；对中国文化的了解，对中国思想的研究，成为广泛的需求。凤凰集团将结合自身优势，在推进外向合作战略的基础上，为提高国家文化软实力做贡献。

第一，集中优势资源，规划外向型出版产品线。丰富并发展外向型出版产品线，在当代社会政治、传统文化、中医中药、文学传记等已有产品线的基础上，依托佩斯大学孔子学院这一教育平台，开发符合国际教学水平要求的汉语读物。尝试针对海外教育市场和教育大纲，推出富含中国教学方法特点和教学素材的助学读物。

第二，拓宽思路勇于探索，规划国际化发展路径。"国内资源与国外资源相结合基础上的国际化"是凤凰集团努力的方向。实现企业的国际化，就要通过项目合作、资本联合等方式，在合作中"结缘"，在合作中"借力"，在合作中培养人才，分享市场，形成企业的文化影响力。

第三，锁定"双百亿"目标，规划海外并购布局。海外收购兼并是企业国际发展的重要路径，也是帮助企业快速发展壮大的重要途径。着眼"十二五"销售达"双百亿"目标，凤凰集团正在积极接触海外出版、发行、复制、电子商务、数字出版等优质企业，不远的将来就会交出良好的成绩单。

综上，根据省委的外宣精神，凤凰集团将积极服务江苏经济建设、

社会发展和文化需求，在出版、发行、合作交流等环节切实地落实外宣工作要求。凤凰集团将不断推进教育与培训，寻求有实力的合适的国际合作伙伴，加大对省内出版资源的挖掘，加大版权贸易、合作出版、成品出口力度，逐步实施国际化发展战略，提升江苏文化影响力，更多地占领海外市场空间。

3. 理清战略思考，抓住六个要点，努力打造国际著名出版集团 *

党的十八大报告明确提出到 2020 年要实现"中华文化走出去迈出更大步伐，社会主义文化强国建设基础更加坚实"的文化建设总目标。习总书记在全国宣传思想工作会议上深刻阐述了中国特色和国际比较的辩证关系，精辟地指出要"讲好中国故事，传播好中国声音，增强在国际上的话语权"的国际传播总方针。这为我们全面做好"走出去"工作、提升中华文化国际传播力明确了战略方向，提供了基本目标。

十八大刚一结束，中央领导同志就对我们集团提出了要用 5 年左右的时间努力建成"国际著名出版集团"的总任务，对集团新一轮改革发展寄予了殷切希望。今年 3 月 20 日，中央领导同志到集团调研视察，提出了出版"走出去"要抓好选题、翻译、方式方法等三个关键问题的总要求，对集团的国际传播能力建设充满了深切期待。

今年 7 月，法国《图书周刊》、德国《书业报告》、美国《出版商周刊》、英国《书商》等四家国际著名出版杂志联合发布的《2013 全球出版业营业收入 50 强研究报告》出炉，集团名列第 22 位，为国内出版企业之首。与此同时，国际化作为主体战略和"三化目标"之一，已经在全集团中形成了广泛共识。

---

* 这是 2013 年 9 月 26 日在中国出版集团公司国际化战略推进会上的讲话。

这一切都强烈地表明，国际化既是中国出版集团的国家使命、文化责任，也是中国出版集团新的发展机遇和新的发展目标。以"走出去"为重点的国际化工作，可谓逢天时，得地利，应人和。

去年10月份以来，集团着手集中研究国际化工作，先后组织了十多场涵盖各单位主要领导、分管领导、版权经理、业务骨干等在内的调研会和座谈会，对国际化战略的方向、目标、路径、方法以及创新举措进行了认真研究和深入探讨。集团领导班子还结合党的群众路线教育活动，征求了基层干部职工关于开展国际化工作的具体建议。我现在的讲话是集体智慧的体现。下面讲四个问题。

一、认清历史规律，增强国际化的使命感、责任心和自信心

将历史拉远了看，人类5000年来一直存在着一个横跨欧亚的世界体系，其间上演着世界中心与边缘地带之间的兴衰沉浮；其中，经济扩张与文化传播如影随形，文化中心随经济中心的位移而移位。纵观世界历史变迁的轨迹，有一条基本线索清晰可见，这就是：经济强则文化影响强，经济弱则文化影响弱。

再将历史拉近了看，近500年的大国崛起同样伴随着文化崛起。16世纪的西班牙崛起，创造了以《堂吉诃德》为代表的文艺"黄金时代"；18、19世纪的英国崛起，创造了亚当·斯密的经济学经典和达尔文的进化论；20世纪的美国崛起，创造了以好莱坞为代表的西方大众主流文化，影响着当今世界文化格局。在大国命运变化的轨迹中，一条基本规律十分明显，这就是，文化不再是单纯的文明使者，而是国家综合实力和核心竞争力的重要组成部分。文化跟着资本走、跟着产业走，促使世界文化版图发生着巨大改变：一方面，发达国家的文化话语权和内

容掌控力越发强势；另一方面，新兴国家与发展中国家重塑世界政治文化新秩序的愿望日益强烈，国家文化软实力之间的博弈登上了历史舞台。

世界中心位移、大国命运更迭的规律告诉我们，国家之间的竞争从来离不开文化的较量。撒切尔夫人曾说过，中国并不可怕，因为它只生产冰箱洗衣机，并不生产可以影响世界的思想观念。而基辛格认为，中华文明会"作为一种永恒的自然现象在历史上出现"。无论国际社会如何评判，在我们看来，有一种历史的趋势和一股现实的力量，正在强烈地推动中华文明的复兴与崛起。从历史趋势看，近代以来的西方工业文明促进了物质世界的繁荣，也导致了精神世界的严重危机，加剧了人与自然的对抗、人与社会的冲突、人与人的心灵鸿沟，客观上需要中华文化的"和合"精神来调节国与国、民族与民族、人类与自然以及人与社会、人与人之间的关系，为身陷困境、精神失落的人们提供一个和谐共处的精神家园。从现实力量看，随着中国成为全球外汇储备第一大国、世界货物贸易出口第一大国、全球第二大经济体，中国特色社会主义道路成为后发国家自主探索出来的一条成功的发展道路，中国现代化正在成为世界现代化进程中的一个崭新的独特样本，中华文明的复兴与崛起因此具备了强大的物质基础，正在成为一种不可抗拒的现实潮流，并终将回归国际文明体系的主流位置。

面对这种历史趋势与现实力量，我们必须把握大势，胸怀大局，着眼大事，深刻理解开展国际化工作的战略性、必然性、紧迫性，做到因势而谋、应势而动、顺势而为。这个大势是，随着中国日益趋向世界的舞台中心，中华文化必然在全球范围产生广泛影响；这个大局是，通过文化"走出去"，构建中华文明的世界话语体系，提升国家话语权和文化软实力;这件大事是,中国出版集团要通过国内发展和国际拓展,不断改革创新,努力成为国际著名出版集团。我们要因势而谋,牢牢把握全球化和大国崛起的历史机遇,站在提升国际出版地位、增强国家文化软实力的高度制定国际化战略。我们要应势而动,始终秉持出版强国的理想使命,认真履行出版"国家队"的文化责任,争当中华文化"走出去"的主力军。我们要顺势而为,立足于集团的"三六构想",通过一系列的体制机制创新,更好地实现现代化,力争大型化,进而扎实地迈向国际化,努力建设"国际著名出版集团"。一言以蔽之,中国出版集团作为出版"国家队",不仅要审时度势,而且要应时而起,对内履行好社会使命、政治责任,对外体现好国家形象和文化软实力。

与此同时,我们也要看到,实施国际化战略面临复杂、艰巨和长期的挑战。从国际格局看,"西强我弱"的状况将长期存在,意识形态的斗争、东西方价值观的冲突、不同文明特性的差异,使得中华文化的对外传播面临诸多制约因素,使得国际化战略的实施充满变数。从现实国情看,中华文化的"走出去"尚处于初始阶段,文化企业的国际拓展尚未成熟,产业化运作还需较长时间摸索。从集团团情看,我们的选题策划、作品翻译、版权开发、人才储备、企业运作、产品和服务出口等,还不具备全面支撑大规模进军国际市场的条件。

因此,我们的国际化战略必须积极而审慎,主动而务实,既要坚定信心、只争朝夕,又要循序渐进、坚持不懈,做到勤思、敏行、务实、创新,从而把握大势、大局和大事,逐步明确战略和战术,抓住重点和关键,使国际化工作从小至大,由微渐著,最终实现突破和跨越。

二、把握竞争态势，增强国际化的方向感、战略力和自觉性

孙子说："知彼知己者，百战不殆。"我们讲国际化战略，既要"知彼"——观察世界出版的发展历程，把握全球文化竞争的总体格局，又要"知己"——理清我们的竞争优势，反观自身的主要不足。考察国际著名出版集团的国际化实践，我们总结出六条主要经验。

（一）**内容创新是国际化战略的基本前提**。兰登书屋在全球积聚了丰富优质的内容资源和作者资源，先后出版了托马斯·曼、川端康成、奈保尔等各国一流作家的作品，其出版的诺贝尔文学奖获奖作品位居全球出版集团之首。它每年在15个国家出版1万多种新书，每天发送100万本纸质书。2012年，兰登书屋出版的252种图书进入《纽约时报》畅销书榜，成为年度畅销书上榜量冠军。约翰·威利公司自1901年来为400多名诺贝尔奖获奖者出版了著作，持续保持了它在全球专业出版领域的领先优势。西蒙＆舒斯特公司出版的图书获得了54次普利策奖、15次美国国家图书奖，为其持续名列全球出版业50强奠定了坚实的内容基础。

（二）**版权输出是国际化战略的主要路径**。英国是欧洲出版产业最发达的国家，版权贸易一直是英国的出版支柱。欧盟信息监测局的一项统计表明，英国每年的版权收入达到180亿英镑，占全球版权收入的15%，远远超过每年25亿英镑的图书零售总额。培生集团是英国版权拥有量最多的出版社之一，每年的版权贸易收入高达数百万英镑。施普林格设置了专门的版权许可部门，汤姆森成立了负责版权事务的海外公司，其他著名出版集团也纷纷重点培养版权经理人，积极签约版权代理公司，奋力拓展海外市场。

（三）海外本土化是国际化战略的基本策略。 剑桥大学出版社、牛津大学出版社等，充分尊重不同国家的文化差异，通过"一书多版"的形式满足各地市场的不同需求。DK 公司的销售部覆盖了汉语、韩语、西班牙语等十多个语种，并聘用当地人拓展海外市场，与各国出版商紧密开展版权贸易和合作出版。日本一方面加大中国市场的本土化营销力度，以《瑞丽》《昕薇》等时尚杂志为合作载体，利用国内的营销网络占领中国市场；一方面加大西方市场的本土化生产力度，在动漫作品中塑造了大量长着西方面孔、穿着西方衣服、讲着西方语言的主角，从而源源不断地进入西方主流市场。

（四）资本投放是国际化战略的关键能力。 贝塔斯曼集团以收购、参股、控股等形式完成海外扩张之路。1969 年收购古纳亚尔 25% 的股份，1998 年收购兰登书屋，成为美国最重要的大众出版集团。去年，它实现了旗下的兰登书屋与培生集团旗下的企鹅出版社的合并，并以 53% 的股份控股，继续扩大其在全球大众出版领域的领先优势。它的海外业务已经遍布全球 50 多个国家和地区，海外收入占到总收入的 60% 以上。阿歇特集团也在全球积极开展战略并购和合资联营，业务范围扩大到 29 个国家和地区，海外收入占到总收入的 67%。

（五）多媒介应用是国际化战略的新锐之举。 图片、影像、音乐、艺术品突破了语言障碍，网络、视频、数字、移动互联平台降低了传播成本，多媒介应用进一步加快了出版传播的国际化进程。迪士尼一方面出版了《狮子王》《阿拉丁》《迪士尼历险》等经典童话，一方面通过多元权利开发，打造了以迪士尼品牌为核心，以影视娱乐、媒体网络、主题公园为延伸的国际文化产业链。韩国高度重视图书与音乐、电视、网络的融合，推出了《冬季恋歌》《大长今》等一批经典作品，催生了被誉为"亚洲奇迹"的"文化韩流"，极大地提升了韩国当代文化的国际传播力。

（六）数字出版是国际化战略的主流趋势。数字革命正在改变传统出版流程和出版业态，数字出版正在成为国际著名出版企业扩张的主流模式和基本路径。近几年来，为了应对数字化转型，培生收购了软件技术公司，麦格劳－希尔制定了数字化解决方案，约翰·威利开展了在线图书馆的升级改造，威科研发了近200种供智能手机用户下载的移动产品。从2007年到2012年，兰登书屋、哈珀·柯林斯的数字出版收入占总销售收入的比重大幅提升，由不到1%分别快速增长到20%、25%，麦格劳－希尔更是由不到10%迅猛增长到34%。

在借鉴国际经验的同时，我们也要清醒地看到自身的特点，明确国际化战略的参照系。

在国内，横向看，我们在国际化方面具有四个基本优势：**一是资源优势**。我们在文学、古籍、音乐、美术、社科、工具书等领域具有领先优势，拥有比较丰富的作者、译者、内容资源，以及优秀的编辑、营销、翻译、艺术品经营队伍。**二是项目优势**。我们的版权输出综合排名连续三年位居全国第一，打造了《于丹〈论语〉心得》《山楂树之恋》《汉语图解词典》等多个国际重点产品。**三是渠道优势**。我们初步搭建了一批海外出版发行网点，承办了多个大型国际书展，出版物进出口业务在全国名列前茅。**四是品牌优势**。我们拥有一批历史悠久的著名品牌和充满活力的成长性企业，并与众多国际著名出版企业和版权代理商强强联合，建立了比较深入的项目合作关系。

但是，如果在国际上横向看，我们的不足便十分明显。**一是对需求的认识不清**。我们对国际市场的需求和风险把握不准，对西方读者的口味和变化心中无数，对国际主流渠道的介入和运作方式还不十分清楚。**二是动力不够**。由于对需求的认识不清，风险较大，我们对"走出去"投资有所顾忌，主动进取的动力不够。**三是产品不足**。尽管集团每年输出版权和进出口总量全国第一，但能产生国际影响的产品少，能带来实实在在收益的产品少，产品的系列化、规模化、品牌化尚未形成。**四是举步乏力**。不论是产品品牌、营销渠道，还是资源整合水平，都尚未出现实质性拓展。表面上是由于缺少资金，实际是由于战略不清、举措不力、经验不足。**五是人才稀缺**。熟悉国际版权运作、拥有国际运营资源、具有海外市场拓展能力的领军人才、业务骨干十分稀缺，国际选题策划、翻译、营销等方面的优秀人才也非常匮乏。

三、加强战略研究，理清建设国际著名出版集团的主要思路

（一）主要目标

到 2020 年左右，全面建成在文化影响、经济规模、创新能力、技术水平、受众覆盖等方面具有相对优势的国际著名出版集团；海外收入、市场份额、版权贸易、利润总额等主要经济指标以及市场营销、跨国经营、资本运作能力达到世界中上水平；在中国内容的汉语表达、中国道路的出版传播上位居世界第一，极大提高集团的国际传播力、海外影响力和综合竞争力。

（二）方针步骤

一是近期做响。通过开展战略合作、打造明星产品、承办国际书展、策划国际活动、组织海外报道，树立集团作为中国最大的专业和大众出版商的国际形象，树立商务印书馆、中华书局、三联书店、人民文

学出版社、人民音乐出版社、人民美术出版社、中译出版社、中图、荣宝斋等单位作为中国一流出版文化企业的国际形象，发出中国声音，叫响中国品牌。

二是中期做开。充分发挥集团在图书出版、产品交易和会展服务、艺术品经营方面的竞争优势，不断向海外延伸产业链，将集团建成我国大众和专业出版国际化的主力军、数字产品和服务国际化的主力军、艺术培训和艺术品经营国际化的主力军，努力建设国际著名出版集团。

三是长期做强。主营业务收入等主要指标跻身国际出版集团中上水平，产品和服务覆盖各大主流市场和主流文化圈，实现生产国际化、销售国际化、管理国际化、融资国际化、服务国际化和人才国际化，全面建成国际著名出版集团。

四是总体做实。我们始终要明确一点：做强国际市场的基础是做强国内市场，做亮国际品牌的关键是做亮国内品牌。集团只有在国内始终保持领先优势，居于主导地位，才能够现实地、长久地在国际市场上把握主动，壮大实力。明年，我们要在广泛深入调研的基础上，拟定具体的国际拓展计划、重点项目和指标体系。

（三）基本布局

我们国际化的基本布局，要遵循我国的外交、外贸和资本、产业"走出去"的战略，遵循出版产业自身的市场规律和海外传播规律，遵循各语种文化传播版图的格局要求。

一是深化欧美传统市场。从版权交易和合作出版历史来看，欧美一直是我们主要的合作伙伴。从国家层面看，欧盟和美国分别是我国第一、第二大贸易伙伴，占据了我国对外贸易总额的40%，对外投资总额的 20%。它们具有成熟的市场经济体制、一流的技术研发力量、先进的现代管理经验、遍布世界的营销网络，长期占据国际文化格局主导地位。文化不向高处走，就没有影响力；文化产品不在欧美市场占据一席之地，就没有竞争力。

二是开拓新兴市场和亚非拉主要国家市场。巴西、俄罗斯、印度、南非四个金砖国家和非洲、拉美、西亚地区的新兴发展中国家，与我国有较好的历史友谊，双边贸易大幅增长。它们处于工业化和城市化转型阶段，经济增长强劲，文化需求旺盛，正在成为对外贸易的重要增长极，也是文化交流的重要对象。

三是壮大周边市场。我国周边的十多个国家和地区占据了我国对外贸易总额的 50%、对外投资总额的 65%。东盟已成为中国第三大贸易伙伴。东盟国家大多处于工业化起步阶段，同处一个汉语文化圈，人文相近，地缘相通，商脉相连。港澳台地区同根同源，经贸合作深入，曾是内地版权输出的主阵地。

四、狠抓六个要点，推进以"走出去"为重点的国际化工作

根据大家的实践、思考和意见，我们认为推进国际化战略，**版权是基础，项目是关键，翻译是重点，数字化是方向，人才是根本，机制是保障**。抓住这六个要点，就抓住了国际化工作的要害。

要点一：版权是基础

版权贸易是出版"走出去"最直接、最主要的形式，要始终开发、维护、利用好版权资源，实现其保值增值。

一是加强版权管理。各单位要做好已有版权的定期清理、版权续签工作，建好版权蓄水池；做好国内重点作者的签约、版权买断和服务工

作，力争签署多语种、多地区、多介质、多类型的海外代理权；做好海外重点作者的产品定制、版权签约和国际代理，推动内容资源的海外本土化生产。集团将在明年出台《涉外版权工作条例》，建立重大版权项目备案制，促进涉外版权工作进一步发展。

二是做好版权经营。集团要建立重大版权项目评估机制，开展重点版权的价值评估；设计重点版权募投项目，搭建统一购权平台；在大型国际书展上举办集团版权推介会，集中推送重点版权。有条件的单位要在三大战略区域遴选版权代理商或知名出版社，制作版权推介书目，分类、定期、定向推送。有关单位要以中外经典作品互译合作为基础，策划开发更多国家间的互译项目；要以辞书和汉语基地为基础，加强辞书、对外汉语产品的多语种、多版本合作。各出版单位要以传播当代中国主流文化为主要任务，将当代中国题材作为重点版权输出内容。

三是探索版权多元立体开发。各单位要做好自主知识产权产品的开发，以及重点作品的改编权、摄制权、信息网络传播权等衍生权利的开发；扩大同一产品的版权输出地、输出语种范围，推动重点产品的多媒体出版、跨界出版。有关单位要加强文学产品的海外影视改编制作，加大大众文化产品的多媒体、多形态开发，推动音乐、艺术类产品向画展、音乐会、网络下载延伸，促进少儿、教材教辅类产品向培训、动漫、游戏领域拓展。

要点二：项目是关键

这里所说的项目主要包括产品和服务。产品是"走出去"的主要载体，服务是国际贸易的重要形式。要以重点产品和服务贸易为纽带，做开市场格局，增加海外收益，打造国际品牌。

一是抓好重点产品。以重点开发、合作为主、按需定制、重在影响为原则,加强文学、艺术、工具书、人文社科、对外汉语、当代中国问题等六类重点产品的论证开发。**重点开发**是指集团每年重点支持每类产品中三种左右的精品图书,务求品质上乘、收支平衡。**合作为主**是指针对每类重点产品组建一个策划小组,与海外著名出版机构和学术机构合作或合资,共同开发选题;依托海外汉学家、华裔学者开展跨境跨国组稿;以海外版权代理人为主体,实现既有资源与国际需求的对接。**按需定制**是指按照国外合作方的定制需求,开发并直接输出每类重点产品。**重在影响**是指追求每类产品的社会文化影响,以输出语种数、外媒报道量、图书上榜数、海外销售册数作为主要衡量指标。通过重点产品的研发,打造富有时代气息、彰显中国精神、具有国际影响力的中国文学品牌、对外汉语品牌、传统文化品牌、当代主题品牌。

二是扩大国际文化服务贸易。要拓展中图的国际文化贸易业务,巩固传统书报刊出口业务,开拓数字化出口业务;要以荣宝斋为主体,探索艺术品跨国经营模式;要以商务印书馆、中华书局等为基础,扩大出版单位的产品出口规模和海外影响。

三是做大国际会展服务贸易。中图要立足国内图书会展业务,提升北京国际图书博览会的国际影响力;要以亚非拉国家为主要目标,参股或控股1~2个国际书展或国际展览项目;要办好国际书展中国主宾国活动和十多个国际书展,不断提升参展效益。集团要组建精干调研小组,以参展为切入点,研究国际化工作重点问题,搜集重要产业信息,积极寻求版权代理、国际项目、翻译业务等方面的重要合作伙伴。

要点三:翻译是重点

翻译是出版"走出去"的难点,也是出版"走出去"的重点。翻译质量直接影响传播效果,直接影响读者体验,直接影响市场口碑,直接影响产品成败。

一是建立国外译者名录。集团要统筹协调好各出版单位，通过搜索、选择、聚合等方式，建立以母语译者、海外汉学家、海外华裔学者为主体的国外译者名录，并在集团内资源共享。集团要每年举办"作家、翻译家和汉学家年会"，搭建各单位与专家间的交流平台。

二是实施重点翻译项目。集团每年从六类重点产品中遴选十至二十种重点图书，以项目为纽带，以版权输出为目标，开展翻译招标活动，物色优秀翻译家，带动全集团外向型产品的翻译质量和阅读本土化水平提升。

三是做好翻译人才培养工作。各单位要从外国留学生、外资翻译公司、外国驻华使馆及商务文化机构中遴选人才，建立一支覆盖不同学科，通晓中西文化，译校质量优良，熟知海外读者思维方式、阅读习惯、语言特点的中青年翻译队伍；要通过签约、买断、项目合作、在线协作、建立工作室等方式，加强与重点译者的业务合作。

四是建设国际一流翻译平台。集团要依托"译云"平台，利用中译公司的资源，以项目为抓手，扩大各单位与国内外知名翻译机构的业务合作，促进翻译业务与出版业务互动共赢，增强集团综合竞争力。

要点四：数字化是方向

数字化不仅是国际化产品生产的重要方式，而且是国际化市场开拓的未来方向。以数字化为方向的国际化，要以电子书和专业数据库为重点，以数字平台为依托，以国际惯例为考量，努力扩大国际市场，提升海外收益。

一是积极开发适销对路的数字产品。有关单位要在摸清国际需求的前提下，按照国际标准格式，重点开发有权威、有品质、有市场的文学、艺术、法律、工具书、人文社科等方面的电子书，并尽早实现辞书语料库、文学数据库、法律数据库、百科术语数据库、中华古籍资源库等专业数据库的海外商业化运营。

二是做好外向型电子书的开发应用。各单位要在明确数字版权的基础上，对适合"走出去"的已出产品进行数字化加工，丰富集团回溯性数字资源库；创新外向型纸质书和电子书，提高上线速度，增加运营收益。

三是统筹实体和数字营销平台。集团要通过中图加大与国际连锁书店和大卖场的合作，进一步巩固海外实体营销渠道。各单位要以中图"易阅通"为主要平台，逐步切入国际数字营销渠道；要在苹果、亚马逊等国际平台上开设主题书店，开展专项营销，尽快以电子书、手机 App 等形式进入主流阅读市场。商务印书馆、中华书局、中国大百科全书出版社等单位要加强与圣智集团盖尔平台的合作，中图要加强与科博、道森和 OverDrive 等国际数字平台的合作。

四是接轨国际数字产品的交易规则。按照国际定价原则和商业模式，开展数字资源国际交易，实现数字产品海外销售业务的稳步增长，明显提升国际交易的收益率。

要点五：人才是根本

国际化人才是海外市场拓展的核心力量，也是决定国际化战略成败的根本因素。要培育国际英才，融汇海外智力，以人才的国际化推动经营管理的国际化，增强全集团的跨国经营能力。

一是建好国际化人才队伍。集团要用 5 年左右的时间，通过内部培养、外部引进等方式，培养一支 50 人左右的、以版权经理、海外营销、跨国经营管理人才为主体的国际化人才队伍。要积极物色并选聘一定规模的外籍员工队伍，促使集团更好地融入海外市场，提升海化市场的本土化运营水平。

二是加强国际化人才培训。集团要用3年左右的时间，邀请海外出版机构高管、著名版权代理人，举办10~20场高质量专题培训班；举办法人代表海外培训班，培养具有国际化素养的领军人才；选派10~15名中青年版权经理，到国际著名大学接受学历培训；选派20名左右骨干版权经理和国际贸易人才，到海外出版机构进行中短期工作实践。

三是完善考核激励机制。集团要建立考核指标体系，兼顾经济指标和非经济指标，将考核结果与薪酬、职称、晋升挂钩，加大对各级各类国际化人才的物质激励和精神鼓励。集团要逐步设置版权经理人专职岗位，建立职业评价体系，搭建职业发展通道。集团每两年评选一次"集团优秀版权单位和版权经理人"，对做出突出贡献的先进单位和个人予以重奖。

要点六：机制是保障

机制是杠杆，是发动机，是创新引擎。要完善国际化工作的动力机制，增强内生动力，激发创新活力，夯实制度保障，推进国际化战略。

一是健全领导工作机制。集团要成立国际化工作领导小组，负责制定规划、审核项目、监督落实、考核绩效等宏观管理。各单位一把手要高度重视国际化工作，要安排专人负责管理，原则上要设立专职部门负责具体实施。

二是完善资金扶持机制。集团要建立"走出去"专项资金和募投资金，培育扶植重点产品；编制《国际化项目申报指南》，帮助各单位申报中国图书对外推广计划、国家出版基金、国家社科基金、中外图书互译计划、经典中国国际出版工程、国家文化产业发展资金、中国文化著作翻译出版工程、中宣部国际传播能力建设工程、中国出版物国际营销渠道拓展工程等专项资金和重点工程，提高申报成功率，加强资金使用监管。要建立多元化融资模式，加大对重要产品、重大工程的资金扶持力度。

三是积极探索资本运作。要在项目、渠道、业务、人才等多层面，积极探索多种形式的国际合作。集团要通过合资、参股、联营、股权投资等形式，加强与国际著名出版企业的资本合作，并逐步建立一批海外出版文化基地；集团要遴选优质海外出版机构，适时实行跨国兼并，增强海外市场本土化运作能力。

四是加强品牌传播管理。要与国际知名媒体建立长期联系，动态发布集团资讯；用好尼尔森公司、鲍克公司等国际知名信息公司的相关数据，编印《国际出版动态》，深化内部信息交流；创建集团网站英文版、繁体字版，统筹国际会展、重大活动的整体宣传与品牌管理，建立以CPG（China Publishing Group）为核心、以各单位品牌为主体的对外品牌传播系统，树立集团整体国际形象。

五是建立指标管理机制。集团要建立分类分层的国际化工作目标体系和考核指标，将其纳入"双效"业绩考核，逐步加大对优秀单位和个人的奖励力度。各出版单位要努力提高产品"走出去"的比例、承担国家项目的总量、数字化收益的水平，中图等要提高国际贸易总额的全国占比，逐渐提高"走出去"在进出口总量中的占比。

同志们，国际大型出版集团正在掀起新一轮的全球内容争夺和市场划分之战，国内出版业的几支生力军正在全球出版竞争格局中崭露头角，日渐兴起。机遇催人奋进，挑战逼人思进。为者常成，行者常至。作为出版"国家队"，我们一定要不辱国家使命，不负时代重托，奋力实施国际化战略，有守，有为，有担当，知难而进，迎难而上，克难而成，为全面建成国际著名出版集团，实现"出版中国梦"而不懈奋斗！

4. 梦相通，心同向，情同路 *

非常高兴在这样一个美好的时节，与大家一道相聚在美丽的海滨城市青岛，共同探讨中外出版翻译和文化传播的话题。我谨代表中国出版集团公司，向来自海内外的各位专家、学者和领导表示热烈欢迎，特别欢迎远道而来的各位汉学家和翻译家朋友们，同时也向国家新闻出版广电总局、青岛市政府给予的大力支持表示衷心感谢！

开中外出版翻译恳谈会，我们不由想到，在近代以来的中西文化交流中，一大批优秀的西方文学作品和学术经典，被中国的翻译家和出版家介绍给了中国的大众，它们在中国现代化的过程中，对中国人的思想精神乃至生活方式和行为方式都产生了巨大的影响。同时，我们也看到，一些优秀的中国文化经典逐渐传播到了西方世界，从庞德翻译《诗经》，到马悦然翻译《水浒传》，到陈安娜翻译《红高粱》，在这个过程中，我们清晰地感觉到，出版是文化交流的使者，而翻译则是文化交流不可或缺的桥梁。

我们中国先贤老子在他的《道德经》中说："万物并育而不相害，道并行而不相悖。"英国哲学家罗素在《中西文化之比较》中说："不同文化的接触，曾是人类进步的路标。"回望历史，我们看得很清楚，不同类型的文化体系，在交流交汇中互相激发，互相借鉴，不同风格的文化

---

* 这是2014年8月在青岛首届中外出版翻译恳谈会上的致辞。

作品，在全球化的潮流中广为传播，共生共荣。《道德经》是个特殊的例子，它在16世纪就被翻译成拉丁文、法文、英文、德文，至今它的外文版翻译本已达到250多种。在欧洲启蒙运动中，莱布尼茨、伏尔泰、罗素、狄德罗、赫尔巴特等，都从中国传统文化经典中吸取了大量的思想资源，我们甚至可以看到，德国的著名哲学家海德格尔后期著作弥漫着浓郁的道家神韵，也浸染着东方哲学的色彩。中华文明"重天道、法自然、尚人道"的思想，正在中西方文化的交流中日益凸显出来。它的功能和贡献，也将在全球化的远景中越来越重要，日益受到关注。我们深深地感到，人类的智慧在最高处是相通的，是互融互通的。

经过35年的改革开放，中国经济逐渐崛起，中国人的生活状况以及精神面貌都发生了新的变化。中国传统文化也经过了适应性的转化，逐渐成为当代中国人核心价值观的一个重要部分。通过一部部中国当代文学作品，透过一本本中国当代学术文化著作，我们不仅可以感受到当代中国人的独特情感、当代中国文化的独特审美，还可以从中感受到，这种情感中也包含着人类情感的共同性，这种审美中也包括人类审美的共同性。我们之所以说中国与世界各国梦相通，心同向，情同路，一个重要原因就在于，人类在精神世界、在文化领域是可以互相贯通的。在这中间，翻译、翻译家越来越重要，越来越为作家所关切，为出版家所期盼，也为广大的读者所热望。

中国出版集团公司是中国最大的大众出版和专业出版集团，有着深厚的文化积淀和学术传统。集团旗下有着拥有342年历史的荣宝斋，117年历史的商务印书馆，102年历史的中华书局，82年历史的三联书店，我们的人民文学出版社、人民音乐出版社、人民美术出版社，也都有着60年以上的历史。我们集团已经连续两年入选"全球出版业50强"，今年又从去年的第 22 位上升到第 14 位，名列中国出版企业之首。我们有大量的文学作品、学术著作，有大量的传统经典，但是像今天在座的这样文化功底深、文学修养好、语言能力强的汉学家、翻译家难寻难求，所以，我们的这些作品，在世界各国的影响还不够大。今天，我们的恳谈会就是试图解决这个难题，推动中国作品更好地"走出去"，努力增强国家文化软实力。

为了今天的会议，我们集团准备了近一年的时间。在这次会上，我们将与纽约大学出版社、杜克大学出版社、剑桥大学出版社等世界著名的高校出版社共同启动"中国近现代学术文化经典文库"英文版项目。这个项目遴选了一批中国近现代经典著作，希望能够进入欧美重点大学、研究机构和公共图书馆。我们认为，这是一个重要的文化交流项目，也是一个需要众多汉学家和翻译家携手合作、长期努力的项目。我们希望在这个项目上，各位汉学家和翻译家能精诚合作，更好地展现文化的智慧，共同为中西文化交流做出新的贡献。

青岛是中国最早开始现代化的城市之一，也是最早进行中西文化交流的城市之一。首届中外出版翻译恳谈会在这里召开，既有着历史的背景，也有着现实的动力。青岛市政府为这次会议做了大量卓有成效的工作，对此，我们表示衷心感谢！相信这次会议可以书写文化交流的新篇章。

预祝大会圆满成功！谢谢大家！

5. 传统文化的当代阐释和中国道路的学术表达*

在繁忙的企业工作中，能有机会静静地学习二十余天，十分难得。非常感谢中组部的关心和安排，使我有条件听到剑桥大学教授、英国政府高官和跨国公司高管的系列授课与演讲。这次培训班安排十分紧张，课程十分丰富，设计十分合理，管理和要求也十分严格。虽然课件非常周详，但我还是认真记录了厚厚一本笔记，其中有听课内容，有即时心得，也有课后思考。培训班虽然结束了，但更系统的学习、更深入的思考刚刚开始，培训班对我工作上的积极影响将会持续很长时间。

我是带着一个问题参加剑桥培训班的，即中国文化如何"走出去"。这是中央的要求，是我们中国出版集团日益发展的需要，也是国际文化交流的必然。小结起来，学习思考要点如下。

一、总的认识

在听课、交流、学习中，我清晰地感到，人类的共同性多于差异性，但这种共同性往往藏在差异性之中。差异性是眼睛看见的，共同性是思想看见的。同时，正是差异性丰富着共同性，使共同性更加生动、对立统一、循环变化、生生不息。在各种观点、思想、体系和框架中，

---

* 这是 2014 年 8 月参加中组部组织安排的剑桥大学学习培训的学习心得。

我深深感到，人类智慧在最高处是相通的，这既是人类思想对立统一的内在规律，也是和平与发展这一时代主题的内在规定。

二、中国文化"走出去"的底气何在

前述共同性与差异性是对思想文化国际交流规律和时代性的把握。在以往的文化交流中，我们看到，语言、文学、艺术、历史、中医等文化要素"走出去"，这些今后还将是文化"走出去"的重要样式。但中国文化"走出去"的真正底气，我以为是中国传统文化的精华和中国特色社会主义的道路、理论和制度。西方一批重要的哲学家、思想家，像黑格尔、莱布尼茨、海德格尔，早就认识到中华文化的代表《周易》对人类思想的重大贡献，早就预见到中华文明具有对西方文明纠错、矫正，从而贡献于世界文明的重大潜在功能。我们现在的问题在翻译，一是将古代语境的思想翻译成现代语境的、直白而又不失深刻、原汁原味而又生动鲜活的思想智慧。而这种翻译的关键不在于连篇累牍、汗牛充栋，而在于适应时代要求的梳理阐释和选择集萃。这是出版人内容选择的功底，也是时代赋予出版人的历史使命。二是翻译成符合外国人阅读习惯和思维习惯的经典作品，满足人类文明在全球化大背景下相互交融、彼此借鉴的时代需求，为解决环境压力、民族冲突等困扰人类的重大问题提供正确的思想资源。这是我们的底气所在。此外，中国特色社会主义道路也是中国文化"走出去"的底气所在。从世界现代化的视野来看，中国特色社会主义是不同于西方现代化的另一条道路。这是13亿人的道路，因而历史地看，其意义必将不同于过去所有国家的现代化；这是和平发展的道路，而非扩张、殖民、战争的旧式现代化，因而在后发国家中有着越来越重要的现实意义；这是立足于自己政治、经济、文化、社会等国情的特色发展道路，因而必将丰富人类的文明，成为世界文明的重要方面。对文化"走出去"而言，现在有了三十多年的改革开放成功经验，有了我们党逐步在实践中形成的方针政策、经验原则、理论制度，问题是如何将这些成果学术化，在世界范围内引起关注、引发研究、形成新的经典，和中国传统文化一道产生全球性的话题权。这两条既是文化"走出去"的难点，也是我们真正的底气和话语权所在。

三、文化"走出去"的规律是什么

就文化交流的外部规律看：一是古代社会，文化主要是跟着战争、宗教、贸易走的；现代社会，文化主要是跟着产品、投资、企业和资本走的。二是全球化的趋势必然使中西文化相互碰撞、激荡、交融，从中华文化几千年的历史看，其历史规律是对立统一、交融和合、多元一体。三是文化交流又是跟着不同语种及其文化圈走的。语言的阻碍带来文化交流的障碍，其间，翻译特别是精到的优质翻译具有极其重要的作用。就文化交流的内部规律看：一是马克思所指出的，一个时期人民的思想主要是统治阶级的思想。美国的大众传媒理论研究表明，美国大众的思想主要是政治家、学者、社会精英通过大众传媒的巧妙宣导、自上而下逐步形成的。这就导致了主流引导社会、社会产生需求这样一条文化消费规律。二是商业运作往往决定文化的影响力。美国大片是很好的说明，它总是以艺术的手段和商业化的方式，大面积地、潜移默化地、成功有效地宣传美式英雄主义和"美国梦"的价值观。

四、路径怎么想

中国出版"走出去"要以中国文化的传统和"中国梦"的现实作为两个中心话题,同时在"三进"上做文章,即进高校、进研究机构、进公共图书馆。这是主流社会的一部分,但与主流社会其他部分的不同点在于,它具有交流的开放性和影响的持久性。"走出去"工作还要在资本合作、渠道合作、选题开发合作上下功夫。这是选准具体话题,突破语言障碍,通过市场运作,将文化商业化,从而放大文化影响力的有效途径。

一直有个愿望:在剑桥大学校园草坪上读读书。一天下午,课后只身来到圣约翰学院附近的河岸草地,读了一小时《道德经》,感悟最深刻者是:"道生之、德畜之、物形之、势成之。"而与文化"走出去"特别相关者是:"生之徒十有三;死之徒十有三;人之生,动之死地,亦十有三。夫何故?以其生生之厚也。"在西方的学院,读东方的老子,有一种穿透时空的况味。在剑河岸边,体悟中西文化交流,似乎对老子思想有了别样的理解。课内学习与课外读书的结合,国内所受教育与国外听课内容的辩证思考,西方跨国公司的成功运作与中国出版"走出去"的未来要点,这些都是剑桥班给我留下的美好记忆和思想收获。其中,最具工作价值的是,对出版"走出去"有了更深刻也更实际的心得,对贯彻习近平总书记系列讲话精神和中央关于文化"走出去"的要求有了更坚定的信心。

6. 加快四大融合，催生新兴出版*

2000年，畅销书《骑弹飞行》在网上独立出版，当天就被下载了40万次。这是新媒体出版在它黎明时发出的一个信号，是对传统出版没有宣言书的一次挑战。在这之后，数字出版、网络出版、大数据出版以及各种新媒体出版，层出不穷，日新月异。真可谓铺天盖地而来，一时令人迷惑。但是，现在我们回望这十五年的大潮，已经可以看清以下三个基本真相了。

第一，技术没有像有些人担心的那样，战胜了内容甚至取代了内容，而是技术越发展，表达形式越丰富，传播渠道越多元，阅读方式越多样，阅读需求越增量，优质内容就越来越成为珍稀的资源，传统出版的价值选择就越来越成为指引技术发展的人文精神。网上信息的海量，在给人们带来丰富性、便捷性等诸多利好的同时，也暴露了它权威性、真实性的缺乏，暴露了它离开崇高走向庸俗、远离理想趋利媚俗的病症。同时，越来越清晰的是，我们不应惧怕数字技术的挑战，而应担心思想文化的沦丧。出版的根本在内容，而不在介质形式。数字出版极大地改变了内容的生产方式、传播方式和阅读方式，但内容这个根本不仅不会改变，反而会成为推动技术发展的需求和动力。内容是数字出版永恒的主题，是数字产品围绕的中心，也是技术升级不竭的源泉。

---

* 这是2015年6月在俄罗斯圣彼得堡的中俄媒体论坛上的演讲。

第二，数字技术已经极大地改变了传统出版的编辑加工、生产管理、流通发货方式，正在并越发深刻地改变着出版的思维方式、选题方式和表达方式。一份内容多媒体表达，一个选题大数据判断，一本书多渠道投送，在给传统出版带来困惑的同时，也奏响了新兴出版的福音，展现了出版行业的前景。内容与技术的融合，媒体与媒体的融合，将会在互联网的平台上精彩演绎，将会在大数据、云计算的背景下催生出全新的出版业态。内容拥抱技术，技术寻求内容，不仅是一种趋势，而且已经成为现实；不仅是局部性、战术性的行为，而且必将成为全局性、战略性的格局。

第三，新媒体的灵魂是内容，动力是技术，但它的成败取决于市场，它的盛衰关联着资本。大资本可以集聚大数据，构建大平台，催化大品牌，开拓大市场。而所谓互联网思维，说到底就是以需求为中心的市场性思维。市场引导着产品开发，刺激着技术创新，从而影响着网上点击率，强化着读者黏性，扩大着用户流量，积累着巨量的看似一无所用、实则贵如黄金的用户数据。在云计算的条件下，得大数据者得天下，已经不是神话和传说。内容与技术、媒体与媒体、创新与资本、产品与市场"四种融合"相遇，共同演奏起新媒体发展的宏大乐章。

我所服务的中国出版集团，是中国最著名的大众和专业出版集团。每年出版1.4万种图书和52种报刊，进出口20多万种出版物，在莫斯科、纽约、伦敦等地建立了29家海外分支机构。在新媒体构建上，我们的策略是"内容、技术、资本、市场的深度融合"，一方面，增强在文学、工具书、语言、历史、法律、经管、动漫等领域的出版优势；另一方面，积极推动生产、管理和传播的数字化，创建了数字化进出口平台和跨国在线翻译平台。去年我们的数字化收入超过了6.5亿元，可送达的国际站点有 4.5 万余户。

两年前，习近平主席访问俄罗斯时曾有一个很形象的比喻："文化就像一个绵延不断的河流，源头来自远古，又由许多支流、干流汇合而成。"中俄媒体交流有着深厚的历史传统，也具有现实的社会需求。作为中国出版业的代表，我特别希望在经典作品互译出版、汉语教材推广、国际书展参展、营销渠道建设、出版物数据库拓展等方面，与俄罗斯同仁展开合作。愿我们的交流和合作，从思想到业务，从项目到平台，越来越宽广，越来越深入。

7. 内容为根,编辑为本,努力实现品牌价值最大化*

中英文化创意产业论坛是中国出版集团与伦敦书展联手打造的一个跨媒体论坛,目的是搭建一个中外同仁交流思想、增进智慧、开展合作的工作平台。围绕今天的会议主题——跨媒体时代图书和品牌的价值最大化,我和大家交流两点基本想法。

第一,在跨媒体时代,实现图书和品牌价值最大化的根本前提是什么?

用历史的眼光看,中外出版业在岁月的长河中都曾经历了多次政治、经济、社会、技术等领域的重大变革。总体来看,出版并没有在变革中消亡,反而获得了新的发展动力。历史之所以能够做出这种选择,关键在于出版的本质。出版的本质是文化选择,不是简单复制,不是盲目跟风,而是披沙拣金。它总是能够选择最适合历史潮流的文化经典一个世纪又一个世纪地传承,选择最符合读者精神需求的精品佳作一代人又一代人地传播。在文化选择的过程中,内容是根,编辑是本,优质的内容赋予其内在的生命力,优秀的编辑赋予其持久的传播力。一部优秀作品能够流芳百世,是作者的原创和编辑的再创造在共同发挥作用,二者缺一不可。这就意味着,在"互联网+"的背景下,在跨媒体时代,

---

* 这是 2015 年 8 月 27 日在中英文化创意产业论坛上的演讲。

坚持内容是根、编辑是本，是我们实现图书和品牌价值最大化的根本前提。这就需要我们始终重视内容创新，努力挖掘和培育一流的原创经典作品，努力发挥和增强编辑的文化判断能力。

第二，在跨媒体时代，实现图书与品牌价值的最大化的关键是什么？

在单一媒体时代，一部作品的传播形式主要体现为图书，价值实现形式主要体现为图书的销售收入。在跨媒体时代，一部作品的传播形式体现为图书、动漫、游戏、电影、音乐、数字产品等多种介质，价值实现形式日益多元。在多介质的传播过程中，内容是根，编辑是本，融合是关键，核心是版权资源的多元开发。这种融合是跨界的，消解了介质之间的藩篱；是开放的，打通了产业之间的区隔；是溢价的，实现了价值衍生和增值。两千多年前的《吕氏春秋·下贤》中说过，"其大无外，其小无内"。它表明，任何事物都没有固定边界，都会与其他事物发生一定关联，并在这种关联中发生变化。这既是管理学中"无边界"理论的哲学基础，也是我们以内容为根来进行跨界式、开放式、溢价式融合的思想前提。具体来看，融合的路径有五种。

一是内容与导向的融合。这种导向既是政治导向，也是文化导向、生活导向、审美导向、文化消费导向。它既是生命线，又是发展线。导向所代表的，是核心价值之所向，是市场口味之所趋，是时代的主流情绪，是读者的普遍感知。因此，一部优秀作品，它的内容首先要与主流文化、时代趋势、阅读倾向融合。

二是内容与品质的融合。品质是产品立身之本，是品牌竞争之道。这就要求我们在内容生产过程中，不跟风，不盲从，坚持优中选优、好上加好，善于将思想的品位、审美的趣味、市场的口味有机融合，逐渐形成一种具有"大家品位、大众口味"的品牌出版风格,进而提升品牌产品的文化影响力和市场生命力。

三是内容与技术的融合。在互联网时代,要坚持用户至上、内容为本、产品为体、服务为王,通过内容与新兴数字技术、新兴传播方式、新兴商业模式的融合,培育一个内容、多种创意,一个创意、多次开发,一次开发、多个产品,一个产品、多种形态,一种形态、多条渠道的新业态。

四是内容与资本的融合。要通过内容与资源化积聚、资产化运营、资本化运作的融合,将无形的内容资源转化为有形的资产变现,将内在的品牌价值转化为外在的资本溢价。版权多元开发、无形资产计价入股、品牌经营权出让、品牌授信抵押、知识产权证券化等,既是品牌资本化的基本方式,也是内容增值的有效途径。

五是内容与制度的融合。要探索互联网环境下新的运营机制和商业模式,建立与不同业态相匹配的新的生产流程、新的组织形式、新的管理体制。对于传统出版业而言,要加快公司化、股份化的组织结构再造进程,要探索创意入股、项目分红、股权激励等激励方式。

"五种融合"构建了一个开放、循环的生产系统,形成了不同的话语表达方式、不同的多媒体传播方式、不同的商业运作方式,进而实现了不同产品和不同产业形态的价值最大化。

中国出版集团是中国最大的大众出版和专业出版集团,拥有宝贵的品牌资源、丰富的内容资源、优秀的编辑资源。我们每年出版的图书达1.4万种,累计拥有17万种优质图书的版权,拥有一批著名作家的多介质版权。在始终坚持做强出版主业、做大文化影响的同时,我们也积极探索版权多元化开发和跨界融合的有效路径。我们非常愿意与大家进一步加强联系，不断拓展合作空间，推动集团的优质内容资源在电影、动漫、游戏、设计、演艺、互联网、旅游等各个领域的融合与合作，共同打造新兴产品，培育新兴业态，实现品牌价值最大化！

8. 中国出版在世界上的两大话语权*

今年，中国正式加入国际出版商协会。作为中国出版企业的代表，我们十分高兴参加今天的盛会。纵观世界历史，出版日益呈现出越来越明显的全球化特征，它源自三个动因：一是全球市场正在趋向融合统一，二是多元文化交融交流的趋势在推动出版业全球化，三是互联网为全球化创造了前所未有的科技条件。21世纪以来，中国出版业顺应出版全球化的浪潮，搭乘中国经济发展的快车发展迅速，并于2009年成为全球第二大出版市场。中国出版人与各国同仁一道，不仅为全球出版业的稳定与繁荣做出了重要贡献，也为进一步推动人类不同文明之间的交融互鉴发挥了积极作用。我们恰逢这一历史时刻，共同见证，共同合作，共同发展，这既令人兴奋，也令人备感中国一句老话"有缘千里来相会"。

中国文化、中国出版在世界上有两大独特的话语权，这是与西方文化不同的话语权，也是基于中国传统历史和中国当代实践的独特话语权。

一是传统文化的当代阐释。中国有长达5000年的历史文化积淀，有很多东西可以和当代人们的生活相融合。如中华书局长期做中国古代文化的当代阐释，在21世纪迎来了读者购买高峰。这也告诉我们，如果

---

* 这是2016年4月在英国伦敦的国际出版商协会大会上的致辞。

我们能将古代语境的思想翻译成现代语境的、直白而又不失深刻、符合外国人阅读习惯和思维习惯的著作，就能够满足人类文明在全球化大背景下相互交融、彼此借鉴的时代需求，并为解决环境压力、价值危机、民族冲突等困扰人类的问题提供思想资源。

二是中国道路的学术表达。 从世界现代化的视野来看，中国道路是13亿多人的一条独特道路，其意义必将不同于过去所有国家的现代化，必将丰富人类的文明，成为世界文明的重要方面。现在的条件是，有了三十多年改革开放的成功经验，可以将这些成果学术化，在世界范围内引起关注，引发研究，形成新的经典。

我们可以观察到，《于丹〈论语〉心得》出版了31个语种，在海外卖了36万册，葛兆光、茅海建等著名学者谈中国古代文化和历史的作品《宅兹中国》《天朝的崩溃》等被译介到西方，则初步印证了第一点；厉以宁、吴敬琏、林毅夫等著名经济学家的著作从学术角度解释了改革开放以来中国的经济发展道路，被西方著名出版机构译介到欧美，初步印证了第二点。我们相信，随着中国文化、中国出版日益成为全球普遍关注的对象，这两个特征会越来越鲜明。

我所服务的中国出版集团，是中国最大的大众出版和专业出版集团，如同中国的国家乒乓球队一样，被称为中国出版业的"国家队"。集团旗下，有着114年历史的中华书局、有着119年历史的商务印书馆、有着83年历史的三联书店，以及人民文学出版社、人民美术出版社、人民音乐出版社等一批有着60多年历史的著名品牌，在中国现代化进程中做出了卓越独特的文化贡献，并为此受到世人的尊重和读者的景仰。它们出版了一大批在中国妇孺皆知、家喻户晓的著名出版物，发行5.7亿册的《新华字典》是世界上最畅销的书，即将荣获吉尼斯世界纪录。集团一直保持着中国图书零售市场第一名的优势地位。

今天，我们同处一个全球化、数字化、国际化的时代。集团既十分珍视中国的优秀文化传统，又积极弘扬人类的有益文明成果；既努力打造代代相传的经典作品，又努力推动内容资源的多媒体融合。不仅如此，我们还特别注重加强与国际同行的交流合作，与包括伦敦书展在内的国际著名出版组织和出版企业开展了比较广泛而务实的合作。集团旗下的中国图书进出口总公司，连续22年承办了全球四大书展之一的北京国际图书博览会。2015年，它吸引了近100个国家和地区的2200多名展商参加，参展规模位居世界第二。借此机会，我欢迎各位新老朋友今年8月份来北京参会，与包括中国出版集团在内的中国出版企业，进一步开展版权、进出口、数字化、资本等多个方面的合作，实现互利共赢！

女士们，先生们，《大学》说："苟日新，日日新，日又新。"它表明，创新是万物不老的生命。出版业虽然古老，但只要坚持创新，它将永远年轻！

9. 努力使出版"走出去"更扎实更有效*

十八大以来，我们认真贯彻习总书记"讲好中国故事"等系列重要讲话精神，按照中央领导同志对我们集团"走出去"工作的重要指示，在中宣部、总局、文资办等部门的领导下，召开了国际化战略推进会，明确了"初期做响、中期做开、长期做强、总体做实"的方针，明确了"深化欧美市场、开拓新兴市场、壮大周边市场"的布局，明确了"版权、项目、翻译、数字化、人才、机制"的工作要点，扎实推进成效初显，连续5年版权输出全国第一，连续4年入选"全球出版50强"，获伦敦书展国际出版卓越奖、阿富汗总统杰出贡献勋章和两项吉尼斯世界纪录，逐步成为中国出版的标志性企业。

一、选准图书话题是"走出去"的内容核心

传统文化的现代阐释和中国道路的学术表达是我们在国际出版中最大的话语权，也是各国对中国出版最感兴趣的两大话题。我们**一是以现代视角输出传统文化图书 900 种，覆盖 17 个语种、22 个国家和地区。**《中华文明的核心价值》输出 15 个语种，《漫画中国历史》《书法》《中华文明史话》输出 5 个语种。围绕"一带一路"，输出《中印文化交流百科全书》《中古中国与粟特文明》《"一带一路"画册》等 200 多种主

---

* 这是 2016 年 10 月 20 日在中宣部中国图书"走出去"座谈会上的发言。

题图书，入选国家"丝路书香"工程品种数占全国11%。**二是通过吴敬琏、厉以宁、铁凝、贾平凹、毕飞宇等名家讲中国当代故事**。《中国道路与新城镇化》《老生》《推拿》等经兰登书屋、阿歇特等一批著名出版公司进入国际主流渠道；《重启改革议程》输出英语、土耳其语版权，《山楂树之恋》输出20个语种。"中国近现代文化经典文库"与剑桥大学出版社、杜克大学出版社、夏威夷大学出版社等签约出版，拟列入高校阅读书目。《长征》《中国梦·复兴路》《供给侧改革：理论、实践与思考》《生死关头：中国共产党的道路抉择》《决战2020：拒绝贫困》等已列入重点译介计划。**三是通过海外学者讲好中国话题**。地缘政治学家恩道尔撰写《石油战争》《目标中国》《"一带一路"：共创欧亚新世纪》等6种作品，揭露西方国际政治的强权本质，阐释中国和平发展的正当性、合理性，翻译出版达18个版本。

近年来，集团非汉语学习类图书翻译成30多种语言，覆盖近50个国家和地区，版权输出从498项增至797项，年均增长15%，版贸收入大幅提升。

二、构建多元平台是"走出去"的重要支撑

平台决定传播力、影响力和有效性。我们**一是搭建翻译平台**。通过北京、伦敦四次翻译家恳谈会，签订60多个翻译项目，建立百名翻译家名录，集聚了傅高义、顾彬等欧美著名汉学家。创办牛津大学翻译出版中心，集20余位翻译人才，有组织地翻译中国图书，拟在伦敦书展年度发布。"译云"作为全球领先的互联网翻译出版平台，覆盖32个语种，日均访问量达1亿人次。**二是创新传播平台**。"易阅通"作为全球数字图书交易平台，签约国内外出版社、图书馆500多家，覆盖机构用户4

万多家，在100多个国家开通了24小时直供的按需印刷系统，已成为国内最大、国际一流的数字出版资源中盘商。**三是做大会展平台**。在总局直接领导下，2016年北京国际图书博览会的版权输出达3075项，约占全国输出量的1/3。五年来，参展国家和地区从60个增至86个，海外展商从1005家增至1379家，其规模已成为全球第二。

为推进平台有效运行，我们成立"走出去"工作领导小组，建立总部和各单位协力推进机制，构建选题、翻译、版贸合一的专业出版社，开展海外培训120人次，形成一支包括60名版权经理、310名翻译、800名国际贸易人员在内的国际化人才队伍。

三、区分目标人群是"走出去"的关键环节

通过高校研究机构和汉语学习人群形成传导，是培育海外市场的关键。**一是进著名高校**。每年召开美欧东亚图书馆会议，《二十四史》《中国大百科全书》《中国美术全集》及"中国当代作曲家曲库"等大批图书进入哈佛、耶鲁等30多所大学图书馆，集团版图书的海外馆藏数、品种数国内第一。牛津"中国阅览室"引起反响，多家海外大学邀约共同设立。与美国最大实体书店巴诺书店达成意向，推进中国图书进入大学书店。**二是进研究机构**。与哈佛—燕京学社联合出版学术丛书100多种，它们成为海外了解中国当代学术的重要文本。**三是进汉语课堂**。向全球各类汉语课堂输出汉语教材，其中《汉语图解词典》出版45个语种，市场覆盖100多个国家和地区。

今天中央领导同志和各位领导亲临中国出版集团，体现了对出版"走出去"的高度重视和对我们集团的鞭策鼓励。我们将按照这次会议

精神、特别是中央领导同志的重要讲话精神，**一是**加强海外调研，使"走出去"工作更主动更有效；**二是**培育原创精品，做响国际图书市场；**三是**强化"三进计划"（"进海外著名大学，进著名研究机构，进公共图书馆"），做大海外阅读群体；**四是**拓展数字传播平台，做强海外文化影响；**五是**慎推海外并购，做实"走出去"的产业基础，为增强国家文化软实力做出更多贡献！

10. 弘扬中华和合精神，促进国际文明互鉴*

很高兴参加今天的论坛。我先简单介绍一下我所服务的中国出版集团，它是中国最大的大众和专业出版集团，旗下拥有有着120年历史的商务印书馆、105年历史的中华书局、85年历史的三联书店、345年历史的荣宝斋，以及人民文学出版社、人民美术出版社、中国图书进出口总公司等30多个出版品牌，年出书2万多种，在中国图书零售市场占有率位居第一，在中国出版物进口和出口市场的份额分别达到60%和30%，连续3年入选"全球出版业50强"。下面，我谈三点看法，供大家参考。

第一，交流交融是人类文明演变的主轴。

亨廷顿先生提出，国际社会的冲突将日益演变为人类七大文明之间的冲突。但是，人类文明演变的历史规律表明，交流多于博弈，交融大于冲突，共赢高于对抗。这是因为，人类的共同性多于差异性，差异性是眼睛看见的，共同性是思想看见的。同时，正是差异性丰富着共同性，使共同性更加生动、对立统一、循环变化、生生不息。我们会发现，无论是东方西方，还是南北半球，在不同的思想体系和框架中，人类智慧在最高处是相通的，这既是人类思想对立统一的内在规律，也是和平与发展这一时代主题的内在规定。在公元前500年前后，无论在当

---

* 这是2018年3月24日在国务院发展研究中心主办的"中国发展高层论坛"上的演讲。

时的中国，还是当时的印度和欧洲，都出现了人类文化的轴心时代，涌现了老子、孔子、苏格拉底、柏拉图等一批思想巨星。在人类文明长河中，虽然在一个阶段、一定范围内存在着"不是东风压倒西风，就是西风压倒东风"的现象，但用历史长焦镜头看，都一直刮着东南西北风，从而推动着人类文明薪火相传，生生不息。

第二，中华和合精神是促进国际文明交融互鉴的一大法宝。

中国两位先贤极富智慧，老子说"万物负阴而抱阳，冲气以为和"，孔子说"礼之用，和为贵"，他们表达了中国文化的一个基本精神——"和合"精神。什么是"和合"呢？根据《左传》的记载，齐国宰相晏子打了个很漂亮的比方，说"和如羹焉"。一道美味的汤，是由厨师将鱼、肉调和水、火、盐、梅等制作而成。"和合"精神就像做这道汤，强调通过不同要素的组合，形成一种新的和谐共存状态。它有两大特点，一是"和而不同"，每种事物在一个大生态中包容共生，但又保持自身个性；二是"和实生物"，不同事物既有机交融，又生成新的创造、新的发明。

习近平主席说："我们的祖先曾创造了无与伦比的文化，而和合文化正是这其中的精髓之一。"今天，我们要推动国际文明的交融互鉴，构建人类命运共同体，和合精神是一根纽带、一个法宝。这就需要我们尊重不同文明的差异，不戴有色眼镜，不挥舞斧头大棒，努力做到充分理解，而不是渗透瓦解；互相欣赏，而不是孤芳自赏；求同存异，而不是减同添异。

第三，中国的崛起为人类文明的融合再生提供了新的样本。

通过近40年的改革开放，中国走出了一条独特的发展道路。这是13亿多人的道路，而非西方现代化的方式，因而其价值不同于过去所有国家的现代化；这是和平发展的道路，而非依靠枪炮和钢铁的输出，因而在后发国家中有着越来越重要的现实意义；这是坚持自己政治、经济、文化、社会等国情的道路，因而必将丰富人类的文明，成为世界文明融合再生的重要样本。问题在于，如何实现中国道路的学术表达？如何将其中的政策、方针、制度、经验等成果进一步学术化、理论化，形成具有世界意义的学术思想和话语体系？

为此，中国出版集团从四个方面着力：**一是**加大内容策划，启动了"中国名家推广计划"和"外国人写作中国计划"，邀请厉以宁、恩道尔等海内外名家阐释中国道路；**二是**加强主流渠道合作，在进海外著名高校、进著名研究机构、进公共图书馆等"三进"上下功夫。**三是**组建国际编辑部，与"一带一路"沿线国家组建了10多个国际编辑部，提高本土化运作水平。**四是**打造"中国书架"，将陆续在21个国家的34家主流书店设立100多个"中国书架"，让更多优秀图书进入海外大众市场，更好地推动中外文明交融互鉴！

谢谢大家！

附录

媒体采访

1. 中国出版集团：数字背后是一本本好书

（《经济日报》记者 李丹 2016年3月19日）

前不久，中国出版集团公布了2015年的业绩，其中主业营业收入增长17.99%，利润总额增长28.68%，展示了出版主业强劲的增长势头。

"出版主业的强劲增长，得益于我们始终坚持挺拔主业不动摇，坚持'更加专业化'的发展道路不动摇。"中国出版集团公司总裁谭跃表示。"十二五"期间，中国出版集团通过贯彻内容创新、品牌经营、集团化、数字化、国际化以及人才强企"六大战略"，坚持和弘扬以出版主业为核心的，更加市场化、更快数字化、逐步国际化的特色发展道路，不断做大主流文化影响力，不断增强国家文化软实力。

抓住时代话题，引领正确导向

我国年出版图书45万种，市场动销品种常年保持在220万到280万种之间。从数量上来看，我国已经跨入名副其实的出版大国之列。但从整体实力来看，我们与出版强国的目标依然有一定差距。

"出版规模相对较大，但好书精品相对较少；市场需求越来越广泛，但供给的有效性相对不强。"这是谭跃对我国当前出版业的总体情况做出的判断，"读者需要好的内容，问题是我们出版从业者能否敏锐地把握住百姓关注的具有时代性、社会性和生活性的话题，并以正确导向加以引领，以大众能够接受的方式阐释出来。"在他来看，习近平总书记在党的新闻舆论工作座谈会上提出的"高举旗帜、引领导向、围绕中心、服务大局"等基本要求,也是出版单位进一步做好出版工作的基本方针。

在引导阅读上,中国出版集团一直秉承着作为出版"国家队"的使命和责任。谭跃提出,"导向既是生命线,又是发展线,既是内容生产的底线,也是内容创新的富矿"。为此,集团出台了"内容创新十策",从导向管理、资源拓展、人才培养、资金扶持、产品评估等多方面推动主业的创新升级。近年来,中国出版集团紧抓时代话题,瞄准构建出版物的国家知识体系,打造出一系列"中版好书"。去年,围绕纪念抗战胜利70周年等重大节点陆续出版了《抗日战争》《火印》《何有此生》《微观新疆》等一批叫好又叫座的图书。其中有19种图书入选中宣部、国家新闻出版广电总局年度主题出版重点选题,位列全国第一。

"一般来说,主题出版的使命是营造舆论氛围,不是赚钱。但我们一直努力让主题出版更加学术化、大众化,以大众化的语言、学术化的方式来解读和传播国家核心价值观。"谭跃介绍,去年,由清华大学教授陈来撰写的《中华文明的核心价值》一书就是一种有效尝试。这本书对核心价值观采取了学术化的表达方式,但尽量采取了大众化语言,而不是刻板的说教,从而发挥了"成风化人、凝心聚力"的作用。相关负责人表示,该书上市短时间内就卖出了几万册,并输出了11个语种的海外版权。

随着文化企业资本实力日渐雄厚,是文化服务资本,还是资本服务文化,成为每一个文化企业的引领者都需要思考的问题。谭跃给出了这样的答案:如果资本是为文化建设、文化发展、文化产品扩张和社会影响力的扩大而服务,那么这个资本的作用就了不起。但如果反过来,就要打个问号。即使资本不起反作用,只是游离在文化以外,也是要考虑的。"百亿集团的核心是什么?是一本本好书。我们的终极目标,还是要将好的内容提供给社会,让主旋律的旗帜高高飘扬,让全社会充满正能量,进而推动国家文化繁荣和社会进步。"

推动融合发展,做大文化贡献

中国出版协会日前发布的《2015年中国出版业发展报告》显示,在新常态背景下,融合创新是2015年中国出版业发展的主旋律。谭跃表示,在"十三五"期间,中国出版集团将在坚持专业化发展的基础上实现适度多元发展。"多元的维度主要是数字多元,也就是生产、传播的数字化多元,将一份内容价值变成多媒体的多种价值传播。"

谭跃坦言,出版人的社会定位首先是履行国家使命,做出文化贡献。就出版社单体来说,即使每一家出版社每年都有打得响的好书,也挣不了很多钱。但就产业集团来讲,既要求有突出的文化贡献,也需要有经济实力为持续文化贡献做支撑。因此,中国出版集团也面临着如何适度多元的问题。"所谓适度,一是要尽量与我们掌控的内容资源相联系,二是我们希望与文化相关的所有衍生品都能被纳入我们投资扫描的谱系当中。谱系大一点,命中率也会高一些。"

纵观"十二五"时期中国出版集团的融合发展路径,可以发现,集团正在多点布局融合发展。中华书局开发的"中华经典古籍库(第一辑)",收录了经过精心整理、精心点校的400多种古籍图书,大约1.5亿字,已在近200家中外图书馆和机构安装使用;中国图书进出口总公司的"易阅通"聚合海内外电子书230多万种、数字期刊1.15万种、大型数据库12个、有声书2万小时。中译公司的"译云"是智能化语言综合服务平台,覆盖32个语种,日均访问量达3000万人次……去年,集团数字化收入达到8.77亿元，同比增长30.74%。

谭跃表示，下一步的融合发展模式也已完成定位。在大众出版领域，要集聚优质全版权资源，探索立体运营模式。在专业出版领域，以重点项目为核心，加大外部人才引进力度，并购新兴优质科技公司，提高商业运营水平，增强新兴业态的文化引领作用。国家重大文化工程"百科三版"网络版要加速推进，发挥"澄清谬误、明辨是非"的作用，努力建成具有国家水平、体现国家意志、内容精准、发布权威的"国家网络百科知识体系"。"易阅通"要加快建成中国最大的数字内容进出口平台，"译云"要加快建成中国第一的智能语言服务平台，音乐平台要加快上线；商务印书馆的工具书平台、荣宝斋在线等，要加强市场开拓，实现效益新突破。同时，以《三联生活周刊》的数字转型为重点，加快集团报刊的媒体融合。谭跃认为，"这些重点平台的发展，不仅推动了产业的升级融合，还以数字化的方式做大了文化影响"。

数字转型离不开优秀人才，"人才强企"战略是集团发展的内生动力。中国出版集团已连续三年与美国佩斯大学和英国牛津布鲁克斯大学合作举办了多期数字化专题培训班，遴选了近100名一线骨干人员接受海外实战培训。同时，在国内建立了由100名编辑、100名营销人才、50名数字化人才、50名国际化人才组成的"三个一百"人才库，予以重点培养。这一批经过境内外重点培养的人才，正在成长为全集团数字出版的骨干。下一步，集团还将积极培养引进国际化人才和高水平的创新人才队伍，进一步夯实集团适度多元发展的人才基础。

释放品牌竞争活力，建设国际著名出版集团

中国出版集团旗下有近代以来最为著名的出版机构，像商务印书馆、中华书局、三联书店、人民文学出版社、人民音乐出版社、人民美术出版社等,既在广大专家学者和知识分子心目中享有重要地位,也深受无数读者的热情信赖和高度认可。

"这些品牌是集团的宝贵财富,体现了集团历史传统,不仅为集团积聚了优质的内容资源、作者资源和读者资源,也为中国近代以来的文化传承、文化创新和文化繁荣做出了重要贡献。"谭跃表示。不过,随着时代的发展,这些品牌又面临时代精神、现实变革、未来趋势的挑战,若不能适应潮流,积极创新,就可能失去竞争力。

为此,中国出版集团在"十二五"时期将品牌建设纳入集团发展战略,明确提出了"品牌是核心竞争力"的概念,出台了品牌与导向、品质、市场、技术、资本"五个融合"的具体措施。同时,集团不断加大对重点品牌企业的资金扶持,每年投入1亿元左右支持其内容生产和品牌建设。

谭跃认为,与其他业态相比,出版业的集团化应该走出一条独特的发展道路:既要看重经济规模,又不能离开文化航道去单纯追求经济规模;欣赏别人做大,但不会乱了方寸,因为错了步伐,就会丢了文化。

"集团要有所为,有所不为。"谭跃告诉《经济日报》记者,集团化战略的核心要义之一,就是总部要充分尊重基层的法人治理权,因为他们对市场最敏感,对自己的资源及其整合作用的发挥最了解,这些集团都不需要加以干涉。"我们需要研究的是在他们生产经营之上的宏观层面,如怎样通过集约化实现对成本投资的控制。"两年来,中国出版集团通过资金集中管理,实现净收益近1.9亿元。

谭跃表示,去年年底人民文学出版社成功重组了民营企业上海九久读书人公司。"这是集团布局海外投资的一个重要资源。因为九久读书人的特点就是对海外版权具有敏锐的捕捉机制。"谭跃说。九久读书人在海外派遣书探，紧盯英美新书，这种创新的图书策划方式弥补了人民文学出版社在外国文学出版方面的短板，大大增强了其在文学市场的竞争力。

在追求品牌战略的同时，中国出版集团认真按照中央领导的重要指示，大力实施国际化战略，努力建设"国际著名出版集团"。集团的版权输出综合排名连续四年位居全国第一名，"中国近现代经典文库"正在英语世界的大学、研究机构、图书馆、智库等高端读者群中推广发行。在渠道拓展上，初步搭建了一批海外发行网点，承办了我国在海外参加的几乎全部大型国际书展，北京国际图书博览会的参展商规模已经跃居全球第二。集团旗下的许多著名品牌都与国际著名出版企业和版权代理商建立了比较深入的项目合作关系。中国出版集团连续三年入选"全球出版业50强"，多次荣获全球顶级书展的国际大奖，日渐成为国际出版界关注的中国出版标志，日渐发挥着"连接中外、沟通世界"的积极作用。

2. 文化如水，出版"有声"

（谭跃口述，《人民政协报》记者张丽采访整理　2018年3月12日）

编者按： 文化如水，润物无声。书籍作为人类文明与智慧的结晶，是文化的重要载体与表现形式。从书籍的内容采集挖掘、整理、面世，到充盈于人们的精神世界，出版以及出版人成为不可或缺的一环，在中华文化的传承与传播中，起着举足轻重的作用。本期"委员故事·家国记忆"栏目，邀请谭跃委员，他将结合其出版实践与管理经验，讲述如何从出版层面来更好、更有效地传承与传播中华文化，讲好中国故事。

我是一名出版人。为做好新时代出版工作，我始终坚持"文以载道、商以传道、创新弘道"的理念，我所在的中国出版集团始终以习近平新时代中国特色社会主义思想为统领，将以人民为中心作为出版导向，努力坚守新任务、新作为，做出新成绩、新贡献。

因为我清醒地知道，文化产业的本质是文化，而不是产业；出版企业的本质是内容创新，而不是经济增长。要把产业做大，但战略眼光是把文化做强；把企业做强，但根本追求是把出版做优。

如今在企业化、股份化、市场化的过程中，我觉得我应该有这样的志向，就是要努力成为出版商，更要努力成为出版家。因此，我始终秉持着这样一种意识：出版产业集团的内核不是经济数字，而是一批好书,是一批能够传之久远的经典好书。这既需要有坚定不移地打造大型出版航母的勇气,更需要有坚定不移地高举先进文化的旗帜、努力构筑出版高地、奋力搭建文化高峰的追求。

文化如水,润物无声。优秀传统文化是中华民族发展的文化根脉,是中华民族精神生生不息的源头活水。在五千年的中华文明史上,积淀了一大批思想名著和学术经典。在当代,它们需要经过系统整理才便于流传。于是,"《二十四史》及《清史稿》修订工程""海外中文古籍总目工程"等国家重点工程应运而出,以此为契机,我带领中国出版集团,认真做好不同历史时期经典古籍的整理出版,着力构建国家经典古籍出版知识体系。

传承中华文化,推动大众化、普及化是一种行之有效的方式。在"大家品位、大众口味"的理念指导下,近年来我们出版的《于丹〈论语〉心得》《中国文化的根本精神》《中国古代物质文化》《古诗词的八堂课》《中华文明的核心价值》等,以言简意深、通俗易懂的方式,将传统文化的思想精髓与现代人的生活相结合,让更多传统经典走近大众生活。而随着信息技术的迅速发展,加快数字化融合也成为促进文化传播的必要渠道。10亿字的经典古籍已经数字化,还有20亿字正在加工……"中华经典古籍库"是中华书局所打造的目前国内最大规模的、经过专业整理的古籍数据库,旨在为学者和普通读者提供个性化的知识服务,并已经在国内众多大学图书馆和海外一批著名大学的东亚图书馆使用。

作为一名出版人,我始终觉得,将出版与时代相结合,引领时代文化,是职责也是使命。主流是时代的声音,时代的旋律,时代的回响。具体到中国出版集团,就是要打造主流出版集团。这就要求我们,着重宣传习近平总书记关于新时代的新判断、新理念、新论述、新方略，反映中国精神、中国价值、中国力量以及人类思想文化创新的最新成果，体现对广大读者价值观的引导、对阅读市场的精神整合。这就需要我们做响主题出版，既要承载国家主流意识形态，又要凝结中华文化主流精神，提高思想含量和文化品质，努力形成时代化、学术化、大众化的主题出版风格。构建国家主流出版知识体系，以重大工程为抓手，努力构建文学、古籍、音乐、美术、百科、工具书、人文社科领域具有中国气派、世界眼光的人类主流出版知识体系。打造主流产品板块，围绕优势产品线，厚植资源、精耕细作，体现传承性和创新性的结合、权威性和大众化的结合、体系性和知识点的结合、引领性和服务性的结合，努力提升专业出版能力和持续创新能力。壮大主流出版品牌，进一步在传承中弘扬，在坚守中创新，既释放出市场影响，更传递出书香文韵；既提高对作者、读者的黏合度，又增强跨行业、跨媒体、跨国别的知名度。完善主流企业制度，加强党的领导，体现出版特色和现代企业规律，逐步完善中国特色的现代出版企业制度，确保正确方向，激发活力动力，实现持续稳健发展。倡导主流产业方式，突出主业，坚持更加专业化、更加数字化，从而更加规模化、现代化、国际化；以企业的方式生产产品，以商业的方式传播内容，以市场的方式配置资源，以数字化、产业化、国际化的方式做强做优做大。近年来，《深入学习习近平同志关于宣传思想工作重要论述》《长征》《抗日战争》《安天下：十八大以来治国理政新方略》《中国改革发展热点问题研究》《供给侧改革：理论、实践与思考》《中国道路与城镇化》《世界是通的："一带一路"的逻辑》《曲终人在》《决战2020：拒绝贫困》等一大批关注时代重大话题的热点图书的出版，都获得了明显的"双效"。

讲好中国故事，还需要推动中国文化、中国故事有效地"走出去"。习近平总书记在十九大报告中强调，要讲好中国故事，展现真实、立体、全面的中国，提高国家文化软实力。对此，我有着自己的思考与探索：站在世界的视域下，"传统文化的当代阐释"和"中国道路的学术表达"，是中国文化能够产生世界影响的两大话语权。尤其是中国的崛起在人类现代化进程中开创了一个独特的样本，需从学术层面进一步挖掘其中的原理。在这方面，中国出版集团一直在努力，比如通过现代视角输出传统文化图书900种，通过厉以宁、铁凝、贾平凹等讲中国当代故事，通过恩道尔、狄伯杰等海外学者讲好中国话题。其中《中华文明的核心价值》《山楂树之恋》都输出了20个语种，《中国道路与新城镇化》等进入了国际主流出版渠道。

中国优秀的作品并不罕见，但如何在世界上产生影响？近年来，我多次带领中国出版集团同仁参加国际书展等国际文化交流活动，在这一过程中，发现翻译问题是影响中国文化"走出去"的一个关键。于是中国出版集团立足于突破翻译瓶颈，创办了牛津大学翻译出版中心，建立了百名翻译家名录，集聚了傅高义、顾彬、施寒微、狄伯杰等一批汉学家和重要译者，建设了一支初具规模的海外译者队伍、作者队伍。同时还组建国际编辑部，与罗马尼亚、德国、西班牙、匈牙利、印度、斯里兰卡等国的重要出版社签约成立了9家国际编辑部，采取双向联合出版的方式，进一步提高了选题策划质量，加强了中国图书在当地的营销，提高了本土化运作水平。文化传播有一条规律，通常是先在主流机构和主流人群中传播，再逐步影响一般机构和社会大众。中国文化"走出去"，还要瞄准海外著名高校、海外研究机构、海外公共图书馆。中国出版集团首次在牛津大学设立"中国阅览室"，与哈佛—燕京学社联合出版学术丛书100多种，商务印书馆45个语种的《汉语图解词典》进入100多个国家的汉语课堂，初步积累了一些经验。

此外，中国出版集团还建立了全球数字图书交易平台"易阅通"，覆盖机构用户4万多家，签约国内外出版社、图书馆500多家，在100多个国家开通了24小时直供的按需印刷系统，成为国内最大、国际一流的数字出版中盘商。认真承办各大国际书展和相关的中国主宾国活动。2017年集团承办的北京国际图书博览会的参展国家和地区多达89个，其中"一带一路"沿线参展国家28个，海外展商达1460家，进一步巩固了全球第二大书展的国际地位，扩大了中国文化的国际影响力。

通过出版促进中华文化的传承与传播，是我作为一名出版人，特别是作为一名全国政协委员所应尽的职责与使命。在新时代机遇与挑战并存的背景下，我将一直行进在出版的路上！

后　记

我是从事出版管理的实际工作者,《出版文化实践存思》与《出版产业实践存思》收录的是我在凤凰出版传媒集团、中国出版集团学习和工作的讲话、报告和采访等文章,并非个人专著,其中《出版文化实践存思》的主题侧重探讨出版业的文化影响,《出版产业实践存思》的主题侧重探讨出版业的产业发展。这些文章不只是自己的一些简单认识,也凝聚了两个集团的各级领导班子和广大干部职工的思考成果。

凤凰出版传媒集团和中国出版集团是中国出版业两个比较有代表性的集团。由于组织的安排,我有机会在两个集团工作。从2005年起到现在,匆匆已近15年。在此,衷心感谢时代的进步,衷心感谢组织的信任,衷心感谢两个集团的同志们与行业同仁们的支持!

这些文章基本以现场原文的形式呈现,有的是根据现场录音或速记整理而成,周志刚、王彤两位编辑进行了认真的编辑加工。文中如有错漏或不尽如人意之处,恳请读者诸君批评指正。

2020年11月